영상문화의 흐름과 서사미학

영상문화의 흐름과 서사미학

초판 1쇄 발행 2013년 2월 15일

지은이 정봉석
펴낸이 강수걸
펴낸곳 산지니
편집 윤은미 권경옥 손수경 양아름
디자인 권문경
등록 2005년 2월 7일 제14-49호
주소 부산광역시 연제구 거제1동 1498-2 위너스빌딩 203호
전화 051-504-7070 | 팩스 051-507-7543
홈페이지 www.sanzinibook.com
전자우편 sanzini@sanzinibook.com
블로그 http://sanzinibook.tistory.com

ISBN 978-89-6545-211-9 93680

동아대학교 석당학술총서 028

영상문화의 흐름과
서사미학

정봉석 지음

산지니

머리말

  1900년경 우리나라에 영화가 도입된 이후 100여 년의 세월이 흐르는 동안 한국영화의 촬영과 편집 기술은 세계적인 수준으로 성장하였다. 필름에서 디지털까지 또는 실사에서 C.G에 이르기까지 고도의 기교를 요구하는 촬영과 후반 편집 기술의 완성은 그럼에도 불구하고 언제나 영화를 제작하는 기술적인 요소가 될 뿐이다. 물론 촬영 및 편집 기술은 영화를 만드는 기본이며 기본에 충실하는 것이 최선의 결과를 낳는 토대가 되겠지만, 그것만으로 영화의 예술적 완성도가 결정되진 않는다.

  단언하건대 영화의 예술적 완성도를 결정하는 궁극적인 요소는 시나리오이다. 문학의 영역에서 이루어지는 시나리오는 한국영화의 흐름을 돌이켜볼 때 그때그때 성장을 촉진시켰던 주요인이었다. 1920~30년대 무성영화의 싹을 틔운 것은 〈춘향전〉이나 〈장화홍련전〉, 〈흥부전〉 등의 고전소설이었으며, 1960년대 이후 중반기의 한국영화를 부흥시켰던 것도 〈오발탄〉이나 〈사랑방 손님과 어머니〉, 〈메밀꽃 필 무렵〉 등의 문예영화였다. 그 이후 한국영화는 2000년대에 접어들어 일약 세계적인 수준으로 비약하면서 국제적인 경쟁력을 갖추게 되는데, 이러한 배경에는 문학적 역량을 갖춘 일련의 작가주의 감독들의 등장이 있다.

도스토예프스키의 영향을 받은 조르주 베르나노스의 소설을 영화화한 〈시골 사제의 일기〉와 〈무셰트〉 등으로 유명한 로베르 브레송은 "문학 작품에서 작가를 가장 잘 드러내는 것은 그의 생각이나 경험이라기보다는 그것들을 종합하고 배열하는 그 사람만의 방식이다"라고 하였다. 동시대 한국영화의 예술적 수준을 견인하는 일련의 감독들은 영화의 기본이 되는 촬영과 편집 기술뿐만 아니라 이야기를 극적으로 구성하는 문학적 소양, 그리고 그 안에 인간 사회의 본질을 반영할 줄 아는 작가의식을 구비하고 있다.

이 책에서 중심을 이루는 1부의 글들은 그러한 작가적 소양을 갖춘 감독들의 영화를 발견하는 기쁨을 나름 서사미학의 관점에서 분석하고자 한 것들이다. 2부의 글들은 문화 교역 시대에 대응하기 위해 부산영화의 흐름을 돌아보는 한편, 지역의 스토리텔링 요소들을 영상 콘텐츠로 개발하는 가능성을 모색해본 글들을 엮은 것이다.

나날이 새로운 영화 작품들이 발표되고, 영화를 둘러싼 현상들도 시시각각 새로워짐에 반비례하여 예전에 써두었던 글들이 빠르게 낡아짐을 새삼 깨닫는다. 그러나 어제의 물결들이 오늘의 흐름을 이루고, 오늘의 새로운 물결들(new waves)은 내일의 큰 흐름(trends)을 이끄는 법이다. 여기에 엮인 글들은 오늘 한국 영상문화의 도도한 흐름을 형성하는 데 크게 기여하였던 어제의 '새로운 물결들'에 대한 기록들이다. 이로써 한국 영상문화의 내일을 가늠해보는 데 작은 기여가 될 수 있다면 더할 바람이 없을 것이다.

돌아보는 2012년은 한국영화사의 신기원을 이룬 해이다. 해외에서는 김기덕 감독의 〈피에타〉가 한국 최초로 베니스 영화제에서 최우수 작품상인 황금사자상을 받았다. 국내에서는 〈도둑들〉과 〈광해, 왕이 된 남자〉가 천만 관객의 흥행을 기록하였으며, 연간 한국영화를 관람한 누적 관객 1억 명의 고지가 돌파되었다. 이는 한국영화가 질적으로나 양적으로나 괄목할 수준으로 성장하였음을 입증하는 기록이다. 이러한 자극과 성원은 한국영화를 한 층 더 도약시키는 힘이 될 것이다. 그리하여 한국영화가 머지않아 세계 영화계의 정상에 우뚝 서길 기대한다.

끝으로 여러 학술지에 산재하였던 묵은 글들을 한 권의 책이 되도록 허락하여주신 신태갑 석당학술원 원장님과, 빛바랜 글들을 꼼꼼하게 엮어서 새로운 빛을 보게 해주신 산지니 출판사 강수걸 대표님과 편집진께 깊이 감사드린다.

2013년 2월
승학산 자락에서 정봉석

차례

제1부
한국영화의 서사미학

제2부

영상문화의 흐름과 스토리텔링

제1부

한국영화의
서사미학

최초의 무성영화 시네포엠

김동환의 〈국경의 밤〉

1984년 2월 13일, 프랑스의 뤼미에르 형제가 영화 촬영기 겸 영사기인 시네마토그래프(cinematographe)의 발명특허를 내고, 1985년 12월 28일, 파리 그랑카페의 지하 인디안살롱에서 〈시아토역에 도착하는 기차〉, 〈뤼미에르공장 노동자들의 퇴근〉, 〈물 뿌리는 정원사〉 등 10편의 영화를 최초로 상영한 이래, 영화는 전 지구에 급속도로 전파되었다.

1900년경 영화가 활동사진이라는 이름으로 조선에 상영되기 시작한 이래 1919년에 이르러 조선인이 만든 최초의 영화 〈의리적 구토〉(김도산 각본, 감독, 주연)[1]가 제작된다. 그러나 〈의리적 구토〉는 연극의 중간 중간에 극적 효과를 높이거나 실연하기 어려운 장면들을 필름으로 찍어서 부분적으로 막에 비춰주던 형식의 연쇄극(kino-drama)으로서, 당시 성행하던 신파극에 부분적으로 영상을 삽입한 형식일 뿐, 본격적인 영화는 아니라는 한계를 지닌다. 이러한 연쇄

---

1) 이 영화는 당시 단성사의 운영주이던 박승필이 연극단 신극좌를 주도하고 있던 김도산을 감독으로 하여 일본인 촬영기사의 손에 의해 만들어진 작품이다. 그 내용은 '간악한 계모 일당의 흉계에 의해 가문이 파탄지경에 이르자 술타령으로 세월을 보내던 주인공 송산이 의형제인 죽산, 매초와 더불어 복수한다'는 것이다. 이효인, 『한국영화역사강의1』, 이론과실천, 1992, 32쪽 참조.

극 형식의 영상은 1922년까지 제작되다가 1923년에 이르러 무성영화의 시대가 열린다.

1923에 제작된 최초의 무성영화는 〈월하의 맹서〉(윤백남 각본, 감독)이다. 이 작품은 비록 조선총독부에서 저축 장려정책의 일환으로 제작된 것이긴 하지만, 순전히 시나리오로 창작된 각본을 바탕으로 제작, 상영된 본격적인 한국영화의 효시로 인정받고 있다.[2] 이후 한국영화는 1935년 최초의 발성영화인 〈춘향전〉이 발표되기까지 무성영화 시대를 이룬다. 무성영화 시기는 다시 1926년 〈아리랑〉(나운규 각본, 감독)이 발표된 시점을 기준으로 그 이전까지를 전기, 그 이후를 후기로 잡는다. 무성영화 전기의 작품들이 영화의 내용과 형식을 모색하던 시기라고 한다면, 후기는 내용과 형식의 측면에서 예술적 완성도를 추구하고 특히 조선의 현실을 반영하는 작품이 제작되는 시기라는 의의를 지닌다.[3]

그러므로 무성영화 전기 시대에 발표된 영화들의 경향은 대체로 〈춘향전〉(1923), 〈장화홍련전〉(1924), 〈심청전〉(1925) 등의 통속시대물이 대부분을 이루는 가운데, 〈쌍옥루〉(1925), 〈산채왕〉(1926), 〈멍텅구리〉(1926) 등의 신파 활극 또는 희극물이 제작되었다. 다만 이 시기 특기할 만한 것은 고려키네마사에서 제작한 〈개척자〉(1925)가 유일하게 문예영화로 제작되었다는 것이다. 〈개척자〉는 이광수의 원작 소설을 이경손이 각본, 감독한 작품으로서, 비록 흥행에는 실패했더라도 신파 또는 통속물이 주류를 이루던 당시에 근

---

2) 이에 앞서 『동아일보』 1923년 1월 11일자의 광고에서는 김도산이 제작한 무성영화 〈국경〉에 대한 홍보 내용이 실려 있으나, 이영일은 안종화와 이구영의 면담 내용을 증거로 〈국경〉은 김도산에 의해 조금 촬영되다가 중단되었다고 주장한다. 이영일, 『한국영화전사』, 삼애사, 1969, 66쪽 참조.

3) 이효인, 앞의 책, 58-59쪽 참조.

대 소설을 최초로 영화함으로써 문예영화의 갈래를 개척하였다는 의의를 지닌다.

이 글은 근대 서사시로 널리 알려진 파인 김동환의 〈국경의 밤〉(1925)이 이러한 전기 무성영화 시대에 창작된 시나리오로서의 성격을 규명하고자 하는 것이다. 필자는 〈국경의 밤〉이 비록 영화 갈래를 염두에 두고 창작, 발표된 작품은 아니었다고 할지라도, 그 자체 시나리오로서의 갈래성을 내포하고 있는 서사물로서, 각본의 과정을 거치치 않고서도 충분히 영화로 제작될 수 있는 대본으로서의 가능성을 확인하였다. 그리하여 오직 시의 갈래에서만 논의되어온 〈국경의 밤〉을 무성영화 시대의 특성을 반영한 시나리오의 관점에서 재조명함으로써 그 갈래적 의의를 극문학(시나리오)의 영역으로 확장시키고자 한다.

문학의 갈래에 대한 문제는 문학사에 있어 가장 본질적으로 제기되는 문제 중의 하나이며, 오늘에 이르기까지 갈래의 종(種)과 류(類)에 대한 정의[4] 변별 기준, 변별된 모습들, 그리고 그들의 상호관계 등에 대한 논의는 끊임없이 쟁점화되었으며 여전히 많은 비평가의 관심을 모으고 있다.

"갈래라고 하는 문제는, 문학사와 문학비평을 위한 중심 문제 및

---

4) 장르(예: 시, 소설, 희곡 등)는 흔히 그것의 상위 개념(예: 서정적, 서사적, 극적, 교술적 등)과 하위 개념(under genre)을 동반한다. 이 중 장르의 상위 개념은 유형 type(Lämmert), 부류kind(Warren), 양태mode(Scholes), 근본적 태도(Viëtor), 근본장르(Petersen) 등의 용어로 다양하게 불린다. 장르는 그 밖에도 대립적 개념인 이론적 장르/역사적 장르(Todorov), 단순 형식/실제 형식(Jolles) 등으로 분류되기도 한다. 이러한 분류와 명칭의 번잡함과 혼란을 피하기 위하여 조동일은 갈래류(類), 갈래종(種), 갈래속(屬)으로 정리하고 있다. G. Genette, 「텍스트서설」, 『쟝르의 이론』(김현 편), 문학과지성사, 1987, 108쪽 참조; 조동일, 『한국문학의 갈래이론』, 집문당, 1992, 28-30쪽 참조.

그들의 상호관계를 위한 중심 문제를 제기한다고 하는 것은 자명한 일이다. 이것은 특수한 문학적 연관에 있어 종류와 종류를 구성하고 있는 급과 개체와의 관계, 한 개와 다수와의 관계, 보편적인 것의 성질 등에 관한 철학적인 문제를 제기한다."[5]라는 오스틴 워렌의 이같은 진술은 갈래의 문제가 얼마나 미묘한 것인가를 단적으로 드러내는 것이라 하겠다.

한국 문학사에 있어 문학의 갈래는 그 유와 종에 있어 서구의 것들 못지않게 독자적인 변별성을 지니고 또한 다양한 모습으로 분화되었으며, 제각기 공시적인 의미와 통시적인 의미가 유기적인 상호관계를 가지며 변화, 발전해왔다.

그동안 갈래에 대한 연구가 고전문학에서는 활발하게 진행되어왔던 것에[6] 비해 현대문학에 있어서는 비교적 소원했던 것이 사실이나, 그중 특기할 만한 것은 파인의 〈국경의 밤〉이 그 갈래 규명에 있어 여러 가지 시각으로 시비를 불러일으키면서 쟁점화되었으며 현재까지 많은 논자들이 이 논쟁에 참여해오고 있다는 것이다.

파인의 〈국경의 밤〉은 김억이 시집 『국경의 밤』(1925, 한성도서) 서문에 장편 서사시로 명명한 이래 그 갈래적 문제에 있어 다각적인 반향을 불러일으켰다. 이러한 다각적인 시각은 한때 정효구에 의해 체계적으로 정리된 바 있다.[7] 그의 글을 참고로 하여 크게 세 가지

---

5) 르네 웰렉·오스틴 워렌, 김병철 역, 「문학의 여러 장르」, 『문학의 이론』, 을유문화사, 1990, 380쪽.
6) 고전문학의 갈래에 대한 문제는 조동일을 중심으로 꾸준히 논의되었으며 그에 의해 그동안 미묘한 갈래적 특성으로 인해 쟁점이 되었던 판소리, 가사 등의 갈래뿐만 아니라 거의 모든 갈래들이 심도 있게 다루어졌다. 조동일, 앞의 책 참조.
7) 정효구, 「김동환 문학에의 입체적인 시각」, 『문학사상』, 1987. 3.

시각으로 분류하여 보면, 첫째, 서사시로 보는 시각,[8] 둘째, 서정시로 보는 시각,[9] 셋째, 갈래의 혼합으로 보는 시각[10] 등으로 나눌 수 있다. 이러한 〈국경의 밤〉 갈래 논쟁은 묘하게도 마치 헤겔이 그의 시학에서 갈래를 변증법적으로 제시한 것[11]과 같이 서사시(tese)→서정시(anti-tese)→극적 혼합(syn-tese)[12]의 순서로 진행되어왔음을 알 수 있다.

선행 연구가 이렇게 다각적으로 그 갈래적 위치를 조명하였으나 아직도 그것의 시비를 가리기에는 미진한 감이 없지 않다. 그 원인

8) 백철,『신문학사조사』, 민중서관, 1953; 정태용,「파인의 자연적 풍토」,『현대문학』, 1957. 11; 주요한,「김동환의 시세계」,『현대문학』, 1963. 1; 정의홍,「김동환의 시」,『현대시학』, 1973. 9; 김우종,「어두운 역사의 서사시」,『문학사상』, 1975. 3; 홍기삼,「한국 현대시의 실제와 가능성」,『문학사상』, 1975. 3; 조남현,「파인 김동환론」,『국어국문학』75, 국어국문학회, 1977; 조남현,「김동환의 서사시에 대한 연구」,『인문과학논총』11, 건국대 인문과학연구소, 1978; 조연현,『한국현대문학사』, 성문각, 1980; 김홍기,「한국 현대서사시 연구」,『어문연구』, 한양대학교 국학연구원, 1980; 염무웅,「서사시의 가능성과 문제점」,『한국문학의 현단계』, 창작과비평사, 1982; 김용직,『한국근대시사』, 새문사, 1982; 문병욱,「김동환의「국경의 밤」」,『한국현대시작품론』, 문장, 1982; 민병욱,「한국시의 서사갈래 연구」,『현대시학』, 1983. 10-1984. 6; 김재홍,「한국 근대서사시와 역사적 대응력」,『문예중앙』, 1985년 가을호; 이동하,「김동환의 서사시에 나타난 지식인과 민중」,『세계의 문학』, 1985년 가을호; 차한수,「비극적 중층구조와 서사적 충격」,『문학사상』, 1987. 3; 이윤희,「김동환 시에 나타난 쟝르의 복합성」, 이화여자대학교 석사학위논문, 1988.

9) 오세영,「「국경의 밤」과 서사시의 문제」,『국어국문학』75, 국어국문학회, 1977; 이상섭,『〈애송시〉이전과 이후, 언어와 상상』, 문학과지성사, 1980.

10) 김준오,「전달의 미학과 장시의 연희화」,『문예중앙』, 1986년 여름호; 김현자,「정신적 그리움을 표상한 불의 시학」,『문학사상』, 1987. 3.; 권두환,「승화의 의식으로 다룬 조국의 현실」,『문학사상』, 1987. 3.; 남정희,「김동환의 장시 연구」, 성균관대학교 석사학위논문, 1985.

11) 헤겔, 최동호 역,『헤겔시학』, 열음사, 1987 참조.

12) '극적인 것은 서사적인 것의 객관성과 서정적인 것의 주관성 사이의 대립이 변증법적으로 종합되어 나타난 것'. G. Genette, 앞의 책, 87-88쪽 참조.

으로는 첫째, 서사시와 서정시로 보는 견해에는 나름대로 논리적 근거를 가지고 접근하고 있다고 볼 수 있으나, 한편으로는 단순히 서구의 장르론을 적용함으로써 재단비평적 형식의 매너리즘을 극복하지 못하고 있으며, 둘째, 갈래의 혼합으로 보는 견해들에서는 암시적인 정도의 이론 제시에 그쳐버렸으며, 한편으로는 그 이론에 맞춘 문체의 특성 또는 갈래적 특성을 체계적으로 분석해내지 않고 있다는 점을 지적할 수 있다. 즉 다시 말하면, 현재까지의 선행 연구 대부분은 작품이 지니고 있는 문체적 특성, 갈래적 특성을 추출하여 그것을 증명하고자 하는 것이 아니라, 서구의 장르론을 이끌어와 작품을 그 잣대에 끼워 맞추는, 소위 귀납적인 방법만을 연구 태도로 취해왔다는 한계를 드러낸다.

따라서 이 글은 우선 앞선 연구들의 이론(특히 갈래혼합 이론)을 살피고 보완하며, 나아가 그것을 바탕으로 작품을 구조 문체적으로 분석함으로써 〈국경의 밤〉에 내재하고 있는 무성영화 시나리오로서의 원갈래성[13]을 추출해내는 것을 목적으로 한다.

---

13) 원갈래성은 원텍스트성(architextuality)과 동일한 의미로 한마디로 말해서 장르 및 그 결정요인들—주제적, 양태적, 형식적, 기타—을 의미한다. G. Genette, 앞의 책, 121-122쪽 참조.

1. 기존 갈래론의 변별적 기준

체계적인 논의 전개를 위해서 먼저 서론에서 밝혔던 연구사를 간략하게 도표로 정리하였다.

갈래류 (종)	서사적 (서사시)	백철(1953), 정태용(1957), 주요한(1963), 정의홍(1973), 김우종(1975), 홍기삼(1975), 조남현(1977, 1978), 조연현(1980), 김홍기(1980), 염무웅(1982), 김용직(1982), 문병욱(1982), 민병욱(1983~1984), 김재홍(1985), 이동하(1985), 차한수(1987), 이윤희(1988)
	서정적 (서정시)	오세영(1977), 이상섭(1980)
	극적 혼합	김준오(1986), 김현자(1987), 권두환(1987), 남정희(1988)
갈래속	장시	김종길, 남정희
	서술시	오세영, 오양호, 김봉군

위의 도표에서 하위 갈래로 설정한 것을 먼저 논의하자면 다음과 같다.

남정희는 장시를 길이 면에서뿐만 아니라 갈래의 혼합적 특징을 모두 수용할 수 있는 그릇으로서의 개념으로 설정하고 있다. 즉 '단시가 단일한 단위의 문학적 장치를 사용하여 관념이나 감정을 형상화하는 데 비하여, 장시는 여러 단위로 해체할 수 있는 복잡한 단위의 문학적 장치를 사용하여 길이를 유지시키려는 나름대로의 구성원리를 갖춤으로써 우리 앞에 가로놓인 삶의 문제를 비교적 포괄적

으로 형상화할 수 있기 때문'이라는 논지이다.[14]

그러나 장시라는 명명법은 그 개념을 담을 수 있는 그릇으로서는 다소 한계를 내포한다. 왜냐하면 장시의 개념은 그것을 확대 해석하면 너무나 무한정한 의미를 지니게 되며, 또 그것을 축소 해석하면 단지 길이가 긴 시에 불과하기 때문이다. 따라서 장시라는 개념은 갈래의 명칭으로는 부적당하며 단지 갈래의 형식적인 변별적 특징—주네트는 이를 원갈래성 또는 원텍스트성이라고 한다—으로서 기능하는 것으로 볼 수 있다. 이미 김재홍은 김종길의 장시 견해[15]를 지적하여 "장시란 장르 명칭이라기보다 서정시 길이에 따른 형식적 조건에 지나지 않는다."라고 비판하였다.[16]

서술시(이야기시)라는 갈래 명칭 또한 마찬가지로 그 개념상 문제는 이와 같다. 따라서 장시와 서술시는 갈래 속(屬)의 범주에서 이해돼야 할 것이다.

〈국경의 밤〉에 대한 갈래류 또는 갈래종의 연구사적 흐름은 그들의 발표 연도에서 볼 수 있듯이 서사시론→서정시론→서사시옹호론, 극적 혼합론의 순서로 진행된다. 그것을 편의상 4개의 단계로 구분하여 사용하기로 한다.

안서 김억 이후 파인 김동환에 대한 연구는 그의 일제 말기 친일행적으로 말미암아 오랫동안 부진하다가 1975년 3월 문학사상에서 특집으로 김동환의 문학세계를 조명함으로써 일차 활기를 띠게 된다.

---

14) 남정희, 앞의 글, 26쪽.
15) 첫째, 긴 시이면서 기존양식—서사시, 설화시, 연작시 등—이 아니어야 함. 둘째, 그것이 통일된 계획이나 구성 아래 단일주제로 통합되어 있어야 함. 셋째, 길이는 약 200행~3,000행 내외. 김종길, 「한국에서의 장시의 가능성」, 『문화비평』 1권 2호, 1969년 여름호, 228-244쪽.
16) 김재홍, 앞의 글, 252-253쪽 참조.

안서는 〈국경의 밤〉 서문에서, '로만틱, 부드러운미, 휴먼의 색조, 문허져 가는 근대문명에 대한 꾸짖음, 전원의 진순한 생활의 찬미' 등의 어구로 논평하고 있다. 그러나 이러한 단어들은 그가 명명한 장편서사시와는 전혀 그 성격이 맞지 않는 것이며, 단지 안서가 '시의 장단에 따라 서사시와 서정시를 구분하는 아주 소박한 입장에 빠져 있다'[17]는 것을 확인시켜주는 것에 지나지 않는다.

제1단계에 해당하는 서사시적 견해는 암시적이든 명시적이든 거의가 안서의 경우처럼 소박한 수준을 맴도는 것이었으나 홍기삼만은 이 시기에 있어 최초로 서사시의 갈래적 성격을 논의한다. 그에 의하면 서구의 시학(poetics)에서 문학일반을 의미하던 3대 형식(Lyric, Epic, Drama)은 문학을 시의 동의어로 간주하던 동양적인 관습에 의거한 일본인들에 의해 서정시, 서사시, 극시로 번역되었으며, 이러한 외래어를 아무런 여과 과정 없이 그대로 수용한 데서 우리의 문학적 관습은 혼란을 초래하였다는 것이다. 이로 인해 서사문학으로 인식되어야 할 서사시는 일종의 시의 하위양식으로 우리에게 인식되었으며, 서구에서는 이미 18세기에 소멸되어버린 서사시라는 장르가 우리에게는 1920년대 이후 새로운 형식으로 발생하게 되었다는 것이다. 그리하여 결과론적으로 이러한 혼란을 극복하고 나아가 서사시의 새로운 추구와 토착화를 위해 이론적인 뒷받침이 필요하다는 것이다.[18]

이러한 논의는 비록 그가 '이러한 건설적이고도 진지한 제안을 한 데서 그친 채 어쩔 수 없이 〈국경의 밤〉이나 〈승천하는 청춘〉을 서사시라고 부르며 이들 작품의 사적인 공과를 가늠할 뿐'이지만, '별

---

17) 오양호, 「김동환론」, 『시문학』 104쪽, 1980. 3.
18) 홍기삼, 앞의 글, 301-373쪽 참조.

다른 검토의 과정 없이 신문학사상 최초의 서사시이니 국문학사상 최초의 서사시로 불리던 〈국경의 밤〉에 대하여 장르상의 명칭과 그것의 내포 문제를 제기하고 나옴으로써 우리에게 새로운 각성과 고찰의 계기를 마련해준 것'[19]은 매우 고무적인 성과이다. 특히, 이 글로 인해 제2단계, 제3단계의 논의로 이어지는 연결고리가 마련되었다는 점에서 의의를 찾을 수 있다.

제2단계의 대표적인 예는 오세영의 서사시 부정론이다. 그는 〈국경의 밤〉을 영웅시체의 성립, 바아드(bard)의 전통, 서사적 탐색, 구송의 문제, 영웅적 주 인물 등으로 지적되는 11가지의 서사적 조건에 대입시킴으로써 서사시 갈래로 보는 이전의 견해를 전면적으로 부정한다. 그리고 나아가 〈국경의 밤〉을 서정시로 볼 수 있는 5가지의 요건을 제시하면서 결론적으로 〈국경의 밤〉을 이루어질 수 없는 연인 사이의 애틋한 사랑의 정서를 노래한 시로서 '장르류(genus)의 개념으로는 서정시'이며 '장르속(species)의 개념으로는 개인 창작의 발라드 혹은 그에 유사한 서술적 서정시'로 규정한다.[20](그가 사용하는 장르류와 장르속의 개념은 각주 1)의 갈래종과 갈래속의 개념에 각각 대응한다-필자 주)

이는 과학적이고도 객관적인 갈래이론을 적용시켜 텍스트를 분석한 최초의 것으로서, "안서가 『국경의 밤』 서문에서 아무런 문학적 식견도 없이 규정해놓은 명제, 즉 〈국경의 밤〉은 최초의 서사시라는 견해와 그를 무비판적으로 답습하는 오늘날 파인 연구가들의 태도는 고쳐져야 하리라고 믿는다."라는 그의 진술처럼 당시의 평단에 하나의 경종을 울렸었다.

---

19) 정효구, 앞의 글, 274-275쪽.
20) 오세영, 앞의 글, 108쪽 참조.

그러나 이와 같은 연구자적인 진지한 태도와는 별도로 그의 논리는 지나치게 재단되어 있다는 느낌과 더불어 서사시에 대한 반정립(anti-tese)으로서 서정시를 의도적으로 옹호함으로써 갈래를 유기적으로 생성 변화하는 자율적인 존재로는 인정하지 않는 단단한 논리의 벽을 쌓았다고 할 수 있다.

따라서 제3단계에 해당하는 많은 논자들이 나름의 논리에 근거하여 즉각적인 공박을 전개한다.

조남현은, 문학의 양식은 시대와 사회적 조건, 문학의 전통, 그리고 시인의 기질과 의도에 따라 얼마든지 변용될 수 있다고 말한다. 따라서 서양류의 서사시 개념을 우리의 시에 대입하여 그것이 서사시(epic)냐 발라드(ballad)냐 하고 따지는 것은 의미가 없으며, 또한 과거의 서사시가 근대에 이르러 단지 소설로만 변용된 것이 아니라 새로운 특징의 양식으로 변모될 수도 있다고 하였다. 즉 '서사시의 성장'[21]이라는 개념에 비추어 볼 때 〈국경의 밤〉은 현대적 의미의 2차적 서사시[22]로 볼 수 있다는 것이다.

김용직 또한 오세영이 서사시의 조건으로 내세운 영웅시체의 성립, 바드(bard)의 전통, 서사적 탐색, 구송의 문제, 영웅적 주 인물 등을 모두 부정한다. 그리고 근대문학의 차원에서 볼 때 〈국경의 밤〉이 서사시의 요건을 충분히 갖추고 있을 뿐 아니라, 이미 그 효시는 유춘섭의 〈소녀의 죽음〉(『금성』 2호, 1924)에서 찾아볼 수 있다고 하면서,[23] 서사시의 요건으로서 주인공을 등장시키고 그를 중심으로

---

21) W. P. Ker, *Epic and Romance*, Dover Publication: N. Y, 1957, pp.13-14.

22) Paul Merchant, *The Epic*, Mithuen & Co Ltd. 1971, vii.

23) 김용직은 「서사시, 그리고 서정 단형시 문제」(『한국문학』, 1981년 8월호)에서 "시전문 집단이면서 체험 · 내용의 포괄적인 수용과 그를 통한 응전력의 확보를 위해 '금성' 동인들이 서사시를 선택하게 되었다."고 기술한다.

사건을 다루되 사건과 인과관계 속에서 유기적으로 묶여야 한다는 점을 들었다.

김재홍은 파인이 서사시를 선택한 것은 짧막한 서정시로서는 당대 식민지하의 현실 속에서 민족적 저항의지를 문학적 응전력으로 충분히 형상화할 수 없었다는 데 두었다. 그리고 한국 근대서사시의 요건으로서 ①서사적 구조를 지니고 있을 것, ②역사적 사실과 연관, 대응될 것, ③사회적 기능을 지니고 있을 것, ④집단의식을 바탕으로 하고 있을 것, ⑤당대 현실과 암유적 관계를 지닐 것, ⑥노래체의 율문으로 짜여 있을 것, ⑦길이가 비교적 길어야 할 것 등을 열거하고, 〈국경의 밤〉이 이러한 요건을 충족시키고 있음에 비추어 충분히 서사시로서 성립된다고 논의하였다.

차한수는 〈국경의 밤〉이 비극의 중층구조와 사건의 이중구조를 형성함으로써 당대 현실의 비극성을 서사시적 스케일을 통해 상징적으로 제시하고 있으며, 따라서 서구적 개념의 서사시로는 실패일지 모르지만 우리 문학에서는 하나의 '근대 서사시'틀을 제시한 것으로서 문학사적 의의를 지닌다고 하였다.

앞의 도표에서도 볼 수 있듯이 이들 외에도 많은 논자들이 〈국경의 밤〉의 갈래를 서사시로 재인정하고 있는데, 이들 대부분은 오세영이 서구의 정통적인 서사시 개념으로서 〈국경의 밤〉의 갈래를 규정한 데 대한 반발로서 근대적 의미의 서사시 개념을 내세워 서사시 갈래를 옹호하고 있는 것이다.

이러한 노력들은 "문제의 근본은 근대의(낭만주의 이전, 낭만주의, 낭만주의 이후) 시학들이 스스로의 소산들을 맹목적으로 아리스토텔레스와 플라톤에게 투영하고, 그럼으로써 스스로의 현대적 특성을

'묻어버리는', 회고적 환상에 있기 때문이다."[24]라는 주네트의 반성과 궤를 같이하는 것이다.

한편 이 시기의 논리에 있어 염무웅의 견해는 제4단계의 논의를 유발하는 계기를 마련해준다.

김준오는 염무웅이 파인, 신동엽의 장시에서 시, 소설, 희곡 등 여러 갈래들의 속성을 발견하고 있는 점에 동조하여 서사시의 주된 의미를 '장르 혼합' 곧 순수한 서술도 대화도 아니고 순수한 서정시도 극도 아닌 혼합의 문학형식으로 보았다. 또한 장시의 문학적 가치는 이제 연희화의 조건과 더불어서 평가되기에 이르렀으며 따라서 비평가에겐 개방적이고 다원적인 비평태도가 요구된다고 하였다.[25]

이처럼 제4기의 논의는 "현대문학의 가장 중요한 특징은 장르의 벽을 무너뜨리고 이들을 상호침투 혹은 결합시키려는 노력에 있다."[26]라는 폴 헤르나디의 진술에 힘입어 '갈래의 비순수성'[27] 내지는 '갈래 혼합'이라는 명제 아래 전개된다.

권두환의 표현에 의하면 '1925년경의 파인은 서사성과 극적인 방식의 도입을 통하여 시의 재생을 실험하고 있었던 신진의 시인'이었으며 김현자는 『정한집』을 분석하는 자리에서 서정적인 독백의 요소와 이별의 드라마틱한 구성 그리고 생략과 압축 대신 스토리를 구

24) G. Gennet, 앞의 글, 56-57쪽.

25) 김준오, 「전달의 미학과 장시의 연희화」(『문예중앙』, 1986년 여름호), 『한국현대 장르비평론』, 문학과지성사, 1990, 190-192쪽 참조.

26) Paul Hernadi, 김준오 역, 『장르론』, 문장, 1983, 218-219쪽 참조.

27) 여전히 권위주의적이며 또한 규제적이고 관례적인 고전적인 이론은 장르가 본질에 있어, 또는 변영하고 있는 상태에 있어서도 서로 다르다고 믿을 뿐 아니라, 장르는 따로 따로 분리되어야만 할 것으로 혼합되어서는 안 된다고 믿고 있다. 이것이 저 유명한 '장르의 순수성'과 '장르의 명료성'의 원칙이다. 르네 웰렉, 오스틴 워렌, 앞의 책, 374쪽.

현하고 있다는 서사적인 면을 들어서 복합적 갈래의 새로운 가능성을 제시하였다.

그러나 이들의 견해는 갈래 혼합이라는 당위성 즉, 대체로 갈래류 또는 갈래종의 차원에서 거의 원론적인 의미로 제시되었을 뿐 하위 갈래 또는 갈래의 변별적 특성인 원텍스트성을 작품으로부터 심도 있게 추출해내지는 못하고 있다.

남정희는 이에 반해 "〈국경의 밤〉은 이야기를 가진 장시이며 서술 태도는 무성영화의 변사의 진술일 듯하다. 이 점은 〈국경의 밤〉만이 갖고 있는 독특한 서술원리이다."[28]라는 시각을 제시하고 있다. 그의 논문에서 여기에 해당하는 부분을 그대로 옮기면 다음과 같다.

이야기 전편의 극적 효과를 위해 제2부에서는 긴 시간의 역전을 시도했으며, 호흡에 따라 72장으로 나누었다. 각 장은 시로서의 서정적 효과를 얻고 있으면서, 한편 뛰어난 영상성을 느끼게 함으로써 마치 영화를 보는 듯하다. 염무웅은 제1부의 후반과 제3부에 나오는 대화로 미루어 보아 "창극 내지 가극"을 염두에 두고 쓴 것이 아닐까, 라고 짐작하였다. 그러나 뛰어난 영상성으로 볼 때 시인은 무성영화를 염두에 두었을 것이라고 봄이 타당하겠다. 무성영화에는 변사가 있기 마련인데 변사는 각 장면을 서술해 갈 때, 첫째, 직접 진술하거나, 둘째, 인물들 간의 대화를 극적으로 재현하거나, 셋째, 등장인물의 심리를 진술해주는 세 방법으로 서술하게 된다. 김동환이 「국경의 밤」을 서술하는 태도도 이 세 방법을 취하고 있는 것으로 보아 무성영화를 염두에 두었을 것이라는 짐작은 타당한 듯하다.[29]

---

28) 남정희, 앞의 글, 29쪽.
29) 같은 글, 28쪽.

그러나 이 또한 독특한 시각에도 불구하고 논리적 근거와 분석 작업이 뒤따르지 못해 단순한 추측에 가까운 인상비평의 차원에 머물고 있다. 하여 여기에서는 기본적으로 갈래혼합의 시각에 논의의 초점을 맞추어서, 텍스트의 구조 문체적 분석을 통하여 〈국경의 밤〉의 갈래론적 성격을 재고하여보았다.

2. 변사조 대본으로서의 원갈래성

앞에서 이미 살펴보았던바, 제4단계의 논의에서 〈국경의 밤〉이 갈래 혼합(서사성, 서정성, 극성의 혼합)의 양상을 띠고 있다는 견해는 다른 의미로는 이미 갈래의 벽이 해체되었음을 뜻한다. 이것이 전제되었을 때 〈국경의 밤〉 갈래 논의는 더 이상 고전주의적 선입관에 좌우되면 안 되며 새로운 백지의 상태에서 다시 이루어져야 한다. 그리하여 텍스트 속에 존재하는 원텍스트성을 분석하여 그것이 갈래종을 위반하였는지 갈래류를 위반하였는지를 엄격히 구분하여야 한다.[30] 그리하여 만약 갈래종을 위반하였다면 〈국경의 밤〉의 원갈래는 서사, 서정, 극 중에 대표되는 원텍스트성을 따라야 할 것이며, 갈래류를 위반하였다면 갈래 혼합이라고 말할 수밖에 없는, 즉 이미 새로운 형태의 갈래로 재생성되었음을 인정하여야 할 것이다.

이와 같은 전제를 바탕으로 하여, 〈국경의 밤〉에 내재하는 원텍스트성을 추론하면 다음과 같다.

첫째, 〈국경의 밤〉은 3부로 나누어지며 각 부들은 극적 구성 방식에 의해 짜여 있다.[31]

---

30) 갈래의 위반에 대해서는 T. Todorov, 「문학 장르」, 『장르의 이론』(김현 편), 문학과지성사, 1987, 13-14쪽 참조.

31) 파인의 장시들은 오히려 극적 구성을 지닌다. 〈승천하는 청춘〉에서도 마찬가지이

우선 제1부 발단부와 제3부 결말부는 극적 상황의 제시로 이루어진다. 두만강 건너 만주땅에 소금실이 밀수를 떠난 남편을 기다리며 어린애를 안고 초조하게 가슴 조이고 있던 순이 앞에, 첫사랑의 상처를 간직한 채 이미 8년 전에 헤어진 추억의 옛 연인이 돌연히 등장하는 제1부 발단부의 장면과, 제1부에서 순이가 불안스럽게 들었던 총소리('고기잡이 어름짱 끊는소리')의 결과가 남편 병남의 죽음으로 확인되는 제3부 결말부의 장면은 개막의 상황이 폐막의 결과로 이어지는 극적 상황의 구성 방식으로 제시되고 있는 것이다.

그리고 이러한 극적 상황들은 제2부에서 8년 전의 과거를 플래쉬백(flash back)[32]함으로써 극적 구성방식으로 연결된다.

한편 이에 대해 오세영은 다음과 같은 논리로서 〈국경의 밤〉이 극적인 구성방식을 취하고는 있지만 '드라마(Drama)'가 될 수 없음을 시사하였다.

이렇게 보면 제2부의 구성은 스토리의 극적 상황을 환기시켜주는 히스토리(History:연극에서 실제로 무대상에는 상연되지 않지만 무대상의 사건이 존재하게끔 만들어준 그 이전의 이야기)에 지나지 않음을 알 수 있다. 〈국경의 밤〉이 만일 드라마라면, 이 제2부의 구성은 인물들의 대화 속에서 요약 혹은 제시되는 부분이어야 될 것이다. 즉 무대

지만 그의 〈국경의 밤〉의 경우 극적 구성은 보다 치밀하게 제시된다. 오세영, 앞의 글, 13-14쪽.

32) 플래쉬 백(소급제시, analepse)은 플래쉬 포워드(사전제시, prolepse)와 함께 '먼저 등장인물을 강렬하게 인상지운 다음 그의 과거로 되돌아가거나 혹은 그것을 넘어서는' 돌발적이며 극적 효과를 발휘한다. A. A. Mendilow, *Time and Novel*, New York, 1965, 104쪽; S. Chattman, 한용환 역, 『이야기와 담론』, 고려원, 1990, 85-90쪽.

상에는 나타날 수 없는 사건이다.[33]

  이러한 견해에는 〈국경의 밤〉이 창작된 1925년 당시의 드라마가 연극의 무대처럼 3일치법을 고수하던 정통적인 기법을 사용하였음을 고려할 때에는 달리 이의가 있을 수 없다. 그러나 플래쉬 백(flash back)의 기법이 주로 영화라는 특정매체에 한정되어 사용되는 용어[34]임을 전제로 할 때에는 그 이해의 시각은 완전히 달라진다. 즉 제2부는 무대상에 나타날 수 없는 사건이지만 영화상으로는 소위 오프닝 엎(opening-up)이라고 불리는 확대작업[35]을 통하여 얼마든지 재현이 가능하기 때문이다.

  그것도 瞬間이었다
  「앗! 당신이 에그머니!」 하고 妻女는 놀나 쓰러진다,
  靑年도
  「亦是 오랫던가 아, 順伊여」
  하고 문지방에 쓰러진다.

---

33) 오세영, 앞의 글, 13쪽.
34) 플래쉬 백이나 플래쉬 포워드라는 용어들은 특정한 영상적 매체에 한정되어져야만 할 것이다. 초창기의 영화편집자들이 이러한 다채로운 은유적 기법들을 도입한 것은 그들이 문학적 전통에 대해 무지했기 때문은 아니다. 영화에서 플래쉬 백은 그 자체의 시각적인 자율성 속에서, 즉 커트나 점차 흐려지는 화면 등과 같이 명백한 전이적 형태를 드러내는 장면을 통해 '되돌아가는' 서사적 통로를 의미한다. S. Chattman, 앞의 책, 85-86쪽.
35) 움직임이 고정된 무대에 한정되어 있는 연극과 달리 장소의 이동이 용이한 특성을 가지고 있는 영화는 연극에서 대사로 처리되어 있는 장면들을 직접 현장에서 보여주는 전략을 택하는 경향이 있다. 영화에서 일어나는 확대작업은 비단 이러한 세팅의 확장에만 그치지 않고 등장인물, 시간, 플롯에 걸쳐 전반적으로 일어난다. 이형식, 「말하기와 보여주기」, 『한국연극』, 1992. 9, 80쪽.

로단의 彫刻하여논 有名한彫像가치 둘은 가만히 서잇다,
달빗헤 파래저 神秘하게, 거룩하게.(26장)

아하 그립은 한녯날의 追億이어.
두塑像에 덥히는 한녯날의 다순한 記憶이어!
八年後 이날에 다시 불탈줄 누가 알엇스리.
아,處女와 總角이어,
꿈나라를 建設하던 處女와 總角이어!
둘은고요히 바람소리를 드르며
지나간 따스한날을 들춘다—
國境의 겨울밤은 모든것을 싸안고 다라난다.
거이十年동안을 울며 불며 모든것을 壞滅식히면서 다라난다. 집도 헐
기고, 물방아간도갈니고, 山도 變하고, 하늘의 白狼星 位置조차 조곰
西南으로빗탈니고
그러나 이靑春男女의
가슴속깁히 파뭇처둔 記憶만은닛치 못하였다,
봄꼿이 저도 가을열매 떠러저도
八年은 말고 八十年을 가보렴 하듯이 고이고이 깃헛다—
아, 처음 사랑하던때!
처음 가슴을 마조칠때!
八年前의 아름다운 그記憶이어!(27장)

실제 위의 시에서는 26장과 27장으로 구분되어 있지만, 26장에서
의 스톱 모션과 27장의 해설은 독자의 심리적 시간상에는 거의 동
시에 수용되는 것으로서, 이것이 하나의 플래쉬 백 기법이 되어 8년

전의 과거인 제2부로 자연스럽게 이어진다. 즉 순이와 청년이 극적으로 재회를 하는 순간 화면이 정지되고(26장), 그에 따른 해설이 이어지는 동안(27장) 화면은 두 사람의 사랑이 이루어지지 못하고 헤어지게 된 과거의 한 순간(제2부-28장)으로 페이드아웃(fade-out)되는 구성이다.

이와 마찬가지로 제2부의 마지막 장면인 56장의 과거 공간 산골마을은 다시 페이드인(fade-in)되면서 57장의 현재 공간인 '이 문간'(27장의 스톱모션)으로 오버랩(overlap)되는, 일종의 플래쉬 포워드(flash forward) 기법을 통해 자연스럽게 제3부로 이어진다.

멀구따는 山谷에는 土地調査局技手가 다니더니,
웬 三角標柱가 붓구요,
초개집에도 洋납이 오르고―(56장)

村夫들이 떠난지 五年,
諺文아는선비 떠난지 八年.

이것이 이門간에서
서로 들추는 아름다운 녯날의 記憶,
間牒이란放浪者와 密輸出馬夫의 안해되는 順伊의
아!이것은둘의 녯날의 記憶이엇다.(57장)

둘째, 〈국경의 밤〉은 생생한 영상성과 변사조의 해설로 이루어져 있다.

〈국경의 밤〉은 모두 72장으로 짜여 있는데 그 하나하나의 장은 하나의 장면(scene) 또는 장경(spectacle)을 이루는 숏(shot) 또는 컷(cut)의 단위로 설정되어 있으며 동시에 대사와 해설로 이루어져 있다.

「아하, 無事히 건넛슬가,
이한밤에 男便은
豆滿江을 탈업시 건너슬가?

저리 國境江岸을 警備하는
外套쓴 거문巡査가
왓다 — 갓다 —
오르명 내리명 奔走히하는대
發覺도안되고 無事히 건넛슬가?」
소곰실이 密輸出馬車를 띄워노코
밤새가며 속태이는 젊은안낙네
물네젓든손도 脈이 풀녀저
파!하고 붓는 漁油등장만 바라본다,
北國의겨울밤은 차차 깁허가는대.(1장)

위에서 꺾쇠 기호로 표시된 인물의 대사는 보다시피 간접인용이 아닌 직접화법으로 제시되고 있다. 그 다음 9행에서 12행까지는 인물의 내적 심리와 행동이 제시되며 마지막 행은 공간적, 시간적 배경이 해설의 형식으로 삽입되어 있다. 우선 이처럼 각 장의 구성이 인물의 행동과 대사로 이루어져 있다는 사실은 이것이 서사적인 묘사, 즉 '대상의 총체성'만을 가지는 것이 아니라 궁극적으로 극의 본질적 요소인 '운동의 총체성'[36]을 획득하고 있는 것이라고 볼 수 있다. 그리고 장면과 대사는 읽는 이들에게 동시에 수용되면서 하나의 생생한 영상성을 제공하고 있다.

한편 해설이 설정되어 있다는 사실은 숨은 화자가 존재함을 의미한다. 숨은, 혹은 눈에 띄지 않는 서술은, 비서술과 명백하게 들을 수 있는 서술 간의 중간에 위치한다. 숨은 서술에서 우리는 사건, 인물, 배경을 말하는 목소리를 듣게 되지만 그 목소리의 소유자는 담론의 그늘에 숨은 채로 남게 된다.[37] 위의 인용 시에서 볼 수 있듯이 인물의 심리, 행동, 외모, 장면, 시간적, 공간적 배경 등은 숨은 화자의 입을 통하여 제시되거나 묘사되고 있다. 이는 〈국경의 밤〉 전체를 특징짓는 중요한 요소로서 브레히트의 서사극적 개념을 빌리자면 설화자(erzähler) 혹은 서사적 자아(das epische Ich)[38]에 해당하는 형식이며, 영화적 기법으로 말하자면 화면 밖의 목소리(off-screen voice-over)에도 해당한다.

해설의 설정은 소설이나 드라마에서 기본적 요소이다. 그런데 여기에서 주의해야 할 점은 이 해설이 소설이나 희곡적인 관점에서 설정된 것이 아니고 시나리오의 관점에서 설정되어 있다는 사실이다. 왜냐하면 해설이 특정 장면에 요약되어 나타나는 것이 아니라 작품 전체에 일관되게 용해되어 있기 때문이다. 다시 말해서 〈국경의 밤〉은 처음부터 끝까지 화면 밖의 목소리, 즉 무성영화로 간주한다면 변

---

36) 소설이나 극 모두 생활과정(life-process)의 총체성을 묘사하기는 하지만 소설이 '대상들의 총체성'에 의해 특징되는 반면 극은 '운동의 총체성'에 의해 특징된다는 점이 양자의 결정적인 차이라는 견해에 있어서 루카치는 헤겔의 견해를 따른다. B. Kiralyfalvi, 김태경 역, 『루카치 미학연구』, 이론과실천, 1987, 148쪽.

37) S. Chatman, 앞의 책, 229쪽.

38) 이상원, 『브레히트 연구』, 두레, 1984, 49쪽 참조.

사의 해설에 의해 진행되고 있다. 여기서 잠시 〈국경의 밤〉을 무성영화적 관점에서 볼 수 있는 외부적 요인을 살펴보면 다음과 같다.

첫째, 〈국경의 밤〉이 창작된 1925년 당시는 한창 무성영화가 유행하던 시기였다. 1900년경 서구로부터 활동사진이 수입된 이래, 1910년경엔 변사가 출현하였고, 1919년엔 연쇄극[39]이지만 최초로 조선인에 의해 영화 〈의리적 구토〉가 제작된다. 이어서 1923년부터는 무성영화 시대에 접어들게 되는데, 영화가 상연되는 동안 변사로 불리던 사람들이 영화의 장면을 해설하거나 입은 벙긋거리되 소리가 나지 않는 배우들의 대사를 대신 읽었다.

이 당시 조선인에 의해 만들어진 무성영화는 1923년 3편, 1924년 4편, 1925년 8편에 불과하나 해마다 외화의 수입은 부지기수로 늘어났다. 미국의 유니버셜사와 파라마운트사, 폭스사, 프랑스의 파데사, 영국의 코몬사, 이태리의 이타라사, 일본의 영화사 등이 주 수입원이었으며 1925년 한 해 동안 수입 개봉된 영화는 미국영화가 2,130편, 유럽영화가 124편, 그리고 일본영화 다수가 있었다.[40] 이러한 수치는 당시 영화가 얼마나 대중들에게 인기가 있었는지를 단적으로 보여주는 예이다.

파인 또한 개인적으로 당시의 무성영화에 꽤 깊은 관심이 있었음을 〈국경의 밤〉 11장 '檢閱마튼「필림」가치 뚝뚝 中斷되여 가면서'라는 구절을 통해서 미루어 짐작해볼 수 있다.

둘째, 파인의 문학적 생애[41] 중 제1기를 살펴보면, 갈래 선택 양

---

39) 연극의 중간 중간에 극적 효과를 높이거나 실현하기가 어려운 부분을 필름으로 찍어서 막에 비춘 것으로서 키노-드라마(kino-drama)라 한다.

40) 이구영, 「조선영화계의 과거-현재-장래」, 『조선일보』, 1925. 11. 24-12. 15; 이효인, 앞의 책, 17-49쪽 참조.

41) 제1기: 처녀작이 발표된 1920년부터 경향문학을 주장하며 3편의 장시를 쓴 1927

상이 서정 갈래(〈적성을 손가락질하며〉 외 18편의 초기시들 1924. 5~1925. 3)에서 서사 갈래(〈국경의 밤〉 1925. 3, 〈우리 4남매〉 1925. 11, 〈승천하는 청춘〉 1925. 12 등의 서사시와, 소설 〈밑천〉 1926. 3 등)로 이행하였다가, 다시 극의 갈래(희곡 〈불여귀〉 1926. 3, 〈자장가 부르는 여성〉 1927. 1, 〈바지저고리〉 1927. 1)로 나아갔음을 알 수 있다. 그리고 이 시기에 그는 희곡 창작뿐만 아니라 실제로 김기진, 박영희, 조명희, 김복진, 안석주 등과 함께 카프 소속 극단인 '불개미극단'에도 참여했었다.[42]

파인의 이러한 갈래 선택 양상에 대하여 민병욱은 '〈국경의 밤〉은 서술성, 서사성, 극성을 수용하고 있는 서사갈래의 단계이면서 극 갈래 선택의 준비단계에 위치한 작품'[43]이라는 견해를 보인다.

국경의 밤이 서사 갈래와 극 갈래의 특성을 동시에 내포하는 갈래 혼합적 양상을 보이고 있다는 것은 영화의 갈래사적 특징과 결코 무관하지 않다.

20세기에 창조된 영화라는 특정 갈래는 연극과 마찬가지로 모방적 행동(mimetic action)을 그 본질로 가진다는 점에서는 극의 영역(field of Drama)[44]에 속하지만, 동시에 이야기 요소들(racontants)과 서사적 영상기법들—이를테면 플래쉬 백, 길고 짧은 장면들의 역동적

년까지. 제2기: 민중문학론을 내걸고 민요시의 경도되며 『3인시가집』을 낸 1929년까지. 제3기: 『삼천리』를 발간한 1929년 무렵 이후 군국주의 찬양 친일시와 민요시를 아울러 쓴 1945년까지. 제4기: 1950년 6 · 25전란 중인 7월 23일 납북되기까지 애국문학시절. 김봉군, 앞의 글, 238쪽.

42) 『동아일보』, 1927. 1. 28.

43) 민병욱, 『한국서사시의 비평적 성찰』, 지평, 1987, 80쪽.

44) Martin Esslin, 김문환 역, 「연극마당The field of Drama」, 『한국연극』, 1991. 1~1992. 4. 참조.

제1부 | 한국영화의 서사미학 **35**

인 몽타주, 화면 밖의 목소리, 편집, 팬촬영(pan shots, 화면에 파노라마적 효과를 내기 위해 카메라를 상하좌우로 움직이며 하는 촬영)과 이동촬영(travelling shots) 등—을 가진다는 점에서는 서사물[45]에 속하기도 하는 갈래혼합의 양상을 보이고 있기 때문이다.

다시 말해서 영화는, 플라톤의 미메시스(mimesis)와 디에게시스(diegesis)의 구분[46]에 해당하는 현대적 용어인 보여주기(showing)와 들려주기(telling)[47]를 동시에 수용하는데, 〈국경의 밤〉 또한 이러한 체계를 따르고 있다는 것이다.

이상의 외부적 논거에 의해 지금까지 진행된 논의를 정리하자면, 결국 〈국경의 밤〉은 영화의 경우처럼 보여주기와 말하기를 동시에 수용하는 혼합갈래적 체계를 따르고 있는데, 이때 영화는 물론 당시의 무성영화를 지칭하는 것이 되며, 들려주기에 해당하는 '화면 밖의 목소리'는 당연히 변사의 몫이 되는 것이다.

당시의 변사들은 그들만의 독특한 발성법을 가지고 있었는데 이는 오늘날 흔히 같은 것으로 혼동하여 알고 있는 신파조의 발성법과는 다소 차이가 있었다. 이에 대해 고설봉의 증언을 참고로 하면 다음과 같다.

〈아리랑〉의 한 토막을 신파 스타일로 해보면, '처으흠에 넘느은 아리랑고개 유학을 가는 흐이망의 고개 두후 번째 너험는 아리랑고개 철차 항엘 가느은 가시고개 아하리라하앙 아하리라하앙 아하라하리요 아

45) S. Chattman의 〈이야기와 담론〉은 '영화와 소설의 서사구조'란 부제에서도 알 수 있듯이 영화를 하나의 서사물로 인정하고 있다.
46) Platon, 조우현 역, 『국가』, 삼성출판사, 1987, 제3권 참조.
47) Wayne C. Booth, 'Telling and Showing', *Perspectives in Contemporary Criticism*, S. N. Grebstein, 1968 참조.

하리라앙 고개르흘 넘어간다 하하하' 하면서 목소리를 계속 심하게 떨어야 한다.

그러면 변사스타일의 연극은 어떻게 했느냐. 〈아리랑〉을 다시 예로 들어보자. '처음에 넘는 아리랑고개 유학을 가는 희망의 고개 두 번째~ 해 넘는 아리랑 고개 철창엘 가는 가시고개 아리랑 아리랑 아라리요 아리랑 고개를 너므어간다' 이렇게 영화를 해설하는 식으로 딱딱 끊어지는 설명형태로 대사를 하는 것이다. 요새 신파 스타일이라고들 하는 '—라고 하는 거디얼다'라든가 '—했든 거디다' 하는 투로 말꼬리를 생략하는 발성법은 바로 변사극의 화법이다.[48]

한편 발성법에서는 다소 차이를 보이나 1925년경 당시의 조선영화는 아직 일본 신파의 영향을 벗어나지 못하던 걸음마 단계의 것이었다.[49]

이러한 경향을 바탕으로 하여 〈국경의 밤〉에 내재한 무성영화의 변사조 화법의 특성을 하나하나 분석하면 다음과 같다.

첫째, 특정 부분을 길게 빼거나 문장의 끝을 생략하는 듯한 발성법,

가슴을 뜨드며 긴 한숨을 쉰다―(2장)

문빗탈을 쓰러안고 흑흑 늣겨가며 운다―(3장)

---

48) 고설봉 증언, 장원재 정리, 『증언 연극사』, 진양사, 1990, 27-28쪽.

49) 일제가 강제로 점령한 조선땅에서 대중과 연극, 영화를 통하여 만났던 초기 영화인들은 일본의 장르를 그대로 옮겨왔을 뿐 아니라 심지어 일본의 통속작품을 번안하여 조선인들에게 예술이랍시고 선보였던 것이 당시 조선 영화계의 실정이었다. 이효인, 앞의 책, 14쪽.

玉黍짱 태우는 빨—간 불빛이 보인다.
까—마케 타오르는 모닥불속에(4장)

둘째, 신파의 영향으로 인한 영탄법, 반복법, 직유법 등의 구사,

아하, 밤이 점점 어두어간다
국경의 밤이 저혼자 시름업시 어두어간다(5장)

전선이 운다, 잉—잉—하고
國交하라가는 전신줄이 몹시도 운다(6장)

강 한판에
진시왕릉가튼 무덤을 싸아놋고는
(…)
하늘 따 모다 晦暝한 속에 백금가튼 달빛만이
白雪로 오백리, 月光으로 삼천리(7장)

셋째, 주로 도치법과 함께 문장을 종결하지 않는 열린 종결법을
주요 화법으로 구사,

어데서 왔다는지 초조한 청년하나
갑작히 이마을에 나타나 오르명 내리명
구슬픈 노래를 불으면서(8장)

마듸 마듸 눈물을 짜아내엿다, 마치

「애들아 마즈막날이 왔다」 하는듯시(9장)

넷째, 시제는 극갈래의 특징인 현재 시제를 사용,

다섯째, 효과음도 해설 도중 변사가 육성으로 처리하고 있는 것이 특징이다.

이처럼 파인은 작품 전체를 통해 이처럼 변사조의 해설 화법을 구사함으로써 시 쓰기뿐만 아니라 시 읽기에 독특한 리듬을 제시하였다.

이상으로 파인의 〈국경의 밤〉에 내재한 갈래의 원텍스트성을 정리하면 다음과 같다.

첫째, 극적 상황의 제시와 극적 구성방식으로 구성되었다는 점.

둘째, 제2부에서의 플래쉬 백과 플래쉬 포워드 기법은 영화적 기법을 원용하였다는 점.

셋째, 인물의 행동과 대사를 통해 생생한 영상성을 획득하였다는 점.

넷째, 무성영화에서 변사조의 화법을 구사함으로서 시 쓰기뿐만 아니라 시 읽기에 독특한 리듬을 제시하였다는 점.

3. 맺음말

시집 『국경의 밤』의 서문에 김억이 〈국경의 밤〉을 장편서사시라고 명명한 이래 이 작품은 신문학사상 최초의 서사시로 회자되어왔다. 그러나 이 작품은 파인의 "그 장르상에 있어서는 서사시가 아니라 서정시이며 그 하위양식에 있어서는 개인 창작의 발라드 혹은 그에 유사한 서술적 서정시라고 보아야 한다."라는 오세영의 주장에서 서사시라는 갈래 규정 자체에 대한 반론이 제기되었다. 이에 자극받은 많은 논자들이 서구의 장르론에 입각하여 서사시 옹호론을 적극 펼쳤으며, 이러한 기존의 연구를 통해 〈국경의 밤〉은 거의 서사시라는 관점에 고정되어왔음이 사실이다.

그러나 한편 이러한 논의의 흐름과는 달리 〈국경의 밤〉을 갈래혼합으로 보는 견해가 대두함으로써 기왕의 매너리즘에 빠진 논단에 탈 장르의 관점에 입각한 작품이해의 새로운 가능성을 시사하였다.

이 글은 "개개의 어떠한 작품도—그것이 소설이든 희극적 서사시이든, 혹은 그 이외의 다른 무엇이든—한 장르의 완전한 표본이 아니다. 모든 작품들은 다소간 혼합된 장르적 특성을 지니고 있다."[50] 라는 기본 명제 아래 〈국경의 밤〉의 갈래를 특징짓는 구조문체적 원텍스트성을 추출하였다. 그 결과 〈국경의 밤〉에는 당시의 변사조에 의한 무성영화적 기법과 그에 따른 문체적 특성이 깊숙이 개입되어 있음을 밝혀낼 수 있었다.

20세기 들어 영화라는 갈래가 새로이 발흥하고 또한 연극에서는 브레히트에 의해 서사극이 하나의 새로운 갈래로 정착하면서, 서사와 극의 갈래 경계는 더 이상의 명확한 존재 의미를 고수할 수 없게 되었다. 또한 서정을 근본정신으로 삶는 시에 있어서도 서사와 극적 기법이 혼용된 것은 말할 것도 없다. 그러므로 이제 더 이상 고전적인 갈래론의 관점에 치우쳐서 시를 좁은 의미의 테두리에 한정짓는 우를 범해서는 안 될 것이다.

이 글에서 분석한 결과를 토대로 〈국경의 밤〉의 갈래를 다시 규정하면 다음과 같다.

첫째, 갈래류의 상위 개념에서는 서정적, 서사적, 극적 갈래의 혼합을 이룬다.

둘째, 갈래종의 개념에서는 우선 시의 형식적 범주를 벗어나지 않

---

50) S. Chattman, 앞의 책, p.22.

으므로 이를 인정하고자 한다. 이 층위에서 만약 시가 아닌 소설이나 희곡이나 시나리오 등의 갈래와 시비를 가리고자 한다면 결국 종전의 논의들처럼 무리한 결론에 당착하고 말 것이다. 그러므로 가장 근본적인 갈래의 개념은 다음 갈래속의 개념에서 규정되어야 할 것이다.

셋째, 시라는 넓은 의미의 갈래종 개념에서 보다 폭을 좁혀 갈래 속의 하위 개념으로 〈국경의 밤〉의 원갈래성을 규명하여보면, 역시 가장 두드러지게 추출되는 구조문체적 원텍스트성인 변사조의 무성영화적 기법과 문체로 인하여, 당시로서는 파격적이면서도 실험적인 영상시(cine-poem)이거나, 혹은 시적 형식을 지닌 무성영화 대본 또는 시나리오라 할 수 있을 것이다.

〈국경의 밤〉 갈래 규정은 이상 세 층위의 개념이 종합적으로 고려할 때만 비로소 가능해질 수 있다. 이러한 고려의 결과 〈국경의 밤〉의 갈래는 갈래혼합 양식의 영상시, 혹은 갈래혼합 양식의 시적 무성영화대본 또는 시나리오로 정의할 수 있다. 그러므로 〈국경의 밤〉은 한국문학사에 있어 시의 갈래를 넘어 시나리오의 영역에서도 새롭게 기록되어야 할 것이다.

서사와 극의 구조문체적 차연
임권택의 〈서편제〉

　제31회 대종상 영화제에서 최우수 작품상·감독상을 비롯하여 모두 6개 부문을 석권했던 영화. 남녀노소를 불문하고 심지어는 영화에 관심조차 없던 사람까지도 개봉관을 찾게 했던, 그래서 평일에도 좌석이 매진되는 흥행을 기록했으며, 청와대 특별 초청으로 '감동적인 작품'이라는 대통령의 절찬을 받았던 영화. 많은 평론가의 찬사를 받으며, 술집이든 다방이든 사람들이 모이는 곳이면 어김없이 화제의 중심으로 떠올랐던, 뿐만 아니라 서울의대 정신의학교실 세미나의 주제가 되기도 했던 영화. 그와 함께 원작소설마저도 일약 베스트셀러로 만들어버린 영화.

　이는 한국인의 원형적 심성인 한을 수려한 판소리 가락과 아름다운 남도의 영상에 실어냄으로써 한국영화의 새로운 지평을 개척한 영화, 즉 임권택 감독의 〈서편제〉가 빚어내었던 이른바 〈서편제〉 증후군이라 불리던 현상의 일부이다.[1]

---

1) 한국영화는 〈서편제〉(1993)를 통해 비로소 대중성 확보를 위한 교두보를 완성한 셈이다. 이를 분수령으로 하여 〈쉬리〉(1999), 〈공동경비구역 JSA〉(2000), 〈친구〉 (2001) 등으로 이어지는 흥행의 새로운 지평을 열었다. 그런데 서편제 이후의 흥행작들이 주로 흥미 위주의 대중성에 치우친 작품들임에 비해 〈서편제〉는 격조 높은 예술성으로써 대중들의 인정을 받았다는 데에 특별한 의의가 있다.

그 당시 이러한 증후군들이 광범위하게 확산되면서 그 명성의 빛을 화려하게 더해갔지만, 1993년 5월 26일, 칸 국제영화제의 폐막식으로부터 날아온 소식은 우리에게 하나의 경종을 울려주었다. 중국영화인 〈안녕 내사랑〉(원제 〈패왕별희〉, 첸카이거 감독)이 대상인 황금종려상을 수상했다는 것이었다. 반면 〈서편제〉가 예심을 통과하지 못했다는 사실을 기억하는 이는 드물었다. 세계 4대 영화제 중 가장 화려하고 또 예술적 완성도에 있어 확고한 명성을 자랑하는 칸 영화제, 거기에 경극(京劇)을 제재로 한 영화와 판소리를 제재로 한 영화가 동시에 출품되었는데, 하나는 대상을 타고 하나는 본심에도 오르지 못했다는 사실은 시사하는 바가 크다 할 것이다.

중국의 제5세대 감독이라고 일컬어지는 첸카이거 감독만 해도 〈황토지〉(1984)와 〈해지왕〉(1988)으로 일찌감치 국제적인 입지를 굳혔다. 1992년 낭트 국제영화제에서는 리샤오홍 감독의 〈붉은 가마〉가 작품상을 차지하였으며, 1993년 베를린 국제영화제에서는 시에페이 감독의 〈황혼녀〉가 리안 감독의 〈결혼피로연〉(대만)[2]과 함께 공동으로 대상인 황금곰상을 수상하는 등, 중국영화는 세계 영화계에서 일대 선풍을 일으켰다.

일본의 경우만 해도 이미 1950년도에 구로사와 아키라 감독이 〈라쇼몽羅生門〉으로 베니스 국제영화제의 그랑프리를 차지하고, 이어 1981년에는 〈카게무샤影武者〉로 칸 국제영화제에서 황금종려상을 수상하였다. 그리고 이마무라 쇼헤이는 〈나라야마부시코楢山

---

2) 대만영화도 일찍이 후샤오시엔의 〈비정성시〉(1989)가 베니스 국제영화제에서 그랑프리인 황금사자상을 수상하였으며, 그에 이어 차이밍량의 〈애정만세〉(1994)도 베니스의 황금사자상을 수상하였다. 민병록 외, 『영화의 이해』, 집문당, 2000, 61쪽 참조.

節考〉(1983)와 〈우나기〉(1997)로 칸의 황금종려상을 두 차례나 석권하는 경이로운 기록을 남겼으며, 1998년엔 기타노다케시 감독의 〈하나비花火〉가 베니스의 황금사자상을 거머쥔 바 있다.

그에 비해 우리는 〈물레야 물레야〉, 〈달마가 동쪽으로 간 까닭은〉 등이 칸에서 고배를 마신 이후, 〈서편제〉마저 또 다시 발목이 잡힘으로써 세계 메이저 영화제의 두꺼운 벽을 실감하였다.[3]

그럼 왜, 국내에서는 그토록 절찬리에 상영되었던 〈서편제〉가 국제무대에서는 예선 탈락이라는 홀대를 당하였던가? 쓰지만 인정할 수밖에 없는 그 사실 앞에서 겸허히 그 원인을 성찰해보자. 그것은 우리가 입버릇처럼 외쳐대는 '가장 한국적인 것이 가장 세계적인 것'이라는 자부에 대한 진지한 자기검증으로부터 비롯하여 본격적으로 영화문법에 대한 다각도의 세밀한 검토로 이어져야 한다.[4] 그럴 때만이 대중성을 담보로 이루어지는 할리우드식 영화문법의 흥

---

3) 한국영화는 〈서편제〉 이후에도 임권택 감독의 〈춘향전〉(2000)이 칸 국제영화제의 경쟁부문에 초청되었으나 수상권에 진입하지 못하였고, 김기덕 감독의 〈섬〉(2000)과 〈수취인불명〉(2001)이 베니스 국제영화제의 경쟁부문에 해를 이어 초청되었으나 역시 작품상을 수상하지 못하는 고배를 마셔야만 했다.

4) 다음 글은 본고와 동일한 문제인식을 보이는 마광수의 논지 중 일부이다. "얼핏 보면 꽤 복잡해 보이는 스토리 같지만 영화에서는 스토리적 요소들이 대부분 대사 몇 마디로 간단히 처리되어 있어, 영화를 끝까지 다 보고 난 뒤의 생각은 참한 음악 영화 한 편을 보았다는 느낌이었다. 여러 곡의 판소리가 반 이상을 차지하고 있기 때문이었다. 하지만 판소리가 주는 음악적 효과, 특히 한국인 특유의 감정인 감상적(感傷的) 정한(情恨)에 호소하는 프리미엄을 빼고 나서 이 영화를 생각해 보면 여러 가지 문제점을 지니고 있는 영화라는 생각이 들었다. 그것은 한마디로 말해서 이 영화가 '국제적 보편성'을 결(缺)하고 있으며 지나치게 과거지향적이라는 것이다. 나는 이러한 문제점들이 최근 들어 다시 극성을 부리고 있는 국수주의적 세계관에 바탕한 문화적 쇄국주의와 무관하지 않다는 생각이 들어 착잡한 심정에 빠져들지 않을 수 없었다." 마광수, 「누가 〈서편제〉를 잘 만든 영화라 하는가」, 『사라를 위한 변명』, 열음사, 1993, 87-88쪽.

내 내기에서 벗어나 한국영화만의 독특한 정체성을 확립할 수 있을 것이다.

이 글은 이러한 문제 인식을 바탕으로 〈서편제〉가 지니고 있는 결함, 그중에서도 특히 구조론적인 결함을 이청준의 원작 소설 〈남도 사람〉 연작과 첸카이거의 〈패왕별희〉의 구조문체적 차연(différance)[5]을 비교 고찰함으로써 밝혀보고자 하는 글이다.

1. 전통의 계승과 세계화의 한계

원인은 크게 작품 외적 결함과 작품 내적 결함으로 나누어진다.

먼저 작품 외적 결함부터 살펴보면, 잘라 말해 한이나 소리에 대한 우리네 정서가 서구적 정서에 쉽게 다가서지 못했을 것이라는 추론이 제기된다. 이러한 결과에 대한 원인은 여러 가지가 있을 수 있으나 우선적으로 판소리에 대한 그동안의 인식 부족(이는 기타 전통극 장르에도 마찬가지이다)을 들 수 있다.

알다시피 중국의 경극이나 일본의 가부키는 전통적으로 꾸준히 계승되어 하나의 예술 장르로 굳건히 섰을 뿐만 아니라, 국가적인 차원에서도 이론과 실기를 보존하고 나아가 이를 세계화시키는 데 체계적으로 노력을 기울여왔다. 그에 비해, 우리의 경우는 스스로 광대라고 천시하였을 뿐만 아니라, 일제하 밀려오는 서구의 신극

---

5) 데리다는 시간적 개념인 차이(difference)와 공간적 개념인 지연(diferment)을 동시에 의미하기 위하여 차연(différance)이라는 말을 합성하였다. 그것은 감정적/지성적, 직관/의미, 자연/문화 등과 같은 서구의 언어를 특징짓는 모든 이분법적 대립개념의 근거에서 서로 다른 것을 산출하고 구분하는 것을 의미한다. 이 글에서는 각색 과정에서 표출된 구조문체적 상이점을 변별하기 위한 용어로 활용한다. J. Derrida, *Positions*, trans. Alan Bass, Univ. of Chicago Press, 1981, p.27, pp80-89; J. Derrida, 「기호학과 그라마톨로지」, 박성찬 편역, 『자크 데리다: 입장들』, 솔, 1992.

에 오로지 경도되면서 우리의 것은 한낱 구극으로 도외시하였던 그릇된 인식이 오늘날까지도 크게 개선되지 않은 실정이다.

판소리가 창극으로 갈래 혼합되어가는 과정을 한낱 변질로 치부하여 그 발전이 중단된 현상이나, 현재 세계적인 문화유산이 된 경극이나 가부키와 동일한 발생학적 원형을 보이는 남사당[6]이 그 형식적 발전을 이루지 못하고 오랫동안 사장되어버린 사실 등이 이를 웅변적으로 뒷받침해준다.

이런 측면에서 볼 때, 〈서편제〉에서 임권택 감독이 최우선적으로 드러내고자 했던 우리 소리가 지닌 무위자연적 생의 미학이 서구인들의 귀에 제대로 전달되었을지는 심히 의심스럽다. 마치 한국의 기성세대가 아무런 사전 이해가 없는 상태에서 서구의 헤비메탈을 난잡한 소음으로 치부해버리듯이, 아름답게만 울려내는 벨칸토 창법에 길들여진 서구인들에게는 우리의 판소리가 단순한 고함지름으로밖에 비치지는 않았을까? 판소리의 미학에 대한 배경지식을 사전에 접해보지 못한 서구인들이 어찌 몸의 지축을 울려 가식 없이 뽑아올리는 심오한 득음의 경지를 단번에 공감할 수 있겠는가? 특히 가사의 의미 전달이 불완전할 것임을 감안해보면 도저히 어불성설이 아닐 수 없다.

이러한 외적 결함도 문제이거니와, 보다 근본적으로 지적되어야할 문제점은 역시 작품 내부에서 찾아야 할 것이다. 전자의 문제가국가와 함께 범국민적 차원에서 꾸준하고도 적극적으로 개선돼야할 부분이라면, 후자의 문제는 당연히 예술인의 몫으로서 다각도에서 비평적 성찰이 요구되는 것이다.

---

6) 이원경, 「일본의 가부끼와 사당패의 비교연구」, 『한국연극』 1991. 3. 참조.

이를테면 "극적 맥락보다는 소리의 전달에 더 치중했다"는 감독의 의도는 칸 영화제 예선 탈락이라는 결과와 결코 무관하지 않을 것이다. 왜냐하면 우리 고유의 가락을 영상을 통해 전달하려는 의도 자체는 큰 의의를 지닐 수 있으나, 전달의 방식이 다큐멘터리가 아닌 다음에야 극적 맥락에 보다 세심한 주의를 기울였어야 함이 마땅하기 때문이다.[7]

우리의 소리가 한의 정서를 바탕으로 완성됨을 이해시키기 위해선 우선 그 소리에 실린 한의 맺힘과 풀림의 과정을 형상화해내는 극적 구성이 치밀하게 조직되어야 할 것이다. 소리의 완성은 소리꾼의 소임일 뿐이다. 득음의 경지를 전달하기 위해서 영화감독이 오로지 치중해야 할 부분이 있다면 그것은 극적 구성의 완성도이다.

이 글에서는 작품 내부의 문제점을 주로 원작인 소설과 각색된 시나리오의 비교를 통해 서사적 상상력과 극적 상상력이 구조화되는 과정의 차연적 특색을 규명함으로써 드라마투르기(dramaturgie)상의 비판적 시각을 제시하고자 한다.

2. 주제의식의 상호텍스트성

주지하다시피 영화 〈서편제〉는 이청준의 소리를 제재로 한 연작소설 『남도 사람』[8] 중에 제1편 〈서편제〉와 제2편 〈소리의 빛〉을 원

---

7) 그의 이러한 의도는 그 후에 제작한 판소리 제재 영화 〈춘향전〉에서도 동일하게 확인된다. 물론 임권택 감독은 이 〈춘향전〉으로 칸 영화제의 본선 경쟁부문에 초청되는 발전상을 보이지만, 이 역시 동일한 의도가 지니는 한계로 수상권에 진입하지 못하는 결과를 낳는다. 그것은 판소리 원전 〈춘향전〉이 지니는 권선징악형의 고전적인 극적 줄거리의 틀을 고스란히 답습하기 때문이다.

8) 『남도 사람』은 〈서편제〉, 〈소리의 빛〉, 〈선학동 나그네〉, 〈새와 나무〉, 〈다시 태어나는 말〉의 다섯 작품으로 이루어져 있다. 이청준, 『서편제』, 열림원, 1993, 참조.

텍스트로 하여 김명곤과 임권택에 의해 각색, 제작된 것[9]이므로, 이들 텍스트들의 사이엔 필연적으로 상호텍스트성(intertextuality)[10]이 존재한다.

텍스트(text)와 작품(work)[11]의 각각의 구조는 공통적으로 남도의 한 소리꾼 일가의 삶에 얽힌 한의 내력을 풀어가는 것을 기본 줄거리로 짜였으며, 구성은 현재에서 과거로의 이행을 반복하는, 즉 결

---

9) 다섯 편의 연작 소설들 중 판소리 서편제에 얽힌 모녀의 사연이 구체적으로 다루어지고 있는 것은 이들 두 편 외에도 〈선학동 나그네〉가 있다. 그러나 이 작품은 영화 기획 단계에서 제외되었다. "원작자와 접촉이 많아지면서 일단 『남도 사람』에 속한 세 편의 연작 속에서 〈서편제〉와 〈소리의 빛〉은 살리되 〈선학동 나그네〉는 영화 내용에서 제외하기로 결정하였다. 〈선학동 나그네〉는 나이든 동호가 선학동이란 마을에 찾아와 자연의 소리, 득음이 무엇인지에 대한 유봉의 가르침을 회상하는 내용. 내용의 추상성과 촬영 장소가 마땅치 않다는 이유로 영화에서 제외되었다." 임권택, 『서편제 영화이야기』, 하늘, 1993, 83쪽; 방민호, 「소설 『남도 사람』과 영화 〈서편제〉의 상관성에 관한 소고」, 『문학과 논리』 5, 태학사, 1995, 213쪽에서 재인용.

10) 데리다의 중요한 이론 중의 하나인 상호텍스트성은 그의 차연 이론에 근거한 것으로서, 이는 텍스트 자체가 지니는 불확정성과 유동성으로 인해 텍스트들 사이의 상호작용 속에서 끊임없이 재생산되는 의미 혹은 가치의 상관성을 의미한다. 이러한 상호텍스트성은 각색, 인용, 모방(parody), 언어절도(표절) 등에 의해서도 발생하는데, 이 글은 각색 과정을 통해 맺게 된 텍스트들 사이의 상호관계 속에서 나타나는 차연의 흔적을 추적하여 원작을 각색하는 과정에서 변이된 텍스트의 특징과 그 의미를 밝히고자 한다. 김성곤 편, 『탈구조주의의 이해』, 민음사, 1988, 20쪽과 91쪽; 김경용, 『기호학이란 무엇인가』, 민음사, 1994, 325쪽.

11) 이 글에서는 원작 소설은 텍스트(text)로, 각색 제작된 영화는 작품(work)으로 구분하여 쓴다. 이는 수용미학에서 작가의 구조물인 텍스트와 독자의 수용체인 작품을 구분하여 쓰는 개념을 활용한 것이다. 물론 최종적인 작품(work)은 영화 관객들에 의해 수용된 각각의 〈서편제〉들이며, 영화 〈서편제〉도 관객과의 소통 구조에서는 하나의 독립된 텍스트가 되겠지만, 한편으로 원텍스트인 『남도 사람』 연작과의 관계에서 〈서편제〉는 원텍스트가 영화인들에 의해 수용된 결과 빚어진 하나의 작품(work)인 셈인 것이다. Wolfgang Iser, 차봉희 편저, 『독자반응-비평』, 고려원, 1993 참조.

과에서 원인을 추적해가는 분석적 방식을 취하고 있다.

작품은 현재 한약재 수집 상인으로서 남도천지를 훑고 다니는 동호(김규철 분)라는 사내가 소릿재 주막을 찾아드는 데서 시작한다. 그는 과거 가난하고도 고달팠던 소리의 삶에 반발하여 뛰쳐나온 뒤, 오랫동안 헤어졌었던 의붓아버지(유봉, 김명곤 분)와 의붓누나(송화, 오정해 분)의 행적을 추적하던 중이다. 그곳에서 주모의 설익은 창을 들으며 그 소리로부터 이어지는 과거사의 그늘로 플래쉬 백되면서 작품은 한 소리꾼 일가의 한을 분석적으로 형상화한다.

유봉은 한때 서울에서 유명한 소리꾼의 수제자였으나 스승의 애첩과 불륜을 저질러 파문당한 뒤 한 여자아이(송화)를 데리고 남도를 유랑하며 소리품으로 연명한다. 한 마을에 이르러 사내아이(동호)가 딸린 과수와 연을 맺으나, 같은 동네 사람들의 질시 때문에 딴 마을로 가서 살림을 차리지만 얼마 가지 않아 과수댁은 산고 끝에 죽고 만다. 그때부터 유봉은 의붓자식인 동호와 송화에게 북과 소리를 전수하며, 요리집과 장터를 전전하며 고달픈 소리의 길을 걷는다. 청년이 다 된 동호가 가난한 소리의 삶을 거부하고 유봉과 송화의 곁을 홀연히 떠났다가, 긴 세월이 지난 후 소릿재 주막으로 이들을 찾아왔을 때에는 이미 유봉이 죽은 지 오래였으며, 송화는 유봉의 삼년상이 다함과 동시에 홀연히 주막을 떠나고 난 뒤이다.

약재상으로서 지방을 돌며 한약재를 수집하는 틈틈이 송화의 행적을 수소문하는 동호의 시선을 좇아 카메라가 현재와 과거를 오버랩(overap)하는 동안, 앵글은 동호를 잃은 유봉이 더욱더 송화의 소리 틔움에 집착하게 되고, 결국 득음을 위하여 송화의 눈을 멀게 만드는 과정과 소릿재 주막에서의 유봉의 죽음, 그 이후 사무친 한을 소리로 승화시키는 송화의 득음 과정을 추적한다.

그리고 영화는 끈질긴 추적 끝에 남도의 한 강가 주막에 이르러 만나게 된 동호와 송화가 북과 소리로써 어우러지는 라스트 신에 이르러 오랜 세월 쌓이고 맺혔던 한이 조금씩 섞여 녹아내리는 비장한 미장센을 그려낸다. 밤이 깊도록 구비구비 흘러넘치는 소리가락 따라 서로의 이마에 땀방울이 맺히듯이 그네들의 한도 한 가닥 한 가닥 풀려나가는 것이다.

이러한 전체 줄거리를 통해 〈서편제〉는 맺힌 한에서 열린 한으로의 전이를 득음의 과정이라는 구조적인 시각에서 꿰뚫어보고 있다. 그것은 "어떤 경로로 한이 맺히는가?" 하는 하나의 시각과, "어떻게 하여 한의 매듭이 풀려가는가?" 하는 또 하나의 시각을 구성의 기본 모티브로 삼고 있기에 가능한 것이다. 그러므로 한과 소리는 서로 환원적인 관계에 있다. 작품 속에서 발생하는 모든 한의 원인은 소리에 있고, 그 소리는 결국 한을 토대로 완성된다.

이처럼 〈서편제〉는 한과 소리를 일원론적 개념으로 상정하면서, 한편 그 구조는 맺힘과 풀림이라는 이분법적 과정으로 응시한다. 흔히 원한(怨恨 또는 願恨)이니 정한(情恨)이니 하는 것은 맺힌 한에 속한다. 사무치는 원망이나 사무치는 그리움(情) 등은 가슴에 맺힌 그 어떤 정서를 말하는 것으로서, 삶을 허무한 것 또는 비극적인 것으로 파악하는 것은 한을 바로 이 맺힘의 시각에서만 보고 있기 때문이다. 그러나 한이라는 우리네 정서가 비극과 허무의 세계에서만 머물지 않는 것은 이렇게 맺힌 한이란 늘 스스로 풀림의 상태를 지향하며, 그러한 초월적 의지가 샘물처럼 우리의 심성 언저리에 언제나 고여오기 때문이다.[12]

_____

12) 이에 대해 천이두는 "한은 한국인의 주체에 있어서 그 부성적 속성이 끊임없이 초극되는 것이며, 그 초극의 과정을 통하여 그것은 소멸되는 것이 아니라 그 자체가

〈서편제〉에서 궁극적으로 추구하고자 하는 세계는 한으로 치자면 맺힌 한이 풀려 열린 한이 되는 정한(精恨)의 세계이며, 소리로 치자면 동편과 서편의 경계를 뛰어넘는 득음의 경지이다.

이러한 주제의식은 원텍스트와 작품(영화)에 다 함께 설정되어 있지만,[13] 그 한의 기능이 텍스트에서는 제3자에 의해 정리되는 것에 비해 작품에서는 주인물이 스스로 체득하는 차이가 있다. 특히 한과 소리의 관계는 작품에서 죽음을 눈앞에 둔 유봉이 송화에게 남기는 마지막 대사에서보다 설득력 있게 전달된다.

니가 나를 원수로 알았다면 니 소리에 원한이 사무쳤을 텐디 니 소리 어디에도 그런 흔적은 없더구나. 이제부터는 니 속에 응어리진 한에 파묻히지 말고 그 한을 넘어서는 소리를 혀라. (…) 동편제는 무겁고

끊임없이 긍정적 속성에로 질적 변화를 계속해갈 뿐이다. 한국적 한에 있어서 이와 같은 질적 변화를 가능케 하는 기능은, 한국적 한의 내재적 속성으로서 가치 생성의 기능이다. 한국적 한의 내재적 속성으로서 가치 생성의 기능, 그것이 곧 '삭임'의 기능인 것이다."라고 하면서 한을 '삭임'의 기능을 통한 일원론적 구조로 분석하고 있으며, 나아가 이를 판소리의 '시김새'와 연관 지어서 자세하게 분석하고 있다. 천이두, 『한의 구조 연구』, 문지사, 1993, 99쪽 참조.

13) 원텍스트 〈소리의 빛〉에서 작가 이청준은 주막집 천씨의 입을 빌려 한에 대한 자신의 주제 의식을 갈무리하고 있다. "사람들 중엔 때로 자기 한 덩어리를 지니고 그것을 소중스럽게 아끼면서 그 한 덩어리를 조금씩 갈아 마시면서 살아가는 위인들이 있는 듯 싶데그랴. (…) 그런 사람들한테는 그 한이라는 것이 되레 한 세상 살아가는 힘이 되고 양식이 되는 폭 아니겠는가. 그 한 덩어리를 원망할 것 없을 것 같네. 더더구나 자네같이 한으로 해서 소리가 열리고 한으로 해서 소리가 깊어지는 사람이라면 더더욱 그것을 소중히 여겨야 할 것일세. 자네 오라비도 아마 이 점을 알고 있었던 듯싶네. 자네는 아까 오라비가 자넬 해치고 싶은 충동을 못 이겨 간 거라고 말했지만, 그 말이 설사 맞는 데가 있다 치더라도 내 짐작이 크게 틀리지는 않을 것 같네. 자네 오라빈 자네 소리에 서린 한을 아껴 주고 싶은 나머지, 자네한테서 그것을 빼앗지 않고 떠나기를 소망했음에 틀림없을 걸세." 이청준, 앞의 책, 52쪽.

맺음새가 분명하다면 서편제는 애절하고 정한(情恨)이 많다고들 하지. 허지만 한을 넘어서게 되면 동편제도, 서편제도 없고 득음의 경지만 있을 뿐이다.[14]

이처럼 텍스트에 못지않게 작품 또한 그 주제의식을 잘 표현하고 있음에도 불구하고 작품의 극적 구성은 원텍스트에 비해 일정 정도의 결함을 드러내고 있다. 그것은 한과 소리가 승화되는 세계, 문제는 그것을 표현하는 방식의 차이, 즉 들려주기와 보여주기라는, 서사적 구조와 극(영화)적 구조 사이의 문체적 괴리에 있다. 이 글의 궁극적은 목적은 그 핵심적인 구조문체의 차연을 밝히는 것에 있다.

3. 서사와 극의 구조문체적 차연

이청준의 텍스트에서 보이는 내러티브의 의지는 한의 맺힘과 풀림이라는 기본 모티브를 신비적인 관념의 세계로까지 확대하는 서사적 상상력의 공간을 지향한다. 이로 인해 각색, 제작된 작품은 원작이 지향하는 서사적 상상력을 최대한 살리면서, 그 질서를 극적 리얼리티로 환원해내야 하는 이중의 부담을 안게 된다.

소설에서 '읽기'는 독자의 자율적이면서도 열린 상상력의 참여를 요구한다. 독자는 행간에서 많은 것을 유추하고 판단하며 또한 추상하고 구성해낼 수 있다. 작가가 설정한 시·공간적 배경은 독자의 직관적 심상에 의한 사고에 의해 새롭게 구성되며, 인물의 성격과 사건의 연결 또한 마찬가지이다. 그러나 영상 매체를 통한 '보기'는 이에 비하면 그 상상력을 지극히 한정시킨다. 대체로 관객의 감

---

14) 임권택, 앞의 책, 62쪽.

상 능력은 감독이 재현해낸 구체화된 영상에 거의 의존하게 되는데, 이는 결국 감독의 상상력이 빚어낸 이미지에 관객의 자율성이 구속됨을 의미하는 것이다.

한편 영화는 일반적으로 극의 영역(field of drama)[15]에 속하면서도 연극에 비해 서사적 요소를 강하게 지닌다. 주로 영화에서 서사적 상상력은 배경이 되는 영상이나 효과들에 의해서 충족되며, 극적 리얼리티는 인물의 성격과 내러티브의 질서에 의해서 이루어진다. 작품 〈서편제〉는 이 두 측면을 거의 무리 없이 전개시키고 있으나 몇 가지 측면에서 재고하여 볼거리를 안고 있다.

첫째는 동호의 한이 맺히고 풀리는 과정에 대한 서사와 극의 차연이다.

텍스트에 의하면 동호의 한은 의붓아비인 유봉을 처음 만나기 전인 어린 소년 시절부터 맺기 시작한다. 즉, 아버지가 없는 어린 동호는 여름 매일 한낮을 해변 언덕의 밭 한 모퉁이에 있는 무덤가에 허리 고삐가 매진 채로 머리 위로 이글이글 불타오르는 뜨거운 햇덩이를 숙명처럼 견뎌야 했다. 배고픈 낮잠과 물결 위를 떠도는 부표처럼 가물거리며, 콩밭 사이를 오락가락하면서 하루 종일 노랫소리도 같고 울음소리도 같은 어미의 웅웅거리는 콧노래 가락 소리를 들으며, 이제나저제나 어미 일이 끝나기만을 기다려야 했던 것이다. 그

---

15) 마틴 에슬린은 「연극마당The field of Drama」에서 극의 영역(field of drama)을 무대극 또는 생연극(live theatre)에만 한정시키려는 일반적 경향을 비판한다. 그는 현대문명의 진보로 인해 극은 영화, 텔레비전, 비디오테이프, 라디오, 카세트 레코딩 등으로 그 영역이 폭발적으로 넓어졌음을 전제하고, 드라마의 발전은 각 장르들이 구축하는 이론과 실천의 동일한 영역들에 대한 통찰을 공유함으로써 이루어짐을 역설하고 있다. Martin Esslin, 김문환 역, 「연극마당」, 『한국연극』 1991년 1월호 71쪽과 2월호 32쪽 참조.

러던 어느 날 한 낯선 사내의 소리가 어미의 소리를 후닥닥 덮쳐버렸으며, 그로부터 일 년 뒤 어미는 그 사내의 여자아이를 낳고는 영영 눈을 감는다. 동호는 그 이후로 사내에 이끌려 소리꾼의 삶을 살게 되나, 사내의 소리를 들을 때면 늘 어릴 적 머리 위에 이글이글 불타오르던 뜨거운 햇덩이를 느낌과 동시에 살의를 느끼게 된다. 소리와 살의라는 고뇌의 짐을 주체하지 못한 동호는 결국 그 삶으로부터 뛰쳐나온다.

동호의 한이 맺히게 되는 과정을 보여주는 텍스트의 이 부분은 연작 중 각색의 대상이 되었던 제1편 〈서편제〉와 제2편 〈소리의 빛〉 두 곳에 다 주 동기로 설정되어 있다.

텍스트에서는 서사적 상상력을 통해 이렇듯 의붓아비에 대한 살의와 소리에 대한 고뇌가 무의식적 신비의 세계에까지 확대되고 있다. 이에 비해, 영화 작품(work)에서는 동호의 탈출 동기가 단지 소리꾼의 삶에 대한 세속적인 고달픔으로밖에 설정되어 있지 않다. 물론 작품에서도 무덤가에 허리 매인 동호의 어린 모습과 어미와 사내와의 만남, 어미와 사내와의 정사를 자다 깬 동호가 물끄러미 바라보는 장면, 어미의 산고 속 죽음 장면 등이 삽입되어 있기는 하다. 그러나 이들 유년의 경험이 동호의 무의식에 잠재하는 살부 콤플렉스로 형상화되는 그 궁극적인 작업은 누락되었다. 이로써 일차 텍스트를 접한 관객이 아니면 동호의 살의에 찬 내면을 감지할 수 없게 되었으니, 결국 서사적 상상력을 극적 리얼리티로 전환시키지 못한 한계를 드러내는 것이다.

이처럼 작품에서 드러나는 약화된 동기는 개연성이 부족한 동호의 돌연한 떠남을 야기하고, 급기야는 의붓누이 송화와의 이별에서 맺혀야 할 한의 결정력을 떨어뜨린다. 이러한 콘티는 충동적 행위를 감상적 장면으로 보상하고자 하는 연출의도의 과잉을 낳는다. 그리하여 한의 형상화라는 주 임무는 고갯마루의 노목을 배경으로 멀어지는 영상미학과, 그에 상응하는 비장미를 표현하는 영화음악(작곡 김수철)에 심히 의존하게 되는 결과를 낳는다.

구조의 기초가 부실하면 연쇄 붕괴가 일어나게 마련이다. 극적 발단의 과정을 통해 동호의 내면을 형상적으로 보여주지 못함으로 말미암아, 전반적으로 동호가 누이의 소리를 찾아 남도 천지를 집요하게 추적하는 주된 행위마저 설득력이 약화되는 일종의 도미노 현상을 낳게 된 것이다.

둘째는, 송화의 한이 맺히고 풀리는 과정에 대한 서사와 극의 차연이다.

송화의 한 맺힘 과정 또한 텍스트와 작품에서 공통적으로, 그리고 크게 두 개의 동기로 설정되어 있다. 하나는 동호와의 이별로 인해서 생기는 정한(情恨)이며, 다른 하나는 아비로 인해 눈이 멀게 되는 원한(怨恨)이다. 그런데 이 두 동기는 텍스트와 작품에서 각각 달리 설정하고 있는 인물들 간의 혈연적 결속 관계의 차이에 따라 심각할 정도로 극적 완성도에 있어서 차연을 낳는 원인이 된다.

앞의 텍스트 요약에도 나타나듯이, 텍스트에서 동호와 송화의 혈연관계는 씨 다른 오누이, 즉 같은 어미의 한 배에서 난 한 핏줄이다. 텍스트에서 동호의 어미는 유봉과의 관계에서 잉태한 송화를 낳다가 죽기 때문이다. 그런데 작품에서의 송화는 처음부터 유봉이 데려온, 그래서 그 핏줄의 유래를 알 수 없는 관계로 설정되어 있다. 유추해보건데 스승의 첩과의 관계에서 생긴 딸이 아닐까 하지만, 정확한 언급은 없으며, 나이도 잘 맞지 않는다.

텍스트의 관계 설정을 따르자면 동호는, 유봉과는 아무런 혈연관계가 아닐 뿐만 아니라 유봉으로 인해 자신의 어미를 잃게 된 형국이므로, 유봉에 대한 살의 콤플렉스와 고달픈 소리꾼의 삶에 시달리던 끝에 그 삶으로부터 홀쩍 떠날 수 있었다. 그러나 송화는 유봉과 혈연으로 연결된 부녀지간이므로 동호처럼 떠나지 못하고 유봉과 함께하는 동기가 성립된다. 또한 동호와 송화는 한 핏줄이며 동호가 손위의 위치에 있으므로, 그의 텍스트 전편을 통한 누이 찾기의 집요한 행적은 충분한 개연성과 설득력을 지닌다.

반대로 작품에서는 송화와 동호는 전혀 피가 섞이지 않은 관계로 설정됨으로 해서, 동호와 송화의 이별 장면에서 한 맺힘의 과정은 극적 리얼리티를 약화시키며 동시에 앞에서와 같은 도미노 현상을 중복하게 된다. 그리고 혈연관계로서의 이별에 의한 한 맺힘이라면 결말에서 소리와 장단으로 한의 매듭을 푸는 과정이 한 층 높은 감동으로 승화되었을 것이다.

한편 〈서편제〉에서 가장 극적인 한 맺힘이라고 볼 수 있는 송화의 눈머는 과정 또한 혈연관계에 의한 것이었다면 유봉에게도 송화에게도 더 깊은 한으로 자리 잡을 수 있었을 것이다. 그런데 작품상으로는 그 진위를 가릴 수 없는 모호한 관계 설정으로 인해 극적 충격은 반감되고 만다. 또한 유봉은 자신이 못다 이룬 득음의 한을 제자(딸이 아닌)의 실명(失明)을 볼모로 대신 풀고자 하는, 광적인 존재에 머무르게 된다.

그나저나 송화가 눈이 멀게 되는 과정은 만약 친자식이 아니라 하더라도 인륜을 거스르는 행위인 만큼 인간적으로 깊은 고뇌의 흔적이 유봉에게 비쳐야만 한다. 그러나 작품에서는 텍스트가 보여주는 서술적 제시—텍스트에서는 소릿재 주모에 의해 송화가 눈이 멀게 되는 경위를 서술적으로 제시하고 있다—속에 내재하는 서사적 상상력을 극적 리얼리티로 재현해내지 못하고 있다. 그저 그 과정이란 것이 소설에서는 쓰였다면 영화에서는 보여주는 정도의 차이밖에 없다. 한 맺힘의 과정이 이처럼 평범하게 진행됨으로써 유봉의 죽음 직전에 원한을 정한(精恨)으로 승화시키는 송화의 내면 또한 표출되지 않는 용서로 흐르고 만다. 소위 텍스트가 영화로 작품화될 때 전제되는 확대작업(opening-up)[16)]이란 이런 경우에 필요한 것이 아닐까?

소설이나 시나리오의 구성에 있어 제일의적인 원리는 인물의 결합 관계에 있다. 사건은 그로부터 생성되는 것이다. 그러므로 그의 중요성은 아무리 강조해도 지나치지 않을 터이다. 원작 소설에서 세 인물의 결합 관계는 절묘하게 끊어질 듯 이어진다. 그러나 어찌된 영문인지 영화에서는 이러한 관계가 모두 절연되어 있다. 심지어는 작품의 도입부에 유봉이 그 관계를 알 수 없는 송화를 이끌고 왔듯이, 라스트 신엔 역시 그 유래를 알 수 없는 소녀에 끌려 송화가 길을 떠난다. 그러니 영화평론가 유지나가 동호와 송화의 결합관계를 이성간의 연정으로 해석하고, 둘이 만나 소리와 장단을 나누는 대목을 합방의 의미로 비평한 것도 무리가 아니지 싶다. 그 소녀는 동호와 송화가 밤을 새어 합방한 결과 얻게 된 아이라는 이상야릇한 결론이 도출되는 것이다.[17)]

---

16) 소설을 영화로 각색할 경우 일어나는 가장 두드러진 변화는 소위 '오프닝 업'(opening up)이라고 불리는 확대 작업이다. 독자의 상상력에만 의존하는 소설과는 달리 미장센(mise-en-scene)의 재현을 전제로 하는 영화는 소설에서 설명되고 묘사된 분위기와 장면들을 직접 현장에서 보여주는 전략을 택한다. 영화에서 일어나는 확대 작업은 세팅의 확장뿐만 아니라 등장인물, 시간, 플롯에 걸쳐 전반적으로 일어난다.

17) 유지나와 비슷한 관점에서 이 부분을 긍정적으로 보는 견해도 있다. "마지막으로 서사 구조적 측면에서의 긴장감 획득을 들 수 있습니다. '동호'는 끊임없이 '송화'

셋째는, 마지막 한풀이 과정에서 나타나는 서사와 극의 거리이다.

앞의 두 논리가 텍스트의 인물과 사건의 서술적 제시에 내재하는 서사적 상상력을 극적 리얼리티로 재현하는 문제였다면, 이 경우는 텍스트의 배경 묘사에 내재하는 서사적 상상력을 극적 리얼리티의 공간으로 확대시키는 문제이다.

주막집은 장흥읍을 아직 10여 리쯤 남겨놓고 탐진강 물굽이의 한 자락을 끼고 돌아앉아 있었다. 이웃 고을 강진에서 장흥읍을 들어가는 지방도로 가로수열이 저만치 마주 달려가고, 장흥읍의 표상처럼 얘기되는 억불산 바위 정봉이 10여 리 저쪽 하늘 위로 뽀얗게 솟아올라 보이는 강물굽이―바로 이 탐진강 강물굽이의 버스길 양편에 10여 가호의 작은 초가집들이 옹기종기 모여 앉아 있고, 주막집은 이 작은 마을에서도 좀 더 물가 가까이까지 아랫켠으로 자리를 내려가 앉아 있었다.[18]

이는 동호가 그 오랜 찾기의 여정 끝에 비로소 만난 누이의 소리

를 찾고 있습니다. 여기에는 단순히 형제애라고 말할 수 없는 애매성이 내재해 있습니다. '동호'와 '송화'가 소리를 배우는 과정에서 '사랑가'가 나온다는 점(이 영화에서 동호와 송화는 사실 아무런 혈연관계도 맺고 있지 않다. 송화는 소리를 가르치기 위해 유봉이 주워 기른 아이에 불과하다), 그리고 영화의 마지막 부분에 가서 이들이 결국 자연스럽게 헤어진다는 점이 이를 뒷받침하고 있습니다. '동호'가 막연한 형제애 때문에 '송화'를 찾아나선 것이었다면 '송화'를 두고 그냥 떠날 수는 없는 일이기 때문입니다. 앞의 설명을 참고한다면, '동호'와 '송화' 양자 사이의 관계에는 이성애를 동반하고 있다고 조심스럽게 추측해 볼 수 있겠습니다. (…) 이들은 각기 애매성을 통해 극적 긴장감을 형성하고 있으며, 작품 구조의 완결성을 극대화시키고 있습니다. 함종호, 「너희가 예술을 아느냐-이청준의 「서편제」와 임권택의 〈서편제〉」, http://www.cinefocus. co.kr/newcinemafocus/bonus/original/ham200001.htm.

18) 이청준, 앞의 책, 31쪽.

가 동호의 북장단과 함께 어우러지며 그동안 맺힌 한들을 풀어내는, 감동의 절정이 이루어지는 공간에 대한 텍스트의 묘사 부분이다.

그런데 작품은 이 부분을 재현하는 데 있어 전체적인 영상의 흐름에 하나의 단절을 보인다. 비장하리만치 아름다운 남도의 풍경은 뒤로하더라도, 계절의 변화까지 신경 써서 담아낸 소릿재 주막과, 일렁이던 항구의 정경이 절묘하게 비친 선창의 선술집 등등에 비해, 마지막 장면이 설정된 주막집의 단조롭고도 무신경한 세트와 조명은 소리와 함께 작품 전면을 유창히 흐르던 영상에 하나의 걸림돌이 되는 것이다.

텍스트에 한정된 서사적 묘사가 그것을 뛰어넘는 극적 영상으로 확장될 때 비로소 영화는 생명력을 얻게 된다. 극의 내러티브가 절정에 이른 이 장면에서 가락가락 맺힌 한을 굽이쳐 흘러가는 탐진강 강물에 실리는 소리와 영상으로 풀어냈더라면 더 좋지 않았을까. 그것이 이루어질 때, 새로운 소리의 삶을 향해 갈대밭 사이로 정처 없이 떠나는 송화의 마지막 장면이 조화롭게 연결될 것이며, 또한 감동의 여운을 남기며 관객의 정서를 갈무리할 수 있었을 것이다.

한편으로 송화의 소리가 절정에 이르렀을 때 그 소리를 오버랩하는 주제음악의 배경음색이 전자음이 아니라, 울림이 큰 우리의 구음소리로써 받쳐졌더라면 그 풀어내는 한의 감동이 한층 더 극적으로 승화되었으리란 느낌도 지울 수 없다.

4. 맺음말

한은 오랜 세월 축적되면서 대물려온, 삶을 살아내는 한국인의 기본적이고 보편적인 심성이다. 서구의 분석적이고 합리적인 삶의 방식으로는 도무지 이해하지 못할, 그것은 흡사 핏줄같이 면면히 이어져온, 그래서 우리들 내면 깊숙이 살아 잠재하는 정서 또는 느낌이다. 한국 영화사에 전례가 없던 '〈서편제〉 신드롬'을 낳게 하였던 기본 정체는 바로 이것이 아닐까 한다.

만약 감독의 의도가 우리네 한을 드러나지 않는 무한히 정적인 것으로 만들어내고 또한 그렇게 표출시키고자 함에 있었다고 말한다면, 그리고 국제적인 소통을 염두에 두지 않았다면 이상의 분석은 무의미한 논의일지도 모른다. 그러나 이왕 한국영화가 뛰어넘어야 할 세계화의 벽을 감안한다면 사소한 결점일지라도 반성하지 않으면 안 될 것이다.

〈서편제〉에서도 확인하였듯이 내러티브를 영상화하는 기술은 현재 국제적인 수준에 육박하고 있다. 그러나 보다 근본적으로 완성되어야 할 것은 내러티브의 기술이다. 영상 기술 이전에 드라마투르기의 기술이 영화의 완성도를 결정한다. 앞에서 지적하였듯이 인물들 간의 관계 설정만으로도 극적 모티브의 개연성이 좌우되며, 그로 인해 관객의 정서를 파고드는 설득력도 얻게 된다. 동양의 정서와는 달리 합리적이고 이성적인 정서를 지닌 서구인에게까지 다가가려면 더 세밀한 극적 구성력을 갖추어야 한다.

한 경극 배우의 운명적인 삶과 사랑을 그리는 이면에, 중국의 격동했던 근대사와, 그에 부침하는 인간과 예술의 관계를 선명하게 부각시켰던 〈패왕별희〉에 비해 분명 〈서편제〉는 소리의 경지와 한의 정서에만 한정되어 있는 작품성의 한계를 드러내 보인다. 근대사와 함께 부침했던 판소리와 창극을 역사적·사회적 콘텍스트(context)로 형상화시킬 여지가 있었음에도 불구하고 〈패왕별희〉에 비해 〈서편제〉는 그에 대한 구조적인 작업을 등한시하였던 것이다. 그러므로 〈서편제〉에 본선 진출의 좌절이라는 고배를 안기고 〈패왕별희〉에 황금종려상을 수여한 칸의 결정엔 승복하지 않을 수가 없다.[19] 이에 결론적으로 한국영화가 가장 우선적으로 극복해야 할 과제는 이와 같이 시나리오의 극적 구성력을 세밀하게 완성시킴과 함께, 작품을 통해 드러내고자 하는 세계의 역사적·철학적 관점의 깊이를 확보하는 것에 있는 것이다.

이상과 같은 비판에도 불구하고 무관심 속에 잊혀져가는 우리의 소리를 열리는 한의 경지에 담아 보여준 〈서편제〉의 그 감동은 지금도 지울 수가 없음이 또한 사실이다. 진도아리랑의 롱 테이크(long take)[20]를 감동적으로 끌어가는 신명과도 같은, 그 아리랑의 끝에 처연히 땅을 한 바퀴 휩쓸고 지나가던 바람과도 같은, 득음의 절정에서 송이송이 배어 나오던 땀방울과도 같은, 아니면 어딘지 모를 새로운 땅을 향해 정처 없이 떠나던 그 어떤 길과도 같은, 영화의 삶을 살아가는 임권택 감독이 지금껏 이어온 한국영화사에 큰 획을 계속해서 긋는 세계적인 역작을 탄생시킬 것임을 믿어 의심치 않는다.[21]

---

19) 2000년도 칸 영화제에서 나온 〈춘향전〉의 결과도 이러한 맥락에서 반성해야 할 것이다.

20) 롱 테이크(long take)는 말 그대로 '긴 테이크', 곧 카메라가 작동을 멈추지 않고 상당히 오랜 시간을 계속 촬영한 장면이 편집에 의한 조작 없이 영화에 포함된 경우를 가리킨다. (…) 기존의 영화문법에 충실한—상업 극영화의 테두리를 벗어나지 않게 촬영·편집된—영화 속에서 롱 테이크의 예는 매우 찾기 힘들다. 그것은 롱 테이크가 영화의 '틀'에 관객의 관심을 돌림으로써 몰입 혹은 감정이입의 효과를 깨어버릴 위험부담이 크기 때문이다. 그럼에도 불구하고 '보이지 않게' 적절히 사용된 롱 테이크는 오히려 드라마를 더욱 탄탄하게 긴장시키며 감정이입의 효과를 강화하는 경우도 있는데 임권택 감독의 〈길소뜸〉에서 그러한 예를 찾을 수 있다. 구회영, 『영화에 대해 알고 싶은 두세 가지 것들』, 한울, 1991, 17-18쪽.

21) 임권택 감독은 그 이후 〈취화선〉(2002)으로 제55회 칸 영화제 감독상을 수상하였다.

욕망과 서사의 분열 구조
홍상수의 〈돼지가 우물에 빠진 날〉 외

〈쉬리〉(1999)의 괄목할 만한 흥행 성과 이후 2000년대로 접어들면서 한국영화의 자립도는 놀랄 만큼 성장하였었다. 〈공동경비구역 JSA〉(2000), 〈친구〉(2001), 〈엽기적인 그녀〉(2001), 〈조폭 마누라〉(2001), 〈달마야 놀자〉(2002), 〈가문의 영광〉(2002) 등으로 이어지는 흥행 열풍은 한국영화를 산업의 차원으로 이끌 정도이다. 그러나 이는 어디까지나 대중성을 담보로 이루어진 영화 산업의 현상일 뿐이며, 이러한 현상이 한국영화의 진정한 부흥을 이루었다고 말하기엔 부족한 점이 너무나 많다. 진정한 한국영화의 부흥은 격조 높은 예술성을 동반할 때 비로소 가능할 것이기 때문이다.

이와 같이 2000년대 초반에 거두었던 한국영화의 대중적 흥행도 이면에서 우리의 영화들이 국제적으로 예술성을 인정받기 위해 바쳤던 일련의 공든 도전들은 그런 측면에서 매우 의의가 있는 것이다. 그러나 알다시피 그 도전의 과정들이 그리 만만한 것은 결코 아니었다.

돌이켜보자면, 한국영화계의 명실상부한 거장 임권택 감독은 칸 국제영화제에서 〈서편제〉(1994)가 반려된 이후 절치부심, 〈춘향전〉(2000)으로 공식경쟁부분에 진출하였으나 다시금 무관의 아픔을 느껴야 했다. 뿐만 아니라 김기덕 감독은 〈섬〉(2000)과 〈수취인불명〉(2001), 그리고 송일곤 감독의 〈꽃섬〉(2001) 등이 해를 이어 베니스 국제영화제의 공식경쟁 부문에 진출하였으나, 당시 영화인들의 바람과는 달리 그랑프리의 소식은 들을 수가 없었다.

비록 그랑프리는 아니지만, 그리고 물론 국제영화제에서 인정을 받는 것이 예술적 수준을 가늠하는 잣대가 되는 건 아니겠지만, 2002년으로 접어들면서 한국영화는 드디어 메이저 국제영화제의 장벽을 허물기 시작하였다. 임권택 감독이 칸 국제영화제에서 〈취화선〉으로, 이창동 감독이 베니스 국제영화제에서 〈오아시스〉로 각각 감독상을 수상하였던 것이다.

그리고 홍상수 감독이 〈생활의 발견〉으로 아시아태평양영화제에서 역시 감독상을 수상하면서 이 대열에 합류함으로써, 일약 2002년을 한국영화사에 한 획을 긋는 해로 기록함에 일조하게 된 것이다. 사실 홍상수는 그의 네 번째 작품인 〈생활의 발견〉 이전의 작품들에서부터 이미 국제영화계로부터 그 작품성을 인정받아왔으며, 독특한 영화문체로써 세간의 주목을 이끌어왔다.[1]

---

1) 홍상수(洪尙秀)는 1960년 서울에서 태어났다. 중앙대 연극영화과 재학 중 도미, 캘리포니아 예술대학과 시카고 아트 인스티튜트에서 영화학 석사 학위를 받았다. 1996년 〈돼지가 우물에 빠진 날〉로 데뷔, 이 영화로 그해 밴쿠버 국제영화제 용호상과 이듬해 로테르담 국제영화제 타이거상을 받았다. 두 번째 영화 〈강원도의 힘〉(1998)은 당해 칸 국제영화제 '주목할 만한 시선'에서 특별언급상을, 이듬해 산타바바라 국제영화제에서 심사위원상을 받았다. 세 번째 영화 〈오! 수정〉(2000)은 당해 칸 국제영화제 '주목할 만한 시선'에 초청되었으며, 도쿄 국제영화제 심사위원특별상, 부산국제영화제 부산평론가협회 최우수작품상, 아시아 태평양영화제 각본상 등을 수상하였다. 그 뒤를 이어 앞에서 언급했듯이 아시아태평양영화제의 감독상으로 빛나는 〈생활의 발견〉(2002)이 있다. 현재 한국예술종합학교 영상원 시나리오 담당 교수이다.

흔히 그렇듯이 해외의 영화제에서 수상한 작품들은 국내의 관객들에겐 외면당하기 일쑤이다. 홍상수의 영화도 그다지 예외는 아니며, 대부분의 관객들은 그의 영화를 감상하는 것을 곤혹스럽게 여기는 것이 사실이다. 영화제의 수상 경력이 곧바로 작품의 수준과 등가를 이루는 것은 아닐지나, 그렇다고 심사위원들과 비평가들의 안목을 부정할 수도 없다. 만약 우리가 그의 작품들을 제대로 감상하지 못하고 있다면 먼저 영화를 바라보는 우리들의 시각과 태도, 그리고 지적 수준 등을 반성해볼 필요가 있을 것이다.

이 글은 그러한 홍상수의 영화가 지니는 독특한 문체적 특성을 초기 4부작인 〈돼지가 우물에 빠진 날〉(1996), 〈강원도의 힘〉(1998), 〈오! 수정〉(2000), 〈생활의 발견〉(2002) 등을 대상으로 분석해봄으로써 그의 영화가 안고 있는 대중성과 예술성 사이의 괴리 또는 함수 관계를 좁혀보고자 하는 데에 그 목적이 있다.

1. 욕망-시선과 응시의 분열

홍상수의 영화들은 대중의 오락거리보다는 예술적 완성도를 지향한다. 흔히 예술영화로 분류되는 영화들이 대부분 그러하듯 그의 영화들은 삶을 성찰한다. 삶을 성찰한다는 것은 삶을 객관적으로 본다는 것이다. 삶을 객관적으로 보기 위해서는 삶과 일정한 거리를 유지해야 할 뿐만 아니라, 그 삶을 초월적 위치에서 조망할 수 있어야 한다. 주체적인 삶을 모사하는 것과 그 삶을 객관적으로 반영하는 것은 별개이기 때문이다.

그런 의미에서 그의 영화들은 대체로 객관성을 띤다. 대중 지향의 영화들이 등장인물들의 주체적인 삶과 대립 속으로 일체의 외부적인 것을 용해시키는 것과 달리, 예술영화에 등장하는 인물들은 보다

색다른 자율성을 부여받는다. 그들은 삶의 주체로서 행동하지만, 그러나 늘 외부적 존재들에 의해 관찰되고 분석된다.

외부적 존재는 구체적으로 감독(작가)과 관객이다. 홍상수 감독은 먼저 등장인물들의 타자에 대한 욕망의 시선이 얼마만큼 자기중심적이고 또 허구적인가를 입증하기 위하여 카메라의 각도와 초점을 맞춘다. 그러므로 그의 관객이 되고자 하는 이들은 그들 욕망하는 주체들의 시선이 교차되는 지점에서 일어나는 분열의 현장을 포착하여야 한다.

이것을 보다 자세히 이해하기 위해선 라캉(Jacques Lacan)의 개념들에 대한 이해가 선행될 필요가 있다. 라캉은 응시(gaze)가 주체에게 있는 것이 아니라 타자에게 있다고 설명한다. 즉 대상을 바라보는 눈(시선, eye)은 주체의 것이지만, 응시는 그 대상에게 있다. 따라서 주체의 시선과 응시는 일치하지 않는다. 이 시선과 응시의 분열은, 시각의 분야에서 나타나는 주체의 분열을 의미한다.[2]

이 '시선과 응시의 분열' 개념은 라캉의 욕망이론을 이해하는 토대가 된다. 라캉은 대상을 향하는 주체의 심리를 욕구(appetite)와 욕망(desire)과 요구(need)로 구분하고는 그들의 관계를 다음과 같이 산술한다.

···욕망은 만족을 바라는 욕구도 아니고 사랑을 바라는 요구도 아니다. 단지 후자(요구)에서 전자(욕구)를 빼 버린 차액이고, 이 둘이 분열(Spaltung)된 현상 그 자체이다. 〈에크리, 691; 287〉[3]

---

2) Malcolm Bowie, 이종인 역, 『라캉』, 시공사, 1999, 356쪽 참조.
3) 〈에크리, 691; 287〉은 각각 라캉의 불어판 원전 *Ecris*(Seuil, 1966)의 691쪽과, 영역본 *Ecris, A Selection*(trans. Alan Sheridan, London and New york:Tavistock Publications

즉 욕구는 대상을 통해 충족될 수 있는 바람이고, 요구는 대상의 지불 능력 결여로 인해 결코 충족될 수 없는 바람이다. 욕망은 그 충족과 불만족 사이를 진동하는 분열 현상으로서, 라캉은 이를 말소된 욕구를 누르고 살아남은 '순수한 상실의 힘'(《에크리, 691 ; 287》)으로 표현한다.

이를 시선과 응시의 관계로 환원시키고 보면 이해가 한결 분명해진다. 즉 대상을 향한 주체의 '시선'은 욕구의 충족은 물론 사랑에 대한 '요구'까지 원하나, 되돌아오는 대상의 '응시'는 '욕구'의 일시적 충족밖에 감당할 수 없는 것이다. 욕망은 바로 이 시선과 응시 또는 요구와 욕구의 불일치 속에 잔재한다.

예를 들어 아기와 어머니의 원초적 관계에서, 아기에게 엄마의 젖은 일시적으로 배고픔을 면하기 위한 욕구는 충족시키지만 그것은 이차적 기능에 불과할 뿐이다. 그보다 근원적인 사랑의 요구는 완전히 충족되지 못한 결핍 상태에 놓이게 된다. 그 불특정 순간에 등장하는 불만족의 잔재가 욕망이며, 이 욕망에 의해 주체는 늘 분열되어 있는 것이다.

이로 인해 인간은 불완전한 존재임이 증명된다. 그러나 매일 노골적으로 요구를 해오는 그 평범한 것(욕망)은 그래서 존재조차 보이지 않는 단계에 놓일 지경이 되었다. 그리하여 일상은 표면적으로 평범하게 운영되는 듯 보인다.

때때로 현대인들은 그 욕망의 일상에서 벗어나기 위해 순수한 자연으로 일탈을 꿈꾼다. 〈강원도의 힘〉의 속초와 설악산, 〈생활의 발

/ Norton, 1977)의 287쪽을 의미한다. Malcolm Bowie, 앞의 책, 203쪽에서 재인용.

견〉의 춘천과 경주는 그러한 일탈의 공간이 표상화된 기표이다. 그러나 그러한 자연은 이미 현대인들의 욕망에 의해 일상화된 지 오래이다. 그러기에 그 일탈 여행은 오히려 더 위선적인 것이 된다. 〈돼지가 우물에 빠진 날〉에서 효섭이 보경에게 애정도피의 장소로 약속하던 양평이나, 〈오! 수정〉에서 재훈이 수정에게 첫 관계의 장소로 제의하던 제주도는 그 위선적 욕망의 노골적인 기표이다.

그런데 만약 그 일상의 표면 아래에 끊임없이 샘솟고 있는 욕망을 누군가 응시하고 있다고 생각해보라. 얼마나 부끄럽고 당혹스러울 것인가. 성당에서 행해지는 고백성사는 그 은밀한 주체의 욕망을 응시하고 있는 신에게 바치는 속죄 의식에 다름 아니다.[4] 그것은 전지(全知)의 신이 현존함을 상정함으로써 가능한 것이다.

홍상수의 영화들이 비평가들이나 국제영화제의 프로그래머들에게 인정을 받는 근원적인 까닭이 바로 여기에 있다. 그는 '일상처럼 평범한 것이 되어서 보이지 않는 단계에 놓인' 현대인의 욕망을 응시해내는 특별한 능력을 가지고 있기 때문이다. 그러한 특징은 그의 첫 영화 〈돼지가 우물에 빠진 날〉[5]의 표제에서 잘 나타나고 있다.

어느 날 돼지가 우물에 빠졌다. 이 희한한 모습에 구경꾼들이 몰려들었다. 발버둥치는 돼지의 모습을 보면서 사람들은 어떤 생각을

---

4) 보여짐이 없는 삶은 얼마나 단순하고 행복하랴. 그러나 불행히도 인간은 바라봄만이 있는 낙원에서 추방되었다. 아담과 이브가 지식의 열매를 먹고 처음으로 부끄러움을 느껴 서로의 몸을 감추려 한 것은 바로 보여짐 때문이었다. 그러나 이보다 더 불행한 것은 보여지는데도 보여짐을 모르는 것, 그래서 자신의 욕망을 대상의 욕망과 일치시키는 경우이다. 권택영, 『영화와 소설 속의 욕망이론』, 민음사, 1995, 19쪽.

5) 이 영화는 본래 구효서의 원작 소설 「낯선 여름」을 각색한 것이나, 감독을 포함한 5명이 참여한 각색 과정을 거치면서 원작의 내러티브는 거의 실종되고, 마침내 〈돼지가 우물에 빠진 날〉로 환골탈태하였다.

할까? 돼지는 허우적거릴수록 점점 물속 깊숙이 가라앉고, 이내 자맥질로 인한 미세한 물결의 흔적도 지워지면서, 매끄럽게 복원된 수면 위로 구경꾼들의 모습만 비칠 뿐이다.

이때 우물에 빠진 돼지는 일탈된 욕망이다. 그것은 잠시 들끓듯이 분열하지만 곧 일상의 시간 속에 파묻히고, 아무렇지 않은 듯 잊히고, 사람들도 평범한 일상으로 복귀한다. 평범한 사람들과 홍상수 감독과의 차이는 여기에 있다. 돼지가 물속에 잠긴 뒤 사람들은 잔잔한 수면(즉 평범한 일상)만을 보게 되지만, 홍상수 감독은 그 수면 아래에 잠재해 있는 돼지(욕망)와 그 돼지가 허우적거리던 순간을 잊지 않는다.

이때 우물의 수면은 일상과 일탈의 경계를 의미하는 동시에, 의식과 무의식의 경계를 의미하는 것이기도 하다. 보통의 사람들은 의식의 세계에서 생활하기 때문에 스스로가 욕망으로 분열하는 존재임에도 불구하고 그것을 보지 못하나, 홍상수 감독은 뛰어난 예술가들이 그러하듯 무의식의 막을 통과하여 그 아래 쾌락원리 속에서 잠재하는 욕망의 모습을 투시할 수 있었다.

홍상수 감독이 투시하는 그 욕망은 의식의 수면 위를 지배하는 현실원리에 사로잡힌 평범한 대중에게는 낯선 것이거나, 아니면 인정하고 싶지 않은 것들이다. 그리고 그는 돼지가 격렬하게 발버둥치던 순간보다는 그로 인해 일었던 물결들과 잠잠해진 순간들을 주로 반영하기에, 격렬한 액션이나 극적 반전 등으로 이루어지는 할리우드의 관습에 길들여진 일반 관객들은 대체로 지루해하기 마련이다.

그러나 인간의 삶이 시선과 응시의 분열, 또는 욕망의 어긋남으로 이루어짐을 인정한다면, 오히려 그의 영화를 보는 동안 헝클어진 일상의 실타래를 차분하게 풀어가는 즐거움을 느낄 수 있을 것이다.

먼저 〈돼지가 우물에 빠진 날〉을 보자. 이 작품은 5명의 주요 등장 인물들 사이를 어긋나게 교차하는 욕망의 관계를 추적하고 있다. 삼류로 전락한 소설가 효섭은 유부녀인 보경을 욕망하고, 보경도 효섭을 욕망한다. 그러나 그 둘의 관계는 효섭에 대한 민재의 욕망으로 가로막힌다. 그리고 극장 매표원인 민재는 극장 기도인 민수가 욕망하고, 바람난 보경은 그녀의 남편 동우가 욕망한다. 이미 언급했듯이 욕망한다는 것은 이성에 대한 욕구는 충족시키나 사랑에 대한 요구는 이루어지지 않은 상태, 즉 그들 사이의 시선과 응시가 늘 엇갈림을 의미한다.

　그러한 욕망의 관계는 그 뒤에 이어지는 영화들을 관통하는 본질이다. 〈강원도의 힘〉에서는 대학 강사 상권과 여대생 지숙, 그리고 강원도 현지 경찰관과의 욕망 관계를, 〈오! 수정〉에서는 영화사 소속 작가인 수정과 PD인 영수, 그리고 화랑을 운영하는 재훈 사이의 욕망 관계를, 〈생활의 발견〉에서는 단역 배우인 경수와 무용하는 명숙, 그리고 유부녀 선영 사이의 욕망 관계를 추적한다.

　그러한 욕망들은 〈돼지가 우물에 빠진 날〉이 그렇듯이 둘 사이의 1대 1 관계로만 조망되는 것이 아니다. 카메라는 그것을 중심으로 연결되어 있는 크고 작은 욕망의 그물(net)을 시시콜콜 들춰낸다. 얽히고설키며 그렇게 어긋나기만 하는 욕망, 그 시선과 응시의 분열로 가득 찬 일상이 바로 현대인들의 비루한 실상임을 홍상수의 영화들은 보고하고 있는 것이다.

　지루함과 함께 관객들이 홍상수의 영화를 보고 느끼는 또 다른 정서는 곤혹스러움인데, 그것은 아주 짧은 순간 비치는 '돼지의 허우적거림'을 목도한 순간에 발생한다. 아니 그보다 더 정확하게 지적하자면, 돼지가 가라앉고 난 뒤 수면 위에 비친 구경꾼들의 모습처럼, 관객들 스스로가 그와 같이 욕망하는 인간이었음을 깨닫는 순간에 발생한다.

홍상수 감독의 최종적인 구조 의지가 바로 그 관객들의 자각에 있기에, 영화의 정점이 될 수 있는 '우물에 빠진 돼지가 죽지 않으려고 격렬하게 발버둥치는' 순간은 오히려 주변으로 밀려나고 만다. 〈돼지가 우물에 빠진 날〉에서 언뜻 보이는 민수에 의해 살해된 효섭과 민재의 컷(cut)은 그 대표적인 예이다. 〈강원도의 힘〉에서는 설악산에서 애인을 추락사시킨 어떤 커플에 대한 보고가 그에 해당된다고 볼 수 있는데, 그 충격적인 사건은 아예 내러티브의 사각지대로 유리되어 있다. 그 밖에도 〈오! 수정〉에서 수정과 오빠의 근친애 컷 및 수정과 영수의 불륜 샷이나, 〈생활의 발견〉에서 불륜 행각 중인 선영의 남편 컷 등도 영화를 이해시키는 주요한 장면임에 틀림없으나, 그 컷들은 그저 평범한 일상처럼 가볍게 스치고 지나갈 뿐이다.

그리하여 관객들은 이 지루하고도 잔혹한 욕망의 그물을 지켜본 끝에, 문득 자신도 그 그물코에 얽힌 하나의 씨줄과 날줄이라는 사실을 자각하거나, 또는 그것을 무신경하게 엮어내는 감독의 시선과 마주칠 때, 비로소 자신의 삶의 자리를 되돌아보게 된다. 홍상수의 영화들은 이렇게 삶을 성찰하고, 또 반성하게 만든다.

2. 서사-차이와 지연의 흔적

〈생활의 발견〉에서 주요한 테마 또는 모티프[6]를 형성하는 하나

------

6) 모티프(motif)는 문학 속에 반복해서 자꾸 나타나는 한 요소—어떤 유형의 사건이나 기법이나 공식—이다. 테마(theme)는 때때로 모티프와 교환 가능한 용어로 쓰이기도 하지만, 그보다는 함축적이든 단정적이든, 어떤 상상적 작품이 독자 앞에

의 코드인 "내 안의 당신, 당신 안의 나"[7]는 '시선과 응시의 분열'처럼 결코 일치하지 못한다. 그렇게 빗나가는 현대인의 생활이란 그저 고루한 일상과 비루한 일탈의 시간을 습관처럼 반복할 뿐이다. 그러기에 자칫 무신경하게 지나쳐버릴 수 있는 그 '생활의 발견' 현장으로 관객들을 끌어들이기 위하여 홍상수 감독은 전통적인 서사(narrative)[8] 시간을 해체시킨다.

홍상수는 리얼리즘과 모더니즘의 접점을 추구하는 작가이다. 그의 영화가 현대인의 삶을 날것 그대로 객관적으로 되살려내는 데 초점을 맞춘다는 점에선 리얼리티를 확보한다. 그러나 현대인의 삶을 성찰하는 그의 앵글은 잠자리의 눈처럼 다원적이다.

현대의 삶 자체는 동일성의 시각으로 환원 불가능한 복잡한 네트워크로 이루어져 있으며, 그리하여 하나의 사건도 그 뿌리를 파고 들면 다양한 각도에서 전개되어진 원인들에서 비롯된 것이었음을 간파할 수 있다. 그러한 다원성의 원리(principle of plurality)로 이루

구체화하여 설득시키려고 하는 추상적인 주장이나 교리를 가리키는 말로서 더욱 적절히 사용된다. M. H. Abrams, 최상규 역, 『문학용어사전』, 보성출판사, 1998, 174쪽.

7) 이는 〈생활의 발견〉에서 두 여주인공들이 각자 남자 주인공에게 주는 전언으로서 우연히 반복되고 있다. 그러나 이는 우연을 가장한 감독의 내밀한 전언으로서, 서사의 내적 연관과 구조화를 이루는 주요 모티프로 설정되어 있는 것이다.

8) 서사물이란 그 어느 쪽도 다른 한 쪽의 필수 전제이거나 당연한 귀결이 아닌 최소한 2개의 현실 또는 허구의 사건 및 상황들을, 하나의 시간 연속을 통해 표현한 것이다. Gerald Prince, 최상규 역, 『서사학』, 문학과지성사, 1988, 15-16쪽. 서사는 서사시(epic)와 다르다. 내러티브는 노드롭 프라이가 『비평의 해부』에서 본격적으로 논의한 용어이다. 그는 동서고금의 스토리를 지닌 모든 작품을 통합하고 체계화하여 장르와 개별작품을 넘어서서 그 속에 들어 있는 보편구조를 찾았다. 그 이후부터 내러티브, 혹은 서사는 소설, 민속, 서사시, 연극, 영화, 만화 등 온갖 이야기를 지닌 예술을 폭넓게 지칭하는 용어로 쓰이고 20세기 후반부 구조주의나 기호학의 분석대상이 된다. 권택영, 앞의 책, 11-12쪽 참조.

어지는 미토스를 복원해내기 위해서는 필수적으로 동일성의 원리 (principle of identity)[9]로 이루어지는 단선적인 서사, 즉 원인에서 결과로 곧장 이어지는 전통 서사의 구조를 해체하여야만 한다.

알다시피 현대의 서사물은 아리스토텔레스가 주창한 미토스의 법칙(전체성, 통일성, 개연성, 단일성, 연속성)[10]에 입각한 전통적인 서사 구조를 의도적으로 위반한다. 그것은 오랜 기간 축적된 동일 서사 구조에 식상한 독자들을 유인하기 위한 이야기꾼들의 욕망에 기인한 자연스러운 결과이다. 마치 『아라비안나이트』의 화자 세헤라자데가 복수심에 불타는 왕을 그녀의 이야기 속으로 목숨 걸고 끌어들여야 했던 숙명처럼.[11]

홍상수의 작품들이 전통적인 서사 구조를 해체하는 이유도 이와 같이 관객들을 자신의 영화 속으로 끌어들이려는 목적에서 기인한 것이다. 그것은 사실 모든 서사물의 목적이기도 할 것이다. 그러므

---

9) 현대는 의식의 발달, 문화의 진보 속에 숨어 있는 무자비한 변화와 다양성, 소외와 분열이란 말들과 더불어 이 동일성의 해체라는 말을 사용하고 있다. 즉 동일성의 해체는 객관세계의 상실과 자아상실이라는 두 가지 위기감에서 야기된다. 오늘날 문예사조의 주류를 형성하고 있는 해체주의 운동은 '권위주의적 통일성'보다는 '다원성'에, 복종보다는 비판에, '동일성'보다는 '차이'에, 그리고 전체주의적 체제와 절대적 체제에 대한 회의에 주된 관심을 보인다. 김준오, 『시론』, 삼지사, 1991, 355쪽; Raman Selden, 현대문학이론연구회 역, 『현대문학이론』, 문학과지성사, 1987, 137쪽 참조.

10) 여기에 대해서는 이상섭, 『아리스토텔레스의 『시학』 연구』(문학과지성사, 2002)의 49쪽 이하를 참고할 것.

11) 살기 위한 욕망으로 만들어낸 반복의 산물, 그것이 곧 이야깃거리요 서사의 플롯이다. 원래 고안, 음모라는 뜻을 가진 플롯(plot)은 이야기를 꾸미는 인간의 본능이요, 욕망의 산물이다. 세헤라자데처럼 목숨을 부지하려는 욕망이든 자신을 타인에게 전달하고픈 욕망이든 그것은 시작과 종말 사이의 최단거리를 이탈하고 왜곡하고 빗나가며 반복을 통해 삶을 연장시키는 욕망이 낳은 결과물이다. 권택영, 앞의 책, 193쪽.

로 우리가 보다 관심을 가져야 할 문제는 그러한 서사 구조를 얼마만큼 독창적인 자신의 문체로 구축하였는가 하는 데 달려 있다.

러시아 형식주의의 대표적 이론가인 쉬클로프스키(V. Chklovski)가 문체의 본질로 내세운 '낯설게 하기(ostraneniye)'는 홍상수의 영화를 이해할 수 있는 하나의 코드가 될 수 있다. 쉬클로프스키에 의하면 예술의 기법은 사물을 "낯설게" 하고 형식을 어렵게 하며, 지각을 힘들게 하고 지각에 소요되는 시간을 연장시킨다. 왜냐하면 지각의 과정은 그 자체가 미학적 목적이고 따라서 되도록 연장돼야 하기 때문이다. 그러므로 그는 "예술은 한 대상의 예술성을 경험하는 방법이며, 그 대상은 중요한 것이 아니다."라고 말한다.[12]

홍상수의 영화가 포스트모더니티를 확보하는 이유는 여기에 있다. 그는 아주 개성적인 형식으로 관객의 지각을 지연시킨다. 그의 영화들은 전체적인 하나의 줄거리가 여러 개의 독자적인 지선(支線)으로 분절되어 있다. 그 각각의 지선들은 주요 등장인물들을 돌아가며 주인공으로 세우는 방식으로 이루어진다. 즉 그러한 서사의 해체 구조는 전지적 작가 시점이 개별 주인공 시점으로 전환 또는 결합된 형식이라고 말할 수 있다.

〈돼지가 우물에 빠진 날〉은 크게 네 개의 서사 단락(sequence)으로 나누어지며, 그것들은 각각 다른 주인공들의 시점에서 이루어지는 일상들을 좇는다. S#1~39까지 이어지는 효섭의 시점, S#40~85까지 이어지는 동우의 시점, S#86~122까지 이어지는 민재의 시점, 그리고 S#123~168까지 이어지는 보경의 시점이 그것이다.

이러한 구조는 〈강원도의 힘〉에서는 지숙과 상권의 시점이 번갈

---

12) V. Chklovski, 「기술로서의 예술」, 『러시아 형식주의 문학이론』, 청하, 1980, 34쪽.

아가며 전환되는 방식으로, 〈오! 수정〉에서는 동일한 서사가 수정, 재훈, 영수의 각각 다른 시점과 기억의 차이에 의해 지연, 반복되는 방식으로 이루어져 있다.

〈생활의 발견〉은 앞의 세 작품과는 달리 시간을 거스르면서 서사를 분절시키지는 않는다. 얼핏, 순차적인 시간의 흐름을 따르며 연속적으로 이어지는 방식을 보면 전통적인 서사 구조로 회귀한 듯 보인다. 그러나 이번엔 공간적 배경을 이동, 대비시킴으로써 서사의 내적 흐름을 반복, 지연시키고 있다.

그렇게 함으로써 원인에서 결과를 좇는 단일 서사의 성급함에서 벗어나, 동일 주제를 다양한 시점에서 포착하며, 변주해내는 것이다. 직선적이며 목표 지향적인 사건진행 과정에서 벗어나, 한 사건에서 다른 사건으로, 한 장소에서 다른 장소로, 때로는 생소하게, 때로는 연상적으로 뛰면서 관객의 지각을 지연시키는 것이다.

그러나 어지럽게 분절되고 겹쳐지는 다수의 서사 단락들은 어느 순간에 이르면 완성점(Integerationspunkt)[13]으로 집결하고, 그때서야 관객들은 부분마다 숨겨져 있던 전체의 최종목표(Telos des Ganzen)를 인지하는 즐거움을 맛보게 된다.

이러한 서사 방식은 저 유명한 퀜틴 타란티노가 〈펄프 픽션Pulp Fiction〉(1994)[14]에서 이미 선보인 것이기도 하다. 물론 홍상수의 서

---

13) 폴크 클로츠는 이를 소진점(消盡點, Fluchtpunkt)이라고도 하며, 개방 형식의 드라마가 지니는 주요 특징으로 정리하고 있다. Volker Klotz, 송윤엽 역, 『현대희곡론』, 탑출판사, 1981, 118-121쪽 참조.

14) 이 작품은 1994년 칸 국제영화제에서 황금종려상을 수상한 작품으로, 그 독창적인 서사 방식은 영화계에 큰 반향을 불러일으켰다. 줄거리는 〈마셀러스의 정부〉, 〈금시계〉, 〈바니의 입장〉 등 세 개의 에피소드로 나뉘어 있다. 이들 이야기는 기존의 영화처럼 시간의 흐름에 따라 이야기가 전개되는 게 아니라, 마구 뒤엉켜 있다. 앞의 에피소드에서 죽었던 사람이 다음 에피소드에서는 아무 일도 없었다는 듯이

사 방식도 이와 유사하긴 하다. 그러나 그는 타란티노와 결정적으로 다른 점을 보인다. 그 변별점은 그러한 서사 구조를 채택한 감독의 구조 의지, 또는 세계관의 차이에 있다. 타란티노의 주된 관심사는 관객들의 흥미를 끌 수 있는 새로운 서사 기술의 계발에 있다. 그러나 홍상수의 구조 의지는 그것을 넘어선다.

그것은 앞에서 "예술은 한 대상의 예술성을 경험하는 방법이며, 그 대상은 중요한 것이 아니다"라고 언급한 쉬클로프스키의 형식주의적 예술관을 넘어서는 것이기도 하다. 대상보다는 그 대상을 드러내는 기술로서의 예술은 모더니즘에서 이미 실험되었고 또 일정 정도 완성되었다고 볼 수 있다.

홍상수의 영화가 앞선 모더니즘 계열의 영화와 변별성을 보이는 부분은 그가 대상을 드러내는 기술을 통해 오히려 대상의 부조리한 본질을 탐구하고자 하는 데에 있다. 대상을 낯설게 드러내는 서사의 방식을 통해 궁극적으로 그는 욕망으로 분열된 현대인의 정체성을 추적(trace)하고자 하는 것이다. 그러한 최종목적을 이루기 위해 홍상수는 그의 영화의 기저에 모더니즘 형식을 넘어서는 포스트모더니즘의 철학을 내장시킨다.

현대는 동일성의 신화가 해체된 포스트모던의 시대이다. '나는 생각한다. 고로 존재한다'라는 데카르트의 근대적 명제는 더 이상 신뢰할 수 없게 되었다.[15] 탈근대의 논리에 의하면 '나'라는 주체는 스

다시 나온다. 각 에피소드 별로 주요인물과 부인물의 자리가 바뀐다. 이는 라캉이 말한 '상호주체성'과 동일한 것인데, 내 인생에서 주인공이 타자의 인생에선 조연인 것이 삶의 이치이기 때문이다. 우리나라에서는 류승완 감독이 '포스트 타란티노'라 자처할 정도로 영향을 받았으며, 그를 스타덤에 오르게 하였던 〈죽거나 혹은 나쁘거나〉도 동일한 서사 방식으로 이루어져 있다.

15) 라캉이 보기에 데카르트적 주체는 바라봄만이 있는 주체 즉 '상상계(Imaginary)'

스로의 생각만으론 증명될 수 없다. 실재 '나'는 그 어떤 것으로라도 궁극적으로 증명될 수 없는 존재이다. '나'는 다만 '나'와 관계된 타자들의 생각들로 '구성'될 뿐이다. 그 생각들은 조금씩이라도 차이를 보이고, 그 차이 사이에서 존재의 증명은 지연된다.

이와 같이 궁극적으로 증명할 수 없는 불확실한 존재의 흔적을 추적하기 위해 데리다는 차연(différance)[16]이란 말로 압축하여 사용한다. 차연이란 라틴어 'differre'에서 온 것으로, 공간적 개념인 차이(difference)와 시간적 개념인 지연(diferment)을 아우르는 말이다. 공간적 개념인 차이는 언어와 그것이 재현하려는 것과의 숙명적인 차이를, 시간적 개념인 지연은 언어가 재현하려는 현존의 끝없는 유보를 의미한다.[17]

로서, 보여짐을 모르는, 환상을 모르는 주체이다. 생후 6개월부터 18개월 사이의 어린아이는 거울에 비친 자신의 모습을 총체적인 것으로 파악한다. 그는 자신의 욕망과 타자(어머니)의 욕망을 일치시키며 자신이 어머니의 남근이라고 믿는다. 그러나 아이가 언어를 사용하는 질서의 세계, '상징계(Symbolic)'라는 보여짐의 세계로 들어서면서 바라봄만 있던 상상계적 믿음은 깨어진다. 그리고 상상계와 상징계는 시선과 응시의 교차처럼 변증법적으로 연결되어 인식주체를 구성한다. 권택영, 앞의 책, 30쪽. 상상계와 상징계에 대한 보다 자세한 설명은 Malcolm Bowie, 앞의 책, 135-179쪽을 참조할 것.

16) 글쓰기, 텍스트, 차연 등의 해체론적 용어는, 의미가 항상 동일성의 체계로부터 이탈한다는 점과 관념과 물질성이 상호침투된다는 점, 그리고 상징계(체계)와 실재계(역사)가 상호작용하는 과정을 잘 보여준다. 그러나 그 가변적인 운동성의 방향은 모호한 상태에 있으며, 그 때문에 빈번히 무정부주의적 개념으로 오해를 받는다. 반면 서사는 유토피아적 삶이라는 뚜렷한 방향의 목표를 지향한다. 나병철, 『근대서사와 탈식민주의』, 문예출판사, 2001, 35-46쪽 참조. 탈근대적 글쓰기가 해체의 방식으로 나타나는 것은 근대 서사가 추구하는 유토피아적 삶이 반증 불가능한 사이비(似而非)라는 인식에 기인한다.

17) 그런데 불어나 영어의 차이(difference)는 오직 공간적 차이만을 의미하고, 연기되는 시간적 의미는 지니지 않기에 데리다가 차연이란 말을 합성하였던 것이다. 차연에 대해 보다 자세한 정보는 Jacques Derrida, 김보현 편역, 『해체』, 문예출판사,

그러므로 우리가 어떤 존재(text)의 의미를 규명하려면, 그 존재와 연결되어 있는 다른 존재와의 관련 상황(context)과 그 사이의 흔적들(traces)을 추적하여야 한다. 줄리아 크리스테바로부터 데리다에게로 이어지는 주요 이론 중의 하나인 상호텍스트성(inter-textuality)은 바로 이와 같은 생각에서 비롯된 것이다. 데리다는 텍스트의 요소들은 그 어느 것도 완전히 현존할 수 없고 다만 서로 다른 요소들에 대해 언급(refer)하고 있을 뿐이라고 말한다.[18]

〈오! 수정〉은 모두 5부로 구성되어 있는데, 등장인물 간의 서로 다른 기억과 상대에 대한 욕망의 차이에 의해 엇비슷하게 반복되고 지연되는 시퀀스들은 문자 그대로 인생세간(人生世間)이 '차연'으로 이루어져 있음을 단적으로 증명하는 좋은 예가 될 것이다. 특히 〈오! 수정〉은 남성과 여성의 엇갈린 시선과 기억을 각각 재현함으로써 그에 의해 생성되는 아이러니의 세계를 보여준다.

3. 해석-잃어버린 시간의 탐구

시선과 어긋나는 응시와 마찬가지로, 기억이라는 것도 자아의 주관적 인식행위이기에 인식의 대상과는 일정한 거리가 생겨나기 마련이다.[19] 그러므로 당연히 같이 공유한 경험이라 할지라도 그 대상

1996, 118-159쪽을 참조할 것.

18) 상호텍스트성을 주창한 줄리아 크리스테바와의 대담에서 데리다는 다음과 같이 말하고 있다. "요소들 중에서 또는 체계 내부에서의 그 아무것도 단순히 현존하거나 부재하지는 않는다. 거기엔 어디에나 다만 자취의 흔적traces of trace과 차이difference만이 있을 뿐이다." Jacques Derrida, *Positions*, trans. Alan Bass, Univ. of Chicago Press, 1972, p.26; 김성곤 편, 『탈구조주의의 이해』, 민음사, 1988, 20-21쪽 참조.

19) 문학의 세계와 실재의 세계가 다르듯이 기억 속의 과거는 실제의 과거 그 자체는 아니다. 실재의 현실은 비형태적이고 비양식적이며 따라서 모호하고 불가용

과 주체의 주관적 인식 사이에 형성되는 거리로 말미암아, 그 동일한 경험의 주체들은, 제각기 조금씩 다른 기억을 구성할 수밖에 없다. 그것을 추적함으로써 세계의 동일성에 대한 회의적 세계관을 증명하고자 함이 홍상수 감독의 주요한 서사 전략인 것이다.

이와 같이 각자의 기억이 빚어내는 인식의 차이와 그 거리를 상호텍스트성에 입각하여 추적하다보면 관객들은 감독의 의도와 관계없는 전혀 색다른 해석을 얻을 수도 있다. 그것은 해체비평의 묘미이기도 한데, 즉 반복되고 교차되는 기억의 갈림길에서 각 텍스트들의 차이를 발견하고 그에 따라 해석을 지연시키다 보면 어느새 '저자의 죽음'을 넘어 '텍스트의 즐거움'[20]을 얻게 되는 것이다.

가령 〈오! 수정〉은 그 영문 제목이 "The virgin stripped bare by her bachelor"인데, 제목에 내재한 감독의 의도와 달리 수정은 처녀(virgin)가 아니라고 볼 수도 있다. 그럴듯한 동기는 얼마든지 눈에 띈다. 감독의 다원적인 시선을 추적해보면, 그녀는 오빠의 근친상간

적(不可用的)이다. A. N. Whitehead, *Symbolism: Its Meaning and Effect*, Macmillan Company, 1927, pp.58f. 그러나 기억은 이 모든 것을 변형시켜 분간할 수 있는 사건의 형태로 재현한다. 기억 속의 과거는 일종의 추상화된 과거다. 김준오, 앞의 책, 313쪽.

20) 후기 구조주의 시기를 가장 잘 대변하는 롤랑 바르트의 논문 「저자의 죽음The death of the author」(1968)은 저자가 텍스트의 근원이고 그 의미의 원천이며 유일한 해석의 권위자란 종래의 전통적 견해를 부정한다. 독자는 '지시대상'에 개의치 않고 텍스트의 의미 형성 과정을 열고 닫으며, 자유롭게 텍스트를 의미 체계와 연결시킬 수도 있고, 저자의 '의도'를 무시할 수도 있다는 것이다.
그리고 『텍스트의 즐거움The Pleasures of the Text』(1975)에서 바르트는 독자의 그러한 자유분방한 방종을 탐색하고 있다. 여기에서 텍스트의 일반적 쾌감이란 단순하고 명백한 표면적 의미를 '초월'하는 것을 의미한다. 즉 독서하는 동안 우리는 텍스트 속에서 상호 연관이라든가, 메아리라든가, 또는 지시 사항을 발견하게 되는데, 순수하고도 연속적인 텍스트의 흐름에 이렇게 끼어드는 것은 독자로 하여금 쾌감을 느끼게 해 준다는 것이다. Raman Selden, 앞의 책, 115-117쪽 참조.

적 욕구를 노골적인 방법으로 해소해줄 수 있는 인물이며, 영수와는 자유롭게 키스도 하고 여관에도 들며(비록 성관계는 가지지 않더라도), 재훈이 샤워하는 동안 미리 브래지어를 벗고 기다릴 줄도 아는 여자다. 그러면서도 그녀는 자신이 처녀임을, 또는 생리 중임을 이유로 내세우면서 재훈의 성적 욕구를 쉽게 들어주지 않고 지연시키며 애달프게 한다.

한편 재훈은 수정이 처녀라는 고백을 듣고는 반색하며 그녀를 더욱 아끼고 사랑하게 되는데. 급기야 둘이 첫 관계를 가지고 난 후 침대 시트에 묻은 앵혈(鶯血)을 보고, 재훈은 그것을 자신의 집으로 가지고 가고 싶어 할 만큼 기뻐한다. 그리고는 드디어 자신의 짝(배필)을 찾았음을 선언하고, "내가 가진 모든 결점들, 목숨 걸고 고칠게요, 약속해요, 수정씨!" 하고 언약하면서 영화는 끝난다.

'짝만 찾으면 만사형통'이라는 소제목의 이 마지막 시퀀스는 그런 의미에서 묘한 여운을 남긴다. 영화 전체에서 수정의 고백 이외에 그녀가 처녀라고 믿을 수 있는 동기는 거의 없다. 사실 동시대에 처녀성을 구분하기는 힘든 현실이며, 그것을 확인하는 것도 무의미하다. 속이자고 들자면 처녀막 재생 수술은 얼마든지 가능할 것이고, 생리 현상을 앵혈로 가장할 수도 있을 것이다. 그럼에도 불구하고 재훈의 기쁨은 너무 크다.

그렇다면 이 영화에서 감독이 의도하는 바는 무엇일까? 그것은 다음의 두 가지 경우로 나누어 정리해볼 수 있다. 첫째는 소박한 의미에서의 희극, 즉 행복한 결말을 의도한 것으로 볼 수 있다. 이는 수정을 향한 재훈의 성적 욕구와, 재훈을 통한 수정의 신분상승 욕구가 사랑으로 승화된 것으로 해석한 경우이다. 둘째는 아이러니 또는 풍자를 의도한 것으로 볼 수 있다. 이는 유독 처녀성에 집착하는 한국인들의 순결 콤플렉스를 비꼬는 것으로, 앞의 경우에서는 두 사람이 모두 승자가 되겠지만, 이 경우에서는 수정만이 최후의 승리자가 된다.

이러한 의도는 '어쩌면 우연'일 수도 있다. 어떤 경우이든 해석은 자유이며, 이외에도 또 다른 해석은 얼마든지 가능할 것이다. 그것은 의도된 결말로 관객들을 구속하지 않으면서, 동시에 관객들의 자율적이고도 다양한 해석의 여지를 열어놓는, 포스트모던한 서사의 방식을 홍상수 감독이 구사하고 있기 때문이다. 그의 영화들은 모두 이와 같은 서사의 해체, 또는 다성악적(polyphonic) 서사의 방식으로써 자기중심적 욕망에 의해 부유(浮游)하는 현대인들의 자화상을 추적하고 있다. 그러므로 감독의 시선을 좇아, 각각의 시퀀스들이 형성하는 상호텍스트성을 발견하고, 그것이 빚어내는 차이와 흔적을 추적하는 것이 그의 영화를 즐기는 요령이 될 것이다.

세상의 모든 서사는 시간의 차원과 연결되어 있다. 서사가 시간을 특히 중요시하고 있는 이유는 그것이 자아의 개념과 불가분의 관계를 맺고 있기 때문이다. 인간은 흐르는 시간과 함께 쉼 없이 변화한다. 항상 변화하는 존재를 가지고 어떻게 같은 인물이니 같은 자아니 하고 부를 수 있을까? 그러므로 자아를 해명하려는 탐구는 '잃어버린 시간의 탐구'로 연결될 수밖에 없다. 인간이 이런 탐구에 진지하게 전념하면 할수록 그는 시간을 의식하고 인간생활에 대하여 시간이 띤 의미에 관심을 갖고 몰두하게 된다.[21]

홍상수의 영화들에서 보이는 시간과 기억의 변주들은 대체로 존재의 의미를 성찰하고자 하는 미시적 텍스트들이다. 그렇다고 해서

---

21) Hans Meyerhoff, 김준오 역, 『문학과 시간 현상학』, 삼영사, 1987, 11-12쪽 참조.

그가 탐구한 존재의 의미들을 적극적으로 고정된 틀(mise-en-scene) 속에 담아 전달하고자 하는 것은 아니다. 그의 미장센은 그 어떤 고정된 해석이나 전제된 견해를 강요하지 않는다. 오히려 그가 추적하는 대상들은 건조한(dry) 일상의 존재들임에도 불구하고 안으로는 끓고 있는(boiled), 도저히 동일성의 원리로는 환원시킬 수 없는, 양가성(ambivalence)[22]을 지닌 인물들로 그려진다.

이러한 작품의 경향은 존재의 의미를 근원적으로 의심하는 포스트모더니즘적 세계관에서 비롯되는 것이다. 그것은 마치 현대 물리학의 토대가 되는 불확정성의 원리(uncertainty principle)[23]가 영화로써 실험되고 있는 듯한 느낌마저 준다. 과학의 영역에서조차 물체의 위치와 속도를 동시에 증명해낼 수 없듯이, 우주의 시간과 공간이 유동적인 한, 인간 존재도 그 고정적 의미를 일시에 규명해낼 수는 없는 것이다.

시시각각 변화하는 존재를 어떻게 규명할 것인가라는 진지한 물

---

22) 원래 양가성이란 인간 가치의 이중적 양상이나 대립적 체계를 일컫던 말이나, 현대에 들어와서는 근대적 이성에 의해 세계를 이해하던 이분법적 도식의 틀을 해체하는 탈중심주의적 사유로 이해된다. 양가성은 가치의 무차별성과, 이 가치를 지칭하는 언어의 무차별성, 그리고 방향상실과 무주체성과 연관된다. 지배 이데올로기의 독백성과 단의성에 저항하는 카니발적 다성성과도 연관되는 양가성은 절대적인 동일성의 원리 속에서 이루어진 모든 가치평가적인 이분법을 의심쩍고 자의적인 것으로 드러냄으로써 그 가치체계를 해체시키는 것을 말한다. Peter V. Zima, 서영상 · 김창주 역, 『소설과 이데올로기』, 문예출판사, 1994 참조.

23) 1927년 독일의 물리학자 베르너 하이젠베르크는, 어떤 물체의 위치와 속도를 동시에 정확하게 측정하는 것은 이론적으로 불가능하다고 주장한다. 즉 전자와 같은 원자구성 입자의 속도를 정확하게 측정하려고 하면 예측이 불가능한 방향으로 입자들이 튀어나와서, 이 입자의 위치를 동시에 정확하게 측정하는 것은 의미가 없게 된다는 것이다. 이러한 결과는 측정기구와 측정기술의 정밀도 여부나 관측자와는 아무런 관계가 없으며, 원자구성입자의 차원에서 입자와 파동 간의 본질적인 상호연관성 때문에 발생하는 것이다.

음 앞에서 홍상수 감독은 묵묵히 현미경을 보듯 카메라의 앵글과 초점을 맞춘다. 그는 다만 유동적인 존재들의 흔적을 추적하고, 그 흔적들 사이의 변화의 조건이나 법칙, 또는 그들 상호 간의 유기적 상관관계를 재구성해내는 것을 자신의 사명으로 삼을 뿐이다.

그런 점에서 그의 영화는 현대성을 추구한다고 할 수 있다. 포스트모더니즘이 추구하는 서사 구조의 형식뿐만 아니라 그 기저에 탈중심주의 세계관과 해체 철학을 담아내고 있기 때문이다. 그러한 작업이 규칙적으로 꾸준히 이루어지고 있다는 측면에서 그는 느와르적 한국영화의 풍토에서 살아남을 수 있는 몇 안 되는 작가주의 감독으로 인정받는 것이다.

대중적 상업주의에 영합하는 영화들이 흥행의 물결을 이루는 가운데에도 꿋꿋이 예술성을 겸비하는 영화를 지켜내기란 쉽지 않은 일이다. 그것은 감독을 위시한 영화인들의 책임이면서 동시에 관객의 책임이기도 하다. 잃어버린 시간을 찾아 나서는 그 불확실하고도 외로운 홍상수 감독의 길에 많은 관객들도 동참하길 바란다.[24]

---

24) 홍상수 감독은 〈돼지가 우물에 빠진 날〉(1996), 〈강원도의 힘〉(1998), 〈오! 수정〉(2000), 〈생활의 발견〉(2002) 이후 〈여자는 남자의 미래다〉(2004), 〈극장전〉(2005), 〈해변의 여인〉(2006), 〈밤과 낮〉(2007), 〈잘 알지도 못하면서〉(2008), 〈첩첩산중〉(2009), 〈하하하〉(2009), 〈어떤 방문〉(2009), 〈옥희의 영화〉(2010), 〈북촌방향〉(2011), 〈다른 나라에서〉(2011), 〈리스트〉(2011), 〈누구의 딸도 아닌 해원〉(2012) 등의 작품을 꾸준히 발표하면서 왕성한 활동을 이어가고 있다. 2012년에는 이러한 그의 작품 역량을 인정받아 제21회 부일영화상 유현목문화예술상을 수상하였다.

폭력 구조의 분절 혹은 순환
류승완의 〈죽거나 혹은 나쁘거나〉

1. 영화의 바다에서

영화의 기본 색조는 파란색이다. 영사기를 떠나 객석의 허공을 가르는 빛은 파랗다. 어둠 속으로 푸르게 영사(映射)하는 빛은 그러나 하얀 스크린에 투영되는 순간 온갖 삶의 스펙트럼을 피워낸다. 파란 바탕에서 이토록 다채로운 삶의 물감이 풀려 나오는 것은 늘 경이롭다. 그래서일까, '영화의 바다'라는 은유는 상투적일지라도 그 이미지는 살아 있다. 영화를 감상하는 행위는 간접적이나마 인생의 세파를 경험하는 것이기에. 하여 나는 영사막에 푸른 파문이 일기 시작하면 어느새 저 미지의 인생세간을 탐험하는 항해의 돛을 올리는 것이다.

BIFF 광장은 그 항해가 시작되는 거대한 항구이다. 해마다 시월이면 세계의 우수한 필름들이 다투어 몰려들어 파시를 이루는 곳. 이곳엔 영화의 바다를 넘나들며 마음껏 세계를 유람하는 즐거움이 있다. 〈죽거나 혹은 나쁘거나〉는 이곳에서 우연히 만난, 그러나 좀처럼 잊히지 않는 우리 영화이다. 그 짙게 끈적이며 번져나던 빨간 혹은 검은 핏빛 같은.

2. 꽃 같은 세상 날려버린다

이 영화는 분노에 관한 성찰의 영화이다. 분노는 삶을 파탄으로 이끄는 비극적 정서의 하나이다. 삶을 괴로움의 바다로 비유한 석가는 그 원인을 탐·진·치(貪·瞋·癡)의 마음에서 찾았다. 탐욕과 성냄과 어리석음이야말로 인간을 고단한 다툼의 세계로 내모는 세 가지 독이라는 것이다. 불가에서는 평상심의 회복을 도의 궁극으로 삼는다. 이는 탐하지 않고 성내지 않고 의심하지 않는 본래의 마음바탕으로 돌아간 경지를 일컫는다. 뿐만 아니라 공자는 '사람들이 알아주지 않아도 화내지 아니하는(人不知而不慍)' 마음에서 군자의 경지를 논했고(不易君子乎), 예수는 오른뺨을 맞으면 왼뺨도 내주라 하였다. 그러나 불행하게도 중생들은 화내지 않을 능력이 없다. 성인군자가 아닌 다음에야 무시와 업신여김과 핍박의 와중에서도 화내지 아니하기란 도저히 불가능하지 아니한가.

이 영화에 등장하는 인물들은 하나같이 분노한다. 그들이 분노하는 이유는 자명하다. 그들은 성인군자가 아니거니와, 돈이 없거나 백이 없거나 혹은 머리까지 나쁘거나 하기 때문이다. 현수는 돈도 있고 백도 있지만 머리가 나쁜 예고생이다. 그는 돈 없고 백 없고 머리 나쁜 공고생이 자신보다 게임을 잘하는 것에 분노하고, 그러한 공고생들이 자신의 구역에서 노는 것에 분노한다. 공고생인 석환과 성빈은 그러한 자신들을 무시하고 업신여기는 예고생 현수의 분노에 대해 분노한다. 성빈의 아버지는 살인 전과자가 된 자식에 대해 분노하고, 성빈을 보호 감찰하는 이형사는 출소 후에도 싸움에 휘말리는 성빈에게 분노한다. 성빈은 가족과 사회의 냉대, 그리고 친구 석환의 배신에 분노하고, 그리고 마침내 이형사의 분노에 대해 분노한다. 석환의 동생 상환은 돈 없고 백 없고 머리까지 나쁜 공고생에게는 설 자리가 없는 사회 현실에 분노하고, 상환의 담임 선생은 상환이 학교에서 담배 피우는 것에 분노한다. 상환은 다시 그러한 담임의 분노에 대해서 분노하고, 석환은 동생 상환을 죽음의 조직폭력 현장으로 내몬 친구 성빈에 대해 분노한다. 분노란 이렇게 도미노처럼 전염되며, 부메랑처럼 역류한다.

류승완 감독은 이처럼 분노로 가득 찬 세계를 두 개의 코드로써 드러내는데, 욕설과 폭력이 그것이다. 시종일관 미장센을 지배하는 이 코드들은 지극히 사실적으로 그려진다. 그러기에 오히려 건조한 느낌을 주기도 하는데, 그것은 그만큼 분노하는 세계와 앵글 사이의 거리가 냉정하게 유지되고 있음을 뜻한다. 렌즈는 세계를 관찰할 뿐, 어설픈 화해나 일치를 거부한다. 왜냐하면 원래 카메라의 초점이 들끓는 분노를 '표현'하는 것에 맞춰져 있지 않기 때문이다. 분노 또는 분노의 역류 그 자체보다 오히려 감독의 관심은 분노의 원인과, 전이 및 역류의 과정과, 결과에 대한 '성찰'에 있기에, 카메라는 차분하게 자율성을 유지하는 것이다.

이 영화에 붙여진 '하드보일드(hard boiled) 액션'이란 장르 명칭은 이러한 감독의 태도가 반영된 것이다. 하드보일드 기법의 영화는 주제의식을 강화시키기 위하여 내포작가 또는 화자의 감정 표현을 극도로 억제하고, 인물의 행동과 표현을 의도적으로 통제하거나 꾸미는 것을 극도로 억제하면서, 행동과 사건을 주로 짧은 화면과 대화의 교차, 그리고 자연 그대로의 묘사를 통해 제시하는 방식을 구사한다. 이에 따라 영화는 섬뜩하리만치 생경한 욕설을 거르지 않은 채 내보내거나, 특수촬영이나 화려한 액션의 가미를 일체 배제한 카메라워크로 이루어진다. 그럼으로써 이 영화는 관객들에게 극사실적 기표를 좇는 비장미와 함께 기의의 심장(深藏)한 느낌을 동시에 제공하게 된다.

"꽃 같은 세상 날려버려라!"

이는 안으로는 뜨거우나 겉으로 서늘한 영화 〈죽거나 혹은 나쁘거나〉의 로고이다. 이 한 줄의 선전 문구에는 욕설로써 억눌린 분노를 표현하고자 하는 감독의 기의가 집약되어 있다. 꽃 같은 청춘들에게 열린 미래가 '죽거나 혹은 나쁘거나' 할 수밖에 없는 황량한 세상이라면, 그것은 그야말로 꽃 같은 세상이 아닐 수 없다. 못 가지고 못 배운 청춘들에겐 꿈꿀 희망조차 없는 지옥 같은 세상. 동의이음어로 이루어진 언어유희(pun)처럼 화면 위를 난무하는 욕설은 그 꽃같이 닫힌 사회를 향해 날리는 통렬한 비판이요 저항이다.

그러나 영화 속에서 욕설은 비유의 차원에서만 머무르지 않는다. 그것은 극단적으로 직설적인 폭력과 살인으로 이어진다. 가진 자의 유형적 인물인 현수를 성빈이 패싸움의 와중에서 죽이게 되는 경우는 미필적 고의에 의한 것이라고 하더라도, 출소 후 자신을 과잉 감찰하는 이형사를 죽이는 행위나 상환이 담임의 폭력에 대해 테러를 가하는 행위는 명백히 의도된 살인과 폭력이다. 이것은 분노의 결과로서 '죽거나 혹은 나쁘거나'에 이르게 되는 제1시퀀스(sequence)이다. 여기에는 소외된 인간을 올바로 계도하지 못하는 주류 사회에 대한 전복의 의도가 깔려 있다.

그러나 이것이 감독의 궁극적인 의도는 아니다. 만약 시퀀스가 여기에서 그쳐버린다면 류승완은 20대의 젊은 혈기를 영상미학으로 절제시키지 못한 감독으로 낙인찍혀 관객의 기억 속에서 사장되고 말 것이다. 그러나 그가 보여주는 삶에 대한 통찰은 우리의 상상을 초월한다. 만약 이 영화가 표현보다는 성찰을 지향함을 기억한다면 관객들은 지속되는 감독의 시선을 좇아야만 한다. 성빈의 살인과 상환의 테러는 모두 폭력조직에 가입하기 직전의 통과의례에 불과하며, '죽거나 혹은 나쁘거나' 한 최종적 파국(catastrophe)을 예비하는 사전단계에 지나지 않기 때문이다.

『춘추좌씨전』에서 이르기를 "하늘이 착하지 않은 자를 벌하지 않는 것은 좋은 조짐이 아니라 그 흉악함을 기르게 하여 더 큰 형벌을 주기 위한 것이다"라 하였던가. 류승완은 28세의 신예답지 않게 집요하고도 냉철하게 분노의 끝을 추적한다. 그리고 그 끝에서 그는 부유하는 현대인의 비극적 비전을 역설적인 목소리로 제시한다. 영화의 끝에서 뜻밖에 듣게 되는 감독의 목소리는 우리를 한없는 반성의 세계로 인도한다. 거기에 닿기 위하여 우리는 영화의 미학을 다시 거슬러 올라야 한다.

3. 세상 모든 액션에 꽃을 먹여라

이 영화는 폭력의 형식에 관한 성찰의 영화이다. 폭력의 형식이란 액션의 미학을 의미하며, 성찰이라 함은 기존 액션 영화의 미학에 대한 반성을 의미한다. 치고 박고 때리고 부수고 찌르고 쏘는 폭력행위를 극대화하기 위하여 기존의 액션영화들은 특수효과에 의한 촬영기법들을 고안해왔다. 영화의 역사—특히 액션 영화의 역사는 바로 이 특수촬영에 의한 진보의 역사라 해도 과언이 아니다.

그러나 이미 언급했듯이, 우리의 신예 감독은 액션에 대한 일체의 조작을 거부한다. 대표적인 예로서 3부 〈현대인〉을 보면 하드보일드에 의한 액션 장면이 시종일관 이루어지는데, 그 액션은 두 사람 모두 기진맥진하여 쓰러질 때까지 반복된다. 질리도록 길게 이어지는 건조한 액션에도 불구하고, 3부 자체만으로—4부의 각 파트가 다 그렇지만—단편으로서 완성도를 유지하는 까닭은 무엇인가. 비결은 액션 이외에도 다큐멘터리와 코미디의 장르가 적절하게 활용, 교차되는 것에 있다. 장르의 가로지르기(cross over)와 교차에 의한 편집(montage). 류승완 감독이 던지는 승부수는 바로 이것이다. 여기에서 일체의 특수효과를 배제시킨 대담한 진검승부가 연출되는 것이다.

> "〈죽거나 나쁘거나〉는 일반적인 옴니버스는 아닙니다. 1부인 〈패싸움〉은 액션으로, 그리고 호러 컨벤션에 치중한 〈악몽〉을 거쳐 가짜 다큐멘터리인 〈현대인〉에서 마지막 갱스터 장르를 차용하는 4부 〈죽거나 나쁘거나〉까지, 계속 장르가 이동하고, 각각의 주인공들은 다르지만 이야기는 연결되니까요. 이런 방식이 가능한 것은 내가 포스트 타란티노 세대이기 때문이기도 합니다. 여기엔 내가 좋아하는 장르가 코미디를 빼곤 다 모여 있죠."
>
> -『프리미어』, 류승완 감독 인터뷰 중

그러나 문제는 장르혼합이나 교차편집 그 자체에 있는 것이 아니다. 장르혼합은 포스트모더니즘의 창조 원리로 일반화된 지 오래이다. 교차편집도 잘 알다시피 그보다 훨씬 더 오래 전에 에이젠쉬타인에 의하여 실험되었으며, 영화학도들에겐 이미 정전(正典)으로 전수되지 않는가. 그러므로 문제의 핵심은 그 기법이 아니라 그 기법을 원용한 감독의 구조의지에서 찾아야 한다.

감독의 구조의지는 관객의 수용미학과 상호작용 한다. 그는 관객의 태도를 치밀하게 계산하여 작품의 리듬과 태도를 결정한 것으로 보인다. 일반적으로 영화의 구조는 관객의 긴장과 이완의 반복으로 전진한다. 긴장과 이완은 관객의 흥미를 이끌어내고 도약시키기 위한 영화의 본질적인 요소일 뿐만 아니라, 주제의식의 전달 과정을 점진적으로 강화시키기 위한 요소이기도 하다. 그러한 긴장과 이완은 동화와 이화의 작용에 의하여 각각 조절된다.

긴장은 주로 동화 작용에 의하여 발생한다. 동화란 영화 속의 허구가 불러일으키는 환영(illusion)에 관객의 현실적 정서가 일치되는 상태를 말한다. 스릴과 서스펜스에 의한 연민과 공포를 유발시키는 이 원리는 작품 속에선 전편에 걸쳐 진행되지만 특히 4부 〈죽거나 혹은 나쁘거나〉에서 비장미의 극치를 보이는 하드보일드 방식의 극사실적 액션과, 2부 〈악몽〉에서 원용되는 호러 컨벤션으로 실행된다.

이에 반해 이완은 주로 이화 작용에 의하여 발생한다. 이화란 동화와는 대립적인 기능을 수행하는 것으로서, 영상이 빚어내는 환영을 향해 동화되고자 하는 관객의 정서를 의도적으로 차단시키는 상태를 말한다. 감정이입으로 인해 소외되고 매몰되었던 이성을 환기시킴으로써 허구에 대한 관객의 비판적 판단을 유도하는 한편, 다음 장면에서 극적 긴장을 강화시키기 위해 일시적인 전략적 이완을 수행하기도 하는 이 원리는 작품 속에선 주로 1부 〈패싸움〉과 3부 〈현대인〉에서 인터뷰 형식으로 진행되는 세미다큐 방식에 의해서 실행된다. 그리하여 이 두 단편은 극적 방식과 다큐 방식의 교차로서 긴장과 주제의식을 강화시키는 완성도를 보인다. 특히 3부에서는 유머러스한 인터뷰 대사를 통해 코믹 릴리프(comic relief)를 절묘하게 구사함으로써 감독의 작가주의적 역량을 경주(傾注)한다.

류승완 감독은 1부와 3부를 각각 1998년과 1999년에 단편영화로 우선 제작하고, 전자는 1998년 부산 단편영화제 우수작품상을, 후

자는 1999년 한국독립단편영화제의 '새로운 도전' 부문 최우수작품 상과 관객들의 투표로 뽑는 관객상을 수상하였던 바, 이는 이러한 방식이 주효하였음을 단적으로 입증하는 것이다. 이후 2부와 4부를 극적 방식으로 제작 삽입시켜 작품 전체의 리듬을 다큐 방식(이화, 이완)→극적 방식(동화, 긴장)→다큐방식(이화, 이완)→극적 방식(동화, 긴장)으로 교차, 반복시킴으로써 관객의 흥미와 지적 호기심을 효과적으로 이끌어간다.

이 영화가 한 치의 흐트러짐도 없이 객석의 집단적 영혼을 리드하는 이유는 이처럼 각 에피소드마다 뚜렷한 장르적 속성을 가지고 있는 단편들의 조합이라는 사실에 있다. 단편으로서 이미 완결된 구조를 지니지만 장편으로 묶이게 되면 또 다른 재미를 주는 까닭이다. 그것은 다큐와 픽션, 호러와 코믹, 액션과 갱스터 등의 장르를 가로지르는 장르혼합의 특징에서 기인하는 것이기도 하지만, 한편으론 숏 컷 화면의 빠른 교차에서 기인하는 속도감에도 있다. 교차되는 것은 장면뿐만이 아니다. 빠른 비트의 음악과 느린 서정성의 음악이 교차되고, 빠른 액션 가운데 느린 액션이 적절히 삽입된다. 컬러와 흑백의 영상이 교차되고, 심지어는 낯선 배우들 속에 이장호, 기주봉과 같은 카메오(cameo)가 교차된다. 이처럼 교차에 의한 기법은 종횡무진 현란하다. 이것이 동시대 관객들에게 어필하는 이유이다.

"세상 모든 액션에 꽃을 먹여라."

이는 폭력 미학을 확대 재생산해왔던 기존의 액션 장르를 반성하는 우리 영화 〈죽거나 혹은 나쁘거나〉의 또 하나의 로고이다. 여기서 꽃의 의미는 앞의 '꽃 같은 세상…'의 꽃과는 다른 미학적 의미가 하나 더 내포되어 있다. 이 한 줄의 선전 문구에는 액션 미학의 새로운 지평을 개척하고자 하는 젊은 감독의 패기가 집약되어 있는 것이다. 그러나 그의 숨겨진 장점은 액션 미학의 완성보다는 그 이면을 성찰하는 시선에 있다. 그가 세상 모든 액션에 꽃을 먹이는 이유는 액션이 궁극적인 지향점이 되어서는 안 된다는 예술정신에 있다.

1부와 3부에서 카메라는 수시로 시점을 이탈한다. 액션에서 인터뷰로, 인터뷰에서 액션으로 카메라는 자율성을 가지고 움직이는데 이는 마치 르포르타쥬(reportage)를 극적으로 재구성한 것과 같은 인상을 준다. 그렇다면 감독은 영화를 통하여 관객들에게 사회의 어떤 모순에 대하여 보고를 하고 있는 셈이며, 이때 카메라는 그 모순을 성찰, 보고하고자 하는 감독의 시선에 다름 아닌 것이다.

1부에서 카메라는 당구장 주인을 인터뷰한다. 당구장 주인은 명분 없이 패싸움을 일삼다 살인까지 저지르는 무모한 신세대의 행태를 비판하고, 명절 떡값은 꼬박꼬박 챙기면서 사고처리는 회피하는 경찰들의 무사 안일주의와 복지 뇌동하는 관료주의를 비판한다. 그러는 당구장 주인 또한 마지막으로 "뭐 어찌했던 나야 상관없으니까" 하고 끝을 맺는데, 결국 카메라는 학생들의 패싸움을 묵인 방조하였던 당구장 주인의 몰염치를 드러내면서 궁극적으로 기성세대의 이기주의와 무관심을 싸잡아 고발하고 있는 것이다.

3부에서는 형사와 건달을 인터뷰하면서 보호의 명목으로 건달이나 공무원이 공히 힘없는 업주를 갈취하는 부조리한 현실을 고발한다. 그와 동시에 형사와 건달의 공통점과 애환, 에피소드 등을 인터뷰하는 대사들은 관객들로 하여금 절로 웃음을 자아내게 한다. 웃음은 무엇보다도 먼저 즐거움(mirth)을 가져다주는 단순한 육체적, 신체적 행위이지만, 한편으로는 비판정신을 수반하는 사회적 교정 행위에 이른다. 따라서 웃음의 본질은 이화효과에서 유발되는 즐거운 비판정신이다. 3부에서 보여준 감독의 유머정신은 이 작품에서 견지하는 그의 성찰의 태도 가운데서도 빛나는 한 대목이 아닐까 한다.

한편 영화의 이러한 고발정신은 2부와 4부에서도 아버지의 폭언과 담임교사의 폭력, 감찰관의 폭력, 범인을 검거하는 형사들의 폭력 등을 두루 보여주면서 폭력이 건달과 양아치만의 전유물이 아닌, 사회전반에 만연된 현상임을 드러낸다. 이처럼 작품의 도처에서 연민과 공포의 정서를 넘나들면서 예리하게 반짝이는 비판정신이야말로 감독이 세상 모든 액션을 향해 먹이는 '꽃'인 것이다. 그러나 감춰진 그의 진가는 정작 다음에서야 발견된다.

4. 여호와여 내가 알거니와

결론적으로 이 영화는 용서에 관한 영화이다. 감독은 영화의 결말에 이르러 그가 성찰한 분노와 폭력의 악순환의 끝이 용서임을 전언한다. 그러나 그의 전언의 방식은 지극히 은밀하고 간접적인 태도로 이루어진 까닭에 세밀히 귀 기울이지 않으면 자칫 흘려버리기 십상이다. 만약 그렇게 된다면 그것은 너무나 안타까운 일이다.

관객을 향한 그의 최종적 전언의 전달 방식은 비극적 비전에 의한 제시이다. 비극적 비전이란 실존적 한계상황과 고통, 형벌에 직면한 인간 존재에 대해 '과연 참다운 인간이란 무엇인가'라고 묻는 윤리적이면서 형이상학적인 물음을 뜻한다. 그것을 추적하면 다음과 같다.

죽은 현수의 악령에 시달리는 성빈은 조직 세계를 진정한 사나이의 세계로 동경하고 찾아온 상환을 죽음의 조직폭력 현장으로 배치시킨다. 그것은 친구 석환의 배신에 대한 보복심리에서 비롯된 것이다. 그 사실을 뒤늦게 알게 된 석환은 성빈이 홀로 기다리는 당구장으로 찾아오고, 결국 목숨을 건 싸움을 벌인다. 화면은 싸움 끝에 두 눈을 잃은 석환이 성빈을 목 졸라 죽이는 모습과, 상대편 조직의 일진들과 싸우다 난자당하고 죽어가는 상환의 모습으로 번갈아 교차된다. 화면의 색깔은 흑백이다. 흑백화면은 이 영화가 성찰의 영화임을 상징한다. 화면 속으로 어느새 하얀 눈이 내리고, 성환은 마지막으로 형을 부르고는 숨을 거둔다. 비장함을 더하는 주제가 "It is the end"가 조용히 흐르는 가운데, 검은 화면 위로 흰 자막이 올라간다.

> 여호와여 내가 알거니와
> 인생의 길이 자기에게 있지 아니하니
> 걸음을 지도함이 걷는 자에게 있지 아니 하나이다
> ―예레미야 10장 23절

삶이란 느끼는 자에겐 비극이고 생각하는 자에겐 희극이라고 하였던가. 이 마지막 대목은 나를 한없이 느끼게 한다. 우리는 모두 어두운 길을 걷는 한계자이다. 내가 걷는 길이 완벽한 진리가 아닐진대 어떻게 다른 이의 길을 인도할 수 있으리오. 그러나 우리 인간은 자기의 기준에 맞지 않으면 쉽게 재단하고 교정하려 한다. 마치 프로크루스테스의 침대처럼. 그리하여 타인을 무시하고 업신여기고 핍박한다. 그것은 분노를 낳고 분노는 다시 폭력을 낳는다. 현수가 그렇고, 석환이 그렇고, 성빈이 그렇다. 성빈의 아버지가, 담임이, 형사가, 상환이, 조폭이 그렇고, 내가 그렇다. 우리는 모두 타인을 편견

속에서 재단하는 존재이지 않는가? 그러므로 우리는 영화가 끝난
이후 예레미야서 10장 23절의 다음 절을 찾아 경건히 읽어야 한다.

> 여호와여 나를 징계하옵시되 너그러이 하시고 진노로 하지 마옵소서
> 주께서 나로 없어지게 하실까 두려워하나이다
>
> — 예레미야서 10장 24절

그러나 최종적으로 전언하는 감독의 목소리는 화면 밖에서 들리
는 마지막 대사(off screen-voice over)에 담겨 있다. 앞의 자막이 올라
가는 동안 동시에 화면 밖에서 다음의 대사가 들려온다. 이 대사는
석환이 밤늦게 귀가하는 동생을 골목어귀에서 기다리다가 야단치던
장면의 끝에서 나누었던 대화를 소리만 반복해서 다시 한 번 들려주
는 것이다.

석환 : 밥은 먹었어?
상환 : 안 먹었어.
석환 : 밥을 먹고 술을 마시든지 해야지 이 자식아, 속 버려.

이는 영화 전체에서 유일하게 용서와 화해가 이루어지는 대목의
대사이다. 은근슬쩍 끼워진 이 대사가 삶의 차이를 용서하지 못하고
분노하는 세태 속에서 형제애와도 같은 사랑과 용서가 얼마나 절실
한 것인가를 새삼 일깨워준다. 용서(容恕)는 같은(如) 마음(心)으로
받아들이는(容) 행위이다. 차이를 인정하고 같은 마음을 회복하는
것은 어쩌면 인간만이 이룰 수 있는 것이지 않겠는가. 성냄보다는
용서가 더욱 인간적일 것이라는 뒤늦은 깨달음을 주면서 영화는 깊

은 반성으로 나를 이끌었다. '저희에게 잘못한 이를 저희가 용서하듯이 저희 죄를 용서하시고…' 주기도문의 이 구절처럼 용서받기 위해선 먼저 용서하여야 하는 것임을, 그 평범한 진리를 이 영화 한 편이 절실하게 일깨워준 것이다.

그러므로 스크린으로 짙게 끈적이며 번져나던 빨간 혹은 그 검은 핏빛은 감독의 렌즈(성찰의 시선) 속에서 스펙트럼처럼 번져가던 분노 혹은 회한의 상징에 다름 아니다. 그것이야말로 용서하지 못한 비극적 회한으로 가득 찬 세상을 향해 사정없이 날려버린 류승완 감독의 꽃, 그만의 독특한 액션 미학인 것이다.

5. 다시 영화의 바다에서

혹자는 류승완 감독의 위와 같은 영화적 성과를 표절로 폄하하려 든다. 이를테면 플롯을 이끌어가는 모티프는 퀜틴 타란티노의 〈포룸〉의 차용이라든지, 액션은 〈중경삼림〉, 〈동사서독〉의 왕자웨이의 그것을, 석환이 눈에 피를 흘리는 최후의 비극적 장면은 〈첩혈쌍웅〉의 주윤발을 차용한 것이라든지, 형을 부르다 숨을 거두는 상환의 최후는 〈초록물고기〉의 막동이의 죽음을 연상케 한다는 것들이다. 그러나 그 유명한 햄릿도 사실은 아이스퀼로스의 〈오레스테스〉의 플롯을 차용한 것이며, 이인화의 〈영원한 제국〉은 움베르토 에코의 〈장미의 이름〉을 차용한 것이다. 굳이 따진다면 두 눈을 잃는 비극적 결말 또한 〈첩혈쌍웅〉 이전에 이미 소포클레스의 〈외디푸스대왕〉과 세익스피어의 〈리어왕〉에서 묘사된 고전적 모티프에 불과한 것이다.

그런 측면에서 "모든 역사들이 그런 것처럼, 영화의 역사도 영화의 미적인 것에 영향을 주고, 그것을 변형시키며, 그것을 생산하는 분별의 역사이고 단절의 역사이다"라고 갈파한 파스칼 보니체는 기억할 만하다. 류승완 감독은 스스로 포스트 타란티노 세대임을 당당하게 밝히고 있듯이, 타란티노로부터 영향을 받았으나 그것을 변형시키고 새로이 생산해내는 재능과 저력을 보여주고 있다. 더군다나 열악한 환경에도 불구하고 제작, 각본, 연출, 주연을 이처럼 완벽하게 소화해낸 인물은 한국영화사상 처음이지 않은가.

BIFF 광장에서 항해하였던 우수한 세계의 영화들 중에서 〈죽거나 혹은 나쁘거나〉에 나는 아무런 주저함 없이 최고의 별점을 주었다. 그러므로 관객이 뽑는 PSB상을 수상한 사실은 나로서는 참으로 당연하고도 다행한 일이 아닐 수 없다. 그에 이어진 청룡영화상 신인감독상 수상의 낭보도 마치 내 일처럼 기쁘다.

만약 류승완 감독이 교만에 빠져—그럴 리야 없겠지만—다음 작품에서 실패하더라도 나는 기꺼이 용서할 것이다. 〈악어〉의 김기덕 감독이 〈야생동물보호구역〉과 〈파란 대문〉을 넘어 〈섬〉에서 베니스영화제의 결선에 진출하듯이, 류승완 감독도 훨씬 성숙한 행보들로 이어나가, 멀지 않은 미래에 세계 메이저 영화제의 바다에서 푸른 돛을 우뚝 세울 것을 믿어 의심치 않는다. 그때까지 나는 용서할 수 있다. 그의 영화에 대한 믿음도 믿음이지만, 영화에 대한 용서는 관객이 보여줄 수 있는 최고의 미덕이니까.

영화의 바다에서 항해를 마치고 피프광장을 빠져나오던 나는 잠시 태평양으로 열린 남항의 밤바다, 그 푸르고도 검은 물결에 일렁이는 도시의 불빛을 바라보았다. 그 빛이 마치 스크린으로 짙게 끈적이며 번져나던 빨간 혹은 검은 핏빛 같다는 착각을 하면서, 마음

속으로 영화에 대한 그의 초발심(初發心)이 험난한 세파 속에서도 퇴색되지 않고 굳건히 이어지길 소망한다.[1]

---

1) 류승완 감독은 〈죽거나 혹은 나쁘거나〉(2000) 이후 〈다찌마와 리〉(2000), 〈피도 눈물도 없이〉(2002), 〈아버지와 아들〉(2002), 〈아라한 장풍대작전〉(2004) 〈주먹이 운다〉(2005), 〈남자니까 아시잖아요〉(2005), 〈짝패〉(2006) 〈다찌마와 리-악인이여 지옥행 급행열차를 타라〉(2008), 〈타임리스〉(2009), 〈부당거래〉(2010), 〈베를린〉(2012) 등의 작품을 꾸준히 발표하면서 왕성한 활동을 이어가고 있다. 2011년에는 부패한 검찰과 경찰의 커넥션이 빚는 비극 속에 검·경 갈등의 사회상을 반영한 〈부당거래〉로 2011년 제32회 청룡영화상 각본상, 감독상, 최우수작품상을 수상하였다.

금기와 복수의 상호텍스트성

박찬욱의 〈올드보이〉

특별히 하므렛 전설의 기원을 셰익스피어 이전의 연극에서 삭소
(saxo)연극으로까지, 또는 자연 신화에까지 추적해가는 문화 인류
학자는 셰익스피어로부터 도망치는 것이 아니다. 그는 셰익스피어
가 재강조한 원형에 좀 더 가까이 접근하고 있는 것이다.[1]

1. 금기와 복수

박찬욱은 흥미진진한 스릴러와 액션을 결합하는 자칭 'B급' 장르
영화를 추구하는 감독으로 대중들에게 친숙하지만, 그의 영화가 대
중들뿐만 아니라 비평의 양면에서 호응을 받는 것은 그 내면에 한국
사회가 안고 있는 모순 구조에 대한 비판과 저항의 담론을 내밀하게
발화하고 있기 때문이다. 박찬욱 감독이 그의 작품들을 통해 비판적
으로 성찰하고자 하는 모순 구조는 주로 지배 담론의 대표적인 배제
(exclusion) 기제인 사회적 금지(interdit)들로부터 비롯되는 것이다.

박찬욱의 첫 출세작인 〈공동경비구역 JSA〉(2000)는 우리 사회에
가로놓인 금기의 장벽 중에서도 최고의 위계를 차지하고 있는, 그
리하여 일찍이 그 어떤 영화들도 넘어보지 못하였던 분단의 장벽을,

---

1) 노드롭 프라이, 전준활 역, 「문학의 원형」, 『남부문학』 3호(1977년 가을호), 198쪽.

그것도 분단의 상징이라 할 수 있는 판문점의 돌아오지 않는 다리를 최초로 넘어가게 된 인물들이 처하게 되는 처절한 비극의 현장을 반영한 작품이다.

그 이후 이어진 복수 3부작 〈복수는 나의 것〉(2002), 〈올드보이〉(2003), 〈친절한 금자씨〉(2005) 또한 이러한 한국 사회의 모순 구조들이 낳은 인간 소외의 현실을 복수라는 대중적 코드로써 고발하는 작품들이다.

복수는 모든 액션 누아르 장르를 흥미진진하게 만드는 장치이다. 복수가 대중적인 영화의 핵심적인 코드가 되는 이유는 복수의 물신화에 있다. 복수에 대한 욕망은 제도화된 금기의 담론에 의해 현실에서는 실현할 수 없도록 억압된 상태로 내재화되어 있다. 그러므로 비장한 각오로 그러한 금기의 벽을 뛰어넘어 복수를 실현하는 액션 영화 속의 주인공이야말로 관객들의 결핍된 욕망을 대신 채워주는 물신주의(fetishism)의 기제가 된다. 그러므로 기존의 액션 영화들은 대체로 복수를 위한 활극에 초점을 맞추고 있다.

박찬욱의 영화가 기존의 액션 활극을 넘어서는 변별력을 지니는 지점은 여기에 있다. 그의 영화는 복수를 실현시키는 활극에만 초점이 맞춰져 있지는 않다. 박찬욱 영화의 매력은 그 복수의 욕망을 억압하는 현실에 내재된 금기의 본질을 파악하고, 그것에 대한 저항의 담론을 중층적으로 구조화시킨다는 것에 있다. 특히 〈친절한 금자씨〉의 여성이나 〈복수는 나의 것〉의 빈민 등이 복수를 행하는 주요 인물로서 등장하는 것은 기존의 대중지향적인 작품들에서 은폐하거나 소외시켜온 하위계층(subaltern)에 대한 '정치적 무의식'[2]에 맞대

---

2) 정치적 무의식은 우리들의 눈에 발견될 수 없는 침묵과 부재의 언어이다. 또한 이 것은 지배계급의 담론에 의해 텍스트의 변두리로 쫓겨난 주변화된 음성이다. 텍

응하고자 하는 감독의 비평적 태도를 엿볼 수 있게 한다.

'무엇보다 빈부 격차가 줄어야 한다고 생각하며 통일이나 자주성은 그 다음'[3]이라고 말하는 박찬욱 감독은 실제 열렬한 민주노동당 당원이었으며, 2002년 대선 때에는 권영길 후보의 방송홍보물에 직접 출연하기도 했다. 그러한 감독의 현실의식에서 부르주아 중심의 자본주의 사회와 남성 중심의 가부장적 사회의 모순을 봉쇄하는 '상징적인 행위의 서사'[4]에 대항하는 복수 영화가 연출되었음을 유추할 수 있다. 또한 이러한 측면에서 '금기에 도전하는 것은 예술가의 특권'이며, '왜 복수를 금기시하는가가 아니라 왜 금기에 굴복하는가가 문제라는 것'[5]을 확고하게 의식하고 있는 박찬욱 감독의 구조 의지를 확인할 수 있다.

스트의 표면을 둘러싸고 있는 지배계급의 담론은 침묵의 무의식을 심층에 은폐하고 있는 의식의 목소리에 불과하다. Fredric Jameson, *The Political Unconscious*, Methuen, 1981, pp.11-12

3) 조선일보: 유복한 집안(부친은 아주대 공대 학장을 지냈다)에서 자랐고, 지금은 현장에서 일종의 '사용자'인데…. 박 감독이 '열렬한' 민노당 당원이라는 것이 어쩌면 지식인의 허위의식은 아닌가 하는 생각이 들 때도 있습니다.
박찬욱: 제가 자라온 환경이 그런 배경 쪽이었던 것은 사실입니다. 그게 제 인생관과 세계관에 영향을 미친 것도 같아요. 인정합니다. 그러나 허위의식이라고 생각진 않아요. 왜냐면 저의 행동은 그게 제 세계관이라고 세상에 드러내놓은 것이니까요. 민노당원인 저는 방탕하게 살아가진 않습니다. 민노당은 제 세계관에 맞기 때문에 선택했습니다. 전 무엇보다 빈부격차가 줄어야 한다고 생각합니다. 통일이나 자주성은 그 다음이죠. 『조선일보』, 2004. 6. 9. 인터뷰 내용 중에서.
4) 프레데릭 제임슨은 『정치적 무의식』에서 문화와 예술은 상상적으로, 상징적으로 모순을 해결하려 하는, 즉 모순 없는 질서화에의 경향을 무의식적으로 드러내게 된다고 한다. 그리하여 자본주의 모순하에 생산된 모든 예술품은 자본주의 모순의 산물이지만 동시에 '정치적 무의식'에 의해 그 모순을 봉쇄, 혹은 상징적으로 해결하는 양상을 보인다. 이것이 '사회적으로 상징적인 행위로서의 서사'라는 이 책의 부제가 의미하는 바다. Fredric Jameson, 앞의 책 참조.
5) 2004년 칸 영화제 공식기자회견 인터뷰 내용 중에서. 〈조이뉴스24〉, 2004. 11. 8.

그 구조의지를 밝히기 위해 이 글은 비극 장르에 초점을 맞추고자 한다. 즉 박찬욱 감독이 그리고 있는 한국사회의 모순 구조를 아리스토텔레스의 비극적 미토스의 구조와 비교함으로써 궁극적으로 그가 비판하고자 하는 사회의 구조적 결함(hamartia)을 발견(anagnorisis)하고자 한다. 특히 2004년 칸 영화제 심사위원 대상에 빛나는 〈올드보이〉를 중심으로 현대 비극의 한 전형으로서의 특성과 그 주제 의식을 심도 깊게 고찰함으로써 한국의 영화산업이 지향해야 할 대중성과 예술성의 수준을 가늠해보고자 한다.

2. 만화와 영화

익히 알고 있듯이 박찬욱의 〈올드보이〉는 츠치야 가론의 일본 만화[6]에 설정된 주요 모티프를 확대 개작한 것이다. 폭력배가 운영하는 사설 감옥에 10년간 감금되었던 '고토'가 그 원인을 추적해가는 가운데 초등학교 동창이자 부동산 재벌인 '카키누마'가 꾸민 복수극의 실체가 서서히 밝혀진다는 설정이 원작 만화의 주요 모티브이다. 영화는 만화의 서사 틀을 그대로 계승하는 한편, 만화의 내러티브가 지닌 허술한 빈틈을 한 치의 오차도 없이 새로운 상상력으로 재구성함으로써 완성도 높은 액션 스릴러 장르를 탄생시켰다.[7]

박찬욱은 원작 만화가 노정하고 있는 허술한 설정의 한계를 극복하기 위하여, 복수의 원인이 되는 '어떤 사건'이 일어난 시간적 배경을 고등학교 시절로 바꾸고, 10년간의 감금 기간도 15년으로 늘리

---

6) Tsuchiya Garon 글, Minegishi Nobuaki 그림, 『Old Boy』전 8권 , 아선미디어, 2003.

7) 박찬욱 감독은 이 만화의 판권을 2만 달러도 채 안 되는 값에 사들여 지난해 11월 국내 개봉에서 330만 명을 동원, 빅히트시켰고, 일본에는 220만 달러의 거금을 받고 역수출시키는 진기록을 세웠다. 『세계일보』, 2004. 6. 4.

고, 풀려난 후 감금의 원인을 밝혀내야 하는 시간도 닷새로 한정하는 등, 매우 치밀하게 만화의 설정을 재설정해나가지만, 그중에서도 가장 돋보이는 확대 작업은 그 '어떤 사건'의 실체를 근친상간의 중층구조로 재설정한 것이었다.

원작에서 보이는 가장 허술한 빈틈은 초등학교 시절 카키누마의 '마음에 치명적인 상처를 안겨준 어떤 사건'의 실체에서 비롯된다. 그 사건이란, 초등학교 합창대회를 위한 선발 과정에서 카키누마가 '꽃마을'이라는 노래를 부를 때 오직 고토만이 카키누마의 깊은 '고독'을 눈치 채고 눈물을 흘렸으며, 그것이 카키누마에겐 씻을 수 없는 굴욕이 되었다는, 지극히 관념적인 것이다. 결혼을 앞둔 고토를 납치하여 10년간이나 감금방에 가두고, 또 결국에는 카키누마 스스로도 자살할 뿐만 아니라, 고토가 새롭게 사랑하게 된 소녀 '에리'까지 최면에 의해 죽게 만드는, 그야말로 엽기적일 만큼 기괴하고도 치밀하게 전개되는 복수의 원인이 카키누마의 '고독' 때문이었다는 것이다. 뿐만 아니라 그 고독의 원인이 '너(고토-필자 주) 같은 남자로 태어나고 싶었다'는 카키누마의 열등의식에서 비롯된 것이었다는 사실 또한 쉽게 이해할 수 없다. 그리하여 카키누마가 자신의 자존심에 상처를 입힌 초등학교 동창에 대한 복수심에 혈안이 된 소아병적 편집증의 인물로 전락하게 만든 결말은 참으로 납득하기가 힘든 설정이 되고 말았다.

그러나 원작 만화가 어설프게 맺은 바로 이 끝 지점에서 박찬욱의 상상력은 빛을 발하기 시작한다. 흥미진진한 복수를 추진하게 되는 원인인 그 '어떤 사건'을 다음과 같이 구체적이면서도 개연성 있게 확대시켰던 것이다. 고교 시절 '오대수'(최민식 분)는 서울로 전학을 가기 전날 급우인 '이수아'(윤진서 분)와 그녀의 동생 '이우진'(유지태 분) 사이의 근친애를 목격한다. 오대수는 이 사실을 무심결에 친구에게 발설하지만 전학을 감으로써 까마득히 잊어버린다. 그러나 그 말은 소문으로 퍼져 결국 이수아는 상상 임신 증세 끝에 자살을 한다. 세간의 낙인으로부터 누이를 지켜주지 못하고 끝내 자살을 묵인할 수밖에 없었던 이우진은 마침내 원대하고도 치밀한 복수를 설계하고 수행해간다.

박찬욱은 이렇게 복수의 원인이 되는 사건을 이우진의 근친애로 수정하고, 그에 대한 복수의 방식도 오대수의 근친상간으로 재설정한다. 그렇게 함으로써 그 기괴한 복수의 과정도 동시에 설득력을 얻게 되는 것이다. 즉 이우진은 오대수가 결혼하여 낳은 딸이 네 살이 되기를 기다린 뒤, 그를 납치하여 감금한 다음, 그의 부인을 살해하고, 딸 '미도'(강혜정 분)를 고아로 성장시킨다. 그리고는 15년이 지난 뒤 오대수를 풀어주면서, 오대수와 그의 딸 미도에게 '후최면암시'[8]를 걸어 서로를 모르는 상태에서 근친상간에 빠지게 한다.

그러므로 15년으로 확대시킨 감금 기간의 설정은 더 큰 복수를 위해 미도가 성년으로 성장하기를 기다리는 치밀한 설정이 된다. 왜냐하면 이우진의 누이 수아가 죽던 당시의 나이가 19세였기 때문이다.[9] 이처럼 그 역할 비중에 비해 특별한 정체성은 부여받지 못했던 만화의 소녀 에리를 오대수의 딸 미도로 전환시킴으로써 복수극의

---

8) 잠재의식과 의식의 관계를 설명하는 것으로서 최면술이 있다. 최면술을 걸어 "당신은 눈을 뜨면 곧 여차여차한 일을 하라"고 명령하고 최면상태에서 풀어주면 당사자는 명령받은 대로 하면서도 자기가 왜 그런 행동을 하는지 이유를 모른다. 이것을 후최면암시(後催眠暗示)라고 하는데, 이와 같은 현상은 잠재의식이 의식에 작용을 미치는 증거라 생각된다. 〈네이버 백과사전〉 참조.

9) 물론 오대수 부인 살인에 대한 공소시효(15년)를 넘기기 위해 설정한 시간이라는 세간의 설도 인정할 수 있지만, 이우진의 자살 결말에서 미루어보듯이 이미 그는 삶을 초월한 복수를 기획하고 실천했다는 점에서 설득력이 떨어진다 할 수 있다.

플롯은 완벽하게 재구성된다. 결말에 이르러 오대수로 하여금 그가 사랑하였던 미도가 사실은 자신의 딸이었음을 알게 함으로써 복수의 최종 목표를 완결시키는 것이다.

그렇다면 박찬욱이 츠치야 가론의 복수 스릴러 내러티브에 근친상간 모티프를 중심에 놓게 된 계기는 어디에 있을까? 물론 그것은 전적으로 박찬욱의 창의적인 상상력에서 비롯된 것이긴 하지만, 그 실마리만큼은 원작 만화에서 찾을 수 있다. 그것은 과거의 기억을 거슬러 '어떤 사건'이 합창대회를 위한 과제곡 '꽃마을'과 관련된 것임을 알게 된 고토에게 그 '사건'이 고토의 생각보다 훨씬 더 심각한 것이었음을 암시하는 카키누마의 대사에서 발견된다.

고토 : 내가… 과제곡 '꽃마을'을 생각해낸 걸 어떻게 알았지…?!
카키누마 : 내 정보망은 완벽하다.
고토 : 역시 '꽃마을'에 관계된 '어떤 사건'인가? 내가 도쿄에서 주최하는
　　　코러스 대회에 나가게 된 것을 원망하는 거냐?
카키누마 : 흥, 난 그런 싸구려 인간이 아니야. 훨씬 무시무시하지…. 그
　　　리스 비극에 필적할 만큼.
고토 : 그런 정도의 '사건'이 왜 내 기억 속에는 남아 있지 않단 말인
　　　가…. 혹시… 모든 것이 너의 망상에서 나온 것 아니냐?! 사실은 아
　　　무 일도 없었던 거 아니냐구!
카키누마 : 기억을 못한다니, 정말 너는 용서할 수 없는 녀석이다![10]

이 대목에 의하면, 카키누마의 원한은 '그리스 비극에 필적할 만

10) Tsuchiya Garon · Minegishi Nobuaki, 앞의 책 8권, 35-36쪽.

큼 무시무시한 어떤 사건'에서 비롯되었다는 것인데, 정작 츠치야 가론은 그것을 구체적으로 해명하지 않으며, 앞에서 언급했듯이 납득하기 힘들 만큼 지극히 관념적인 결말로 봉합해버린 것이다. 그러나 이 암시는 결코 헛된 것이 아니었다. 이 '사건'에 대한 암시를 고토는 풀지 못하였지만, 박찬욱은 그의 탁월한 상상력으로 풀어내었기 때문이다.

3. 비극과 중층구조

이렇게 하여 박찬욱의 〈올드보이〉는 고대 그리스 비극 중에서도 정전으로 불리는 〈오이디푸스 대왕〉에 그 맥락이 닿게 된다. 〈오이디푸스 대왕〉은 아리스토텔레스가 『시학』에서 소포클레스의 가장 위대한 비극이라고 평가했으며, 21세기에도 여전히 그의 비극 중 가장 높은 평가와 인기를 누리는 작품이다. 이 극에서 비극적 주인공인 테베의 왕 오이디푸스는 자신의 숙명에서 벗어나려다 오히려 숙명과 정면으로 맞닥뜨리게 된다. 아리스토텔레스는 이 작품을 비극 형식의 본보기로 꼽았다. 치밀한 구성, 긴장의 상승, 발견과 급전이라는 극적 장치의 완벽한 구사는 이 작품을 그리스 비극 중에서도 가장 강력한 인상을 남기게 한다.

〈올드보이〉는 이와 같은 〈오이디푸스 대왕〉의 명성을 현대적 의미에서 고스란히 되살리고 있는 작품이라고 할 수 있다. 우선 이 두 작품은 근친상간의 모티프와 스스로의 신체를 훼손하는 징벌 모티프가 닮았다. 어머니 이오카스테와 아들 오이디푸스 사이에서 벌어지는 근친상간이 아버지 오대수와 딸 미도 사이에서 벌어진다는 점과, 그 결과 오이디푸스가 자신의 눈을 뽑아버리는 점이 오대수가 스스로 혀를 자르는 점과 일치한다.

그러나 〈올드보이〉가 〈오이디푸스 대왕〉에 맥락이 닿아 있는 지점
은 이러한 일반적인 모티프의 비교 그 너머에 있다. 여기서 우리는
박찬욱의 〈올드보이〉가 원작 만화의 서사를 극복하였던 지점이 복
수의 원인이 되는 '어떤 사건'을 그리스 비극에서 착안하였음을 상
기할 필요가 있다. 즉 오대수가 겪게 되는 징벌보다는 그 원인이 되
는 '어떤 사건'을 오이디푸스 서사에서 찾아야 한다는 것이다. 왜냐
하면 박찬욱은 오이디푸스 대왕이 겪게 되는 징벌의 원인을 추적하
는 가운데 드러나는 비극의 중층구조를 〈올드보이〉에서 계승하고
있기 때문이다. 오이디푸스 대왕에게 가해지는 징벌의 원인이 되는
그 '어떤 사건'은 사실 오이디푸스에게 있는 것이 아니라 〈오이디푸
스 대왕〉의 전사(前史)로부터 비롯되는 것이다.

　　이 극은 테베를 뒤덮은 염병의 재앙을 면하기 위해서는 선왕 라이오스
를 죽인 자가 드러나야 한다는 신탁에서 시작되고 있다. 그러나 이 극
속의 비극적인 운명의 원인은 극 밖에 있었다. 즉 라이오스는 젊은 시
절, 엘리스의 펠로포스 왕의 궁궐로 망명한 적이 있었다. 그때 아름다
운 왕자 크리시포스를 사랑하여 동성애를 범했기에 펠로포스 왕의 저
주를 받았다. 그래서 테베로 돌아온 라이오스에게는 자식을 낳아서는
안 되며, 만약 이것을 어기면 그 아들 손에 죽으리라는 신탁이 기다리
고 있었다. 그러나 왕은 아내 이오카스테에게 접근하여 아들을 하나
얻었는데, 그가 바로 오이디푸스였다.[11]

　　즉 오이디푸스 자신이 아버지를 죽이고 어머니와 결혼한 장본인

---

11) 아이스킬로스 · 소포클레스, 조우현 역, 『그리스비극 1』, 현암사, 2000, 189쪽.

임을 알게 되는 비극적 결말은 이미 선왕 라이오스의 동성애에 대한 펠로포스 왕의 저주로부터 기인한 것이었듯이, 오대수가 사랑한 미도가 자신의 딸이었다는 사실을 알게 되는 비극적 결말은 이우진의 근친애가 사회로부터 저주받는 순간에 이미 예정되었던 것이다. 이처럼 박찬욱은 원작 만화가 암시하는 것으로 그쳐버린 '그리스 비극에 필적할 만큼 무시무시한 어떤 사건'을 오이디푸스 서사의 본질을 이루는 비극의 중층구조를 원용함으로써 개연성 있는 동시대의 서사로 생생하게 되살려냈다. 여기에 박찬욱의 〈올드보이〉가 '오이디푸스적 금기와 맹목의 숙명, 최면술과 파멸의 기둥으로 구성된 이 스릴러 영화—액션과 드라마와 스릴러가 결합된—는 이전의 어떤 영화보다도 많은 세계 관객에게 한국영화를 소개하는 돌파구가 된 작품'[12]이라는 찬사를 받게 되는 하나의 이유가 있다.

4. 권력과 저항 담론

박찬욱의 〈올드보이〉가 지니는 첫 번째 의의는 원작 만화에 결여된 내러티브의 개연성을 비극적 상상력으로 되살려내었다는 데에 있다. 개연성(蓋然性)이란 한자 뜻 그대로 '거의 그런 성질'이다. 만화의 확대 작업으로 인해 영화의 내러티브는 '거의 있을 수 있는' 또는 '그럴듯한' 이야기로서 설득력을 얻게 되었다.

물론 하나의 텍스트가 완성도를 유지하려면 논리적인 인과관계 속에서 그럴듯하게 구성되어야만 한다. 그러나 아리스토텔레스가 『시학』 9장에서 강조한 개연성(probability)이란 필연적인 인과관계로 구성된 서사라는 뜻보다는, 핍진성(verisimilitude)의 개념을 강조하기

---

12) 스티븐 제이 슈나이더, 정지인 역, 『죽기 전에 봐야 할 영화 1001편』, 마로니에북스, 2005, 940쪽.

위해서 사용된 용어이다. 여기에는 그의 스승인 플라톤의 '시인추방론'을 염두에 둔 은근한 비판의 뜻이 담겨 있다. 즉 시인이 모방하는 것은 진실재인 이데아가 아니라 그 모상 또는 영상에 불과하다는 플라톤의 견해에 관하여, 아리스토텔레스는 "시는 역사보다 더 철학적이고 더 중요한 가치를 지닌다. 왜냐하면 시는 보편적인 것을 이야기하는 경향이 더 많고, 역사는 개별적인 것을 이야기하기 때문이다"라고 말함으로써 플라톤의 견해를 간접적으로 공박하고 있다.[13] 왜냐하면 아리스토텔레스에게 있어 개연성이란 현상 너머에 존재하는 세계의 보편적인 본질(Idea)을 반영하고자 하는 비극의 궁극적인 목표 그 자체이기 때문이다.

그러므로 칸 영화제 심사위원 대상에 상응하는 〈올드보이〉의 가치를 논하기 위해서는 흥미진진한 스릴러와 누아르의 이면에 작가주의 감독 박찬욱이 새겨놓은 세계관의 본질을 밝혀보아야 한다. 아래에 인용하는 박찬욱의 글은 이러한 측면에서 그의 장르 의식을 이해할 수 있는 하나의 기준을 제공해줄 것이다. 박찬욱은 〈로미오 이즈 브리딩〉을 평하는 글에서 필름 누아르의 본질을 다음과 같이 정의하는데, 이는 오히려 자신의 장르 의식을 드러내는 대목으로 읽을 수 있다.

뭐니 뭐니 해도 필름 누아르의 본질은 그따위 괜히 겉멋 부리는 스타일이 아니라 그 숙명론적인 세계관에 있다. 〈로미오 이즈 블리딩〉은 이 점을 제대로 보여준다. 세상을 움직이는 질서는 현상 너머에 따로 있고 사람들은 줄로 움직이는 꼭두각시처럼 조종당한다. 그들은 감금

---

13) 아리스토텔레스, 천병희 역, 『시학』, 문예출판사, 2000, 10쪽과 60-61쪽 참조.

된 존재이며, 거기서 벗어나려는 몸부림은 헛된 피흘림만 초래할 뿐이다.

미스터리 장르가 수수께끼, 즉 세계의 본질 또는 인생의 비밀은 해결 가능, 이해 가능하다고 믿는 낙관적인 시각을 가졌다면 이건 반대다. 여기에도 미스터리는 있고 마침내 그것이 풀리기도 하지만 종국에 이르러 주인공은 궁극적인 장벽에 부딪힌다. 그가 가까스로 알아낸 비밀은 고작, 그 비밀이 존재한다는 사실이다. 폐쇄된 미장센의 액자형 구도는 회고조 내러티브 액자형 구성과 조우한다. 달아날 길 없는 미로의 표현이다. 미로 밖에 또 미로가 있고, 액자 밖의 내가 안에 갇힌 나를 바라본다.[14]

〈공동경비구역 JSA〉나 〈복수는 나의 것〉에 등장하는 인물들은 각각 분단 이데올로기와 자본주의의 굴레 속에 감금된 존재들로서 아무리 발버둥을 쳐도 벗어날 수 없는 체제의 희생자들이다. 순진하게 분단의 금기를 넘어섰던 병사들-'이수혁' 병장(이병헌 분)과 '남성식' 일병(김태우 분)은 '현상 너머에서 세상을 움직이는 질서'로 인해 결국 자살할 수밖에 없으며, 자신의 복수가 '류'(신하균 분)의 복수에 대한 복수임을 모르는 '동진'(송강호 분)은 결국 자신의 죄목을 알지 못한 채 무정부주의자 단체에 의해 살해당한다. 그러한 자살과 복수는 결코 저 '현상 너머에서 세상을 움직이는 질서'에는 아무런 해도 입히지 못한다. 그렇다고 할지라도 박찬욱 영화들이 반영하는 비극적인 결말을 패배주의로 몰아서는 안 된다. 왜냐하면 그의 영화들이 지향하는 궁극적인 목표는 관객들로 하여금 현상 너머에 숨어 잘 드

---

14) 박찬욱, 『박찬욱의 오마주』, 마음산책, 2005, 29-30쪽.

러나지 않는 체제의 존재를 인식하게 하고, 그 힘은 언제라도 개인의 운명에 개입하여 강제할 수 있는 것임을 고발하는 데에 있기 때문이다.

〈올드보이〉에서 행하는 이우진(유지태 분)의 복수 또한 이러한 장르 의식과 맥락을 같이 하는 것이지만, 앞의 작품들과는 달리 좀 더 교묘하고 완고하게 작동하고 있는 지배 담론에 대해 더욱 직접적인 저항을 실행한다는 점에서 차원을 달리한다. 〈올드보이〉에 있어 복수의 대상은 표층적으론 비루한 개인 오대수를 향하고 있다. 그러나 무심한 개인에게서 발화된 '말'이 점차 사회성을 획득하게 되고, 그 사회성으로 말미암아 잔혹한 복수를 잉태하는 비극이 맺어진다는 점에서 이 영화의 핵심 코드인 '복수'는 '나의 것'이면서 동시에 개인적 차원을 넘어서는 경지를 보인다. 즉 이우진의 복수는 오대수의 가벼운 말에 대해 그 책임을 묻는 사적인 징벌이라기보다, 근친상간을 금기하는 정언명령으로서의 사회적 담론과 그 담론이 작용하는 폭압적인 구조에 대한 저항 담론이라고 볼 수 있다.

일반적으로 담론이란 상대방에게 자신의 의사를 전달하는 언어 행위를 의미한다. 그리스 철학에서 말하는 독사-로고스(doxa-logos)의 개념이 그대로 연결된 것이라 할 수 있다. 독사-로고스는 그리스어로 '말-연설' 등을 뜻하지만, 동시에 '정리된 자신의 생각-논리적인 생각'을 뜻하기도 한다. 이 로고스를 다른 사람에게 전달하는 행위를 담론(discours), 혹은 담화라고 한다.

그러나 푸코는 말뿐 아니라 말들에 의해 가시적으로 된 생각의 모든 것을 담론의 영역에 포함시킨다. 즉 '무엇인가를 주장하는(說) 기호들의 집합(言)'을 뜻하는 담론은 '푸코 특유의 철학적 구도를 함축하는 의미로 사용'[15]되는데, 그에 따르자면 담론은 지식(savoir)을 수반하며, 지식은 권력과 관계한다.[16] 요컨대 푸코에게 권력과 지식은 별도로 고찰될 수 없는 것으로서, 담론은 진(眞)/위(僞)를 구분함으로써 권력을 만들어내고, 권력은 그 진위를 구분하는 담론을 통제하고 재생산함으로써 체제를 유지해간다. 또한 권력은 교육을 통하여 지배 담론에 의문을 제기하지 못하게 한다. 고전시대의 권력은 야만적이었고 동시에 강력했지만, 한편으로는 정밀한 규정과 세심한 사찰, 미세한 규제 등의 방식에 의해 미시적으로 작동하였다. 푸코가 '권력의 미시물리학'이라 불렀던 이러한 방식은 현대 사회에는 점점 더 세련되어, 쉽게 확인할 수 없을 만큼 실체를 숨기고 은밀하게 작동하고 있다. 또한 고대에는 주로 신체에 집중되었던 권력의 작용점이 현대에는 정신에까지 미치고 있다. 특히 현대의 권력은 성(性)에 대한 진리 기준을 끊임없이 창출함으로써 신체와 정신을 조작하고 지배한다.

그러나 담론은 경우에 따라서는 저항적 도구로도 쓰일 수 있다. 권력의 힘이 작용하는 곳에는 언제든지 그 억압적 힘에 대항할 수

---

15) 이 말은 우리의 일상적인 담화나 문학적, 종교적, 정치적 언어들 즉 담론들이 아닌, 그렇다고 수학이나 물리학 등의 엄밀과학에서 사용되는 언어도 아닌 그 중간에 위치하고 있는 언어로, 정신병리학, 임상의학, 자연사, 부의 분석, 일반문법, 법의학, 형법학, 정신분석학 등 푸코가 ('과학들'과 대비적인 의미에서) '지식들'이라고 부르는 언어구성체들을 가리킬 때 사용되는 것이다. 미셸 푸코, 이정우 역, 『담론의 질서』, 새길, 1993, 177쪽.

16) 푸코의 고고학과 계보학을 관통하는 기본적인 구도는 지식-권력의 구도이다. 『담론의 질서』는 일상적인 담화와 고도의 과학들 사이에 존재하는 지식들과 그 지식들의 근저에서 작동하고 있는 권력의 놀이를 분석하기 위한 언어철학적인 기초를 논하고 있으며 그런 점에서 짧지만 중요한 문헌이라고 할 수 있을 것이다. 미셸 푸코, 같은 책, 144쪽. 이어지는 단락은 145-164쪽의 「계보학과 권력의 개념」을 참조한 것임.

있는 저항 담론 또한 가능하다. 푸코는 지식 또는 담론이라는 중성적인 용어를 사용함으로써 지식의 근저에 작동하는 권력과 욕구의 놀이를 문제 삼았지만, 그가 늘 관심을 기울였던 중심 지점은 '타자들에 관한 담론'[17]의 비판에 있었다. 즉 사회로부터 타자들로 분류하고 배제시키는 데 일조해왔던 지식들—광인들을 다루는 정신병리학, 정신질환자들을 다루는 정신의학, 위험인물들을 다루는 범죄학, 사회에 해로운 존재들을 다루는 사회학, 용공분자들을 다루는 정책학, 어린이들의 통제를 다루는 교육학 등—을 비판적 관점에서 다루었던 것이다. 이러한 그의 사유 체계야말로 지배 담론의 역사 또는 그 질서에 근원적인 균열을 냄으로써 내재된 모순을 극복할 수 있게 하는 하나의 거대한 저항 담론이 아닐 수 없다.

이러한 저항 담론의 생성을 추동하는 것이 푸코의 지식-권력 이론의 요점이듯이, 박찬욱 감독의 렌즈와 필름은 한국 사회에 엄습해 있는 '권력의 미시물리학'을 같은 미시적인 방식으로 해부하고자 하는, 이를테면 전유(appropriation)의 담론들이다. 그러므로 자신도 모르게 지배 질서의 억압 기제를 수행하였던 미시적 개인 오대수에게 내려진 15년간의 감금은 개인의 '말'을 빼앗은 것이면서, 동시에 그의 사회성을 단절시킨 것이기도 하다.[18] 이는 미도의 성장을 기다려 오대수와 근친상간시키려는 계획보다 더 본질적인 의도로 읽을 수 있다. 근친애자로 낙인 찍혀 일시에 사회성을 박탈당하는 것이 15년의 감금보다도 더 비참한 것임을 일깨우고자 한 것이다. 그럼에도

---

17) 미셸 푸코, 같은 책, 68쪽.
18) 〈올드보이〉가 남긴 하나의 문화적 충격은 개인을 사회로부터 배제시키는 기제가 오직 지배 권력에만 있지 아니함을, 그 역으로 사적인 차원에서도 얼마든지 가능한 것임을 보여준 것이다.

불구하고 오대수는 자신의 과오를 인식하지 못하고 오히려 사적인 복수심을 불태운다. 결국 박찬욱 감독은 이우진으로 하여금 오대수의 혀를 자르도록 만든다.

하지만 〈올드보이〉의 진정한 미덕은 그 다음 순간에 있다. 오대수에게 최후의 기회를 주는 것이다. 이우신이 자신의 심장을 정지시킬 수 있는 리모콘을 건네주는 대목에서 오대수는 진정으로 뉘우치고 용서를 해야 했다. 그러나 끝까지 복수하고자 하였던 오대수의 거짓 참회는 미도와의 근친상간을 녹음한 테이프를 작동시키는 결과를 낳고 만 것이다. 박찬욱 감독의 궁극적인 구조 의지는 여기에 있다. 근친상간에 대한 사회적 금기의 담론이 개인의 의식 속에서 얼마나 강력하게 작동하고 있는지를 오대수도 직접 겪어보게 한 것이다. 그러므로 그것은 지극히 개인적이고 비정한 사형(私刑)에 불과한 것이 아니라, 금기 담론에 의해 파멸의 위기에 내몰린 개인이 필사적으로 저항하는 대항 담론의 한 발화인 것이다.

5. 영웅과 산 제물

박찬욱은 지배 담론에 대한 저항 담론을 극적으로 수행하는 동시에 그 정당성을 학보하기 위하여 고대 바빌로니아 함무라비법전의 방식을 활용하였다. 일반 관객의 눈에는 이우진이 행한 사적 복수의 방식이 일견 매우 기괴하고 부당한 처사로 보이기 쉽다. '이에는 이, 눈에는 눈'이라는 함무라비법전의 '복수주의' 처형 방식은 현대인들에게는 잔인한 처형으로 왜곡되어 전해지고 있다. 그러나 그 본질은 그렇지 않다. 함무라비법전에는 태양과 정의의 신으로부터 옥새를 받는 왕이 부조(浮彫)되어 있다. 그것은 신들을 공경하는 마음이 두

터운 왕의 인격을 강조하는 서문과, '사람들에게 정의를 주기 위해' 제정된 282조의 법조문의 정신을 압축적으로 상징하는 것이다. 고대에는 같은 범죄에 대한 처벌은 피해자의 사회적 신분에 따라 달랐다. 가령 이발사가 잘못하여 손님의 귀를 자르게 되면 손님이 이발사의 팔 하나를 요구한다거나, 밭의 올리브나무가 하나 잘리게 되면 상대의 재산 전부를 빼앗으려는 일이 많았다. 함무라비법전의 복수주의 법률은 이처럼 지위와 신분에 따라 처벌과 배상이 부당하게 집행되는 것을 막기 위하여 제정된 것이다. 이것은 복수를 권장하는 것이 아니라 감정으로 복수하는 것을 경계하고자 한 것이었다.

이우진의 복수도 이와 같이 개인적 감정의 차원을 넘어 그리스 비극의 주인공(hero)처럼 숭고한 경지로 승화된다. 그것은 자신의 심장 박동을 끌 수 있는 리모컨을 오대수에게 줌으로써 복수와 참회 사이의 최후의 선택권을 넘겨주는 대목에서 이루어진다. 오대수가 자신에게 주어진 마지막 참회의 기회를 저버리고 '아무리 짐승 같은 인간이라도 살 권리는 있다'라는 변명처럼 복수를 선택하는 순간, 위선적인 사회의 내면이 황량하게 드러나게 된다. 이때 오대수는 자신의 이율배반적인 과오에도 불구하고 비루한 삶의 욕망을 포기하지 아니하는, 근엄한 사회의 환유적 형상소로 읽힌다. 예정된 최후의 징벌 앞에서 사회의 위선은 여지없이 드러나고, 고조되던 교성은 공포의 전율을 느끼게 한다. 반면에 일말의 양심마저 사라져가는 근엄한 세상을 등지고 선택한 이우진의 최후는 무한한 연민의 정을 불러일으킨다. 이우진은 근친상간을 금지하는 기획된 인류의 진화론적 담론을 탈주하는 비극적 영웅이자, 한편으론 죽은 신을 대리하는 근대의 신화[19]에 맞서는 선지자(Prometheus)[20]이다. "누나와 나는 그 것을 알고도 사랑했어요. 너희도 그럴 수 있을까?"라는 대사에는 고통을 감내하면서도 금기의 벽을 넘어서고자 했던 이우진의 저항 의지를 반영하고 있다.

반면에 오대수는 자신이 사랑한 소녀 미도가 자신의 딸임을 알게 되자 그 사랑을 부정할 뿐만 아니라 그 기억마저도 철저히 지우고자 후최면을 재시도하는 인물로서 대비를 이룬다. 그러므로 그는 결코 상위모방 양식인 비극의 주인공이 되지 못하는 아이러니의 인물이다. 하위모방 양식에 속하는 아이러니는 비극적 상황으로부터 임의성에 대한 생각—말하자면 우연이나 운명에 의해 주인공은 불행의 희생물이 되고 있고, 그렇기 때문에 주인공은 다른 사람이 아닌 그에게 닥친 사건에 전혀 책임을 지지 않아도 된다는 생각—을 분리시킨다. 우리는 이 전형적인 희생물을 '파르마코스(pharmakos)', 즉 산 제물(祭物)이라고 일컬을 수 있다. 파르마코스는 죄가 있는 것도, 죄가 없는 것도 아니다. 고함소리로 산사태를 가져온 등산가처럼, 자기가 저지른 행위에 비해서 그에게 닥친 불행이 그 결과로서는 훨씬 심각하다는 의미에서 그는 죄가 없다. 그러나 그가 죄에 물들어 있는 사회의 한 구성원이라는 의미에서, 또는 죄를 짓는 행위가 피할 수 없는 존재의 일부가 된다는 의미에서 그도 죄가 있는 것이다. 아이러니 양식에 알맞게 이 두 사실은 부합하지 않고, 서로 분리된 채 있다.

---

19) 동성애와 근친애에 대한 금기가 대표적인 것으로, 중세 마녀사냥의 제1 대상이었던 동성애는 오늘날 강한 저항 담론에 의해 그 금기의 벽이 무너져가고 있으나, 근친애의 벽은 정언명령으로서 요지부동이다.

20) 프로메테우스는 '미리 아는 자'란 뜻으로, 제우스에게 불을 훔쳐 인류에게 전해준 대가로 코카서스 산정에 묶여 독수리에게 간을 쪼아 먹히는 징벌을 당한다.

〈올드보이〉는 이처럼 상반된 두 주인공의 성격을 대비시킴으로써 극적 양식과 아이러니의 양식을 혼합하고 있는 '비극적 형식의 아이러니'가 된다. 노드롭 프라이가 하나의 장르로 특별히 분류한 바 있는 비극적 형식의 아이러니는 하위모방 양식으로 하강한 상태에서 나아간다. 즉 다시 말하자면 리얼리즘과 냉혹한 관찰에서부터 출발한다. 그러나 그러는 가운데서도 아이러니는 꾸준히 신화 쪽으로 그 방향을 향하고, 결국은 희생제의나 죽어가는 신의 모습이 어렴풋이나마 이러한 아이러니 속에서 재현되기 시작한다. 그러므로 〈올드보이〉는 신성과 인성의 변증법을 전개하는 비극적 형식의 아이러니인 것이다.[21]

6. 이중플롯과 진정성

〈올드보이〉의 장르적 속성이 비극과 아이러니의 양면성을 모두 추구함으로써 대중성을 획득하는 반면에 비극의 진정성은 그만큼 떨어지게 된다. 그 결정적인 결함은 결말 부분에 설정된 이중적인 미토스(mythos, plot)에서 발생한다.

아리스토텔레스는 『시학』 제13장에서 가장 훌륭한 비극의 조건으로 우선 발견(anagnorisis)과 급전(peripeteia)을 동반하는 복합플롯이어야 하며, 이어서 일부 사람들이 말하는 이중결말을 가져서는 안 되고 반드시 단일한 결말을 가져야 한다고 제시한다.[22] 아리스토텔

---

21) 노드롭 프라이, 임철규 역, 『비평의 해부』, 한길사, 1989, 62-63쪽 참조.
22) 훌륭한 플롯은 단일한 결말을 가지지 않으면 안 되며, 일부 사람들이 말하듯이 이중의 결말을 가져서는 안 된다. 주인공의 운명은 불행에서 행복으로 바뀌어서는 안 되고, 행복에서 불행으로 바뀌어야 한다. 그러나 그 원인은 비행에 있어서는 안 되고, 선인이 저지른 중대한 과실에 있어야 한다. 그리고 주인공은 우리가 위에서 말한 바와 같은 인물이든지(덕과 정의에 있어 월등하지는 않으나 악덕과 비

레스는 특히 단일플롯과 이중플롯을 자세히 구분하면서, 그중 이중플롯을 열등한 것으로 밝히고 있다. 이중플롯이란 인물들 중 한쪽은 불행에서 행복으로, 다른 한쪽은 행복에서 불행으로 변하는 과정이 동시에 교차하는 결말구조를 말한다. 그는 이중플롯의 예로 서사시 〈오디세이〉를 든다. 오디세우스(Odysseus)는 불행한 상태에서 헤매다가 마침내 고국에 돌아와 적들을 모두 죽이고 행복을 찾게 되는 반면, 오디세우스가 죽은 줄 알고 그의 아내 페넬로페와 재산을 탐하던 귀족들은 결국 몰살을 당하는 불행으로 떨어진다.

아리스토텔레스는 사람들이 〈오디세이〉처럼 이중의 스토리를 가지고 있고 선인과 악인의 운명을 반대 방향으로 결말짓는 플롯의 구성을 제1위로 간주하지만, 그것은 작가들이 관중의 취향에 영합하는 방향으로 글을 쓰는 탓에 기인하는 것이기에, 이중플롯은 어디까지나 제2위에 불과한 것이라고 단정한다. 또 관객들이 이러한 이중플롯을 선호하는 것은 일반 관객들의 지적 수준이 낮아서 그런 것이라고 단호하게 밝히고 있다.[23] 사실 〈오디세이〉에서 귀족들의 몰살 결말은 '극악한 인간'들의 '행복→불행' 플롯으로서 하등의 연민과 공포를 불러일으키지 않으며, 반대로 오디세이의 경우는 '결함을 가진 선인'의 '불행→행복' 플롯으로서 이 또한 최상의 비극 미토스가 아니다. 아리스토텔레스는 이처럼 이중플롯은 '선한 인물과 악한 인물에 대해서 각각 정반대의 결말로 끝이 난다'는 구조적 특성을 정

행 때문이 아니라, 어떤 과실 때문에 불행에 빠진 인물-필자 주) 혹은 그보다 훌륭한 인물이어야지 그보다 열등한 인물이어서는 안 된다. 아리스토텔레스, 앞의 책, 75-76쪽.

23) 아리스토텔레스, 앞의 책, 78쪽; 이상섭, 『아리스토텔레스의 『시학』 연구』, 문학과지성사, 2002, 71쪽 참조; Leon Golden, 최상규 역, 『아리스토텔레스의 시학』, 예림기획, 1997, 38쪽 참조.

확하게 간파하고는, 이중플롯의 선정성보다는 단일플롯의 진정성에
더 큰 가치를 부여하였던 것이다.

　이러한 점에 비추어 볼 때, 〈올드보이〉가 결말 구조에서 이우진은
자살을 하고 오대수는 살아남는 이중플롯을 선택한 것은 비극의 진
정성을 상쇄시키는 아쉬움을 남기게 된다. 비극적 효과를 염두에 두
었다면 영화는 오대수에게 예정하였던 최후의 복수까지를 완성시킨
이우진이 비장하게 자살하는 지점에서 어떻게든 끝을 맺어야 했다.
아리스토텔레스가 비극의 본질로 강조하였던 '연민과 공포를 통한
카타르시스'는 이미 이우진의 죽음을 통해 완성되었기 때문이다. 황
량한 들판 속으로 돌아갔던 오이디푸스와 그의 딸 안티고네처럼, 오
대수도 그렇게 눈 내리는 들판에 딸 미도와 남겨지긴 하였으나, 오
히려 그로 인해 비극적 효과가 반감되는 결과를 남긴 것이다. 오대
수에게 초점을 맞춘 결말 장면은 그러므로 사족이 되고 말았다.

　오대수가 "아무리 짐승 같은 인간이라도 살 권리는 있는 것이 아
닌가"라며 자신의 기억을 최면술로 지워버리는 행위는 이런 측면에
서 쉽게 납득이 가지 않는다. 후최면을 통해 오대수의 기억은 지울
수 있다 하더라도, 아버지임을 모르고 오대수를 사랑하는 미도의 기
억은 어떻게 해결되는지 알 수 없다. 그리고 과연 주체의 기억을 소
멸시킨다고 새로운 주체가 이루어질 수 있을까? 탈근대의 시대에
있어 주체는 스스로 증명할 수 없으며, 오직 타자들의 기억에 의해
구성되거나 끊임없이 미끄러질 뿐이다.

　물론 이우진은 자살함으로써 한 명의 주요한 타자 기억은 소멸되
었으며, 미도는 그가 아버지인지 모르고 있기에 오대수의 과거 주체
는 소멸되고 새로운 주체를 형성해갈 수도 있을 것이다. 그러나 최
소한 최면술사가 기억하고 있고, 그 외의 타자들의 기억이 어떻게

든 존재하는 한 오대수의 주체는 소멸될 수 없는 것이다. 일부 관객들 사이에는 마지막 장면에서 오대수는 비밀을 알고 있는 최면술사를 죽여 나무에 매달아두었다는 설이 나돌기도 하였는데, 이러한 해석은 지나친 비약으로 보인다. 일단은 오대수의 기억이 지워졌으므로 당분간 그와 미도는 사랑을 하게 되겠지만, 만약 언젠가 이 둘 사이에 기억이 소환된다면 오이디푸스의 비극을 반복하게 될지도 모를 일이다.

박찬욱은 이러한 사실까지도 염두에 두고 있었을지도 모른다. 과거의 기억을 지우는 최종 장면에서 미도가 "사랑해요 아저씨"라며 안길 때 모호한 미소와 함께 눈물짓는 오대수의 연기는 논란거리가 되었다. 그것을 종합해보면 오대수는 후최면 작업에서 실패한 것으로 정리된다. 최면술사(이승신 분)는 오대수에게, 일곱 걸음을 걷는 동안 한 걸음에 십년씩 과거의 비밀을 아는 몬스터는 늙어서 죽게 되고, 비밀을 모르는 오대수만이 살아남도록 최면을 건다. 그러나 오대수가 도중에 최면에서 깨어나면서 실패하게 되고, 결국 과거의 기억을 알고 있는 오대수가 회한의 표정을 짓는 것이라는 게 중론이다. 이는 매우 설득력 있는 분석으로 보인다. 그렇다면 오대수 또한 불운한 결말을 가지는 단일플롯이 되므로 비극적 진정성은 유지된다고 볼 수 있다. 만약 그렇다 하더라도 그 비의(秘意)는 너무나 의미심장하여, 일반 관객들이 쉽게 따라갈 수 없는 미스터리 구조가 되어 비극적 카타르시스를 반감시키기는 마찬가지이다. 개인적인 감상으로는, 역시 이우진의 자살로 끝을 맺고서 그 이후는 관객들의 상상에 맡기는 것이 더 나았지 않나 싶다. 모래알이나 바위덩이나 물에 가라앉기는 마찬가지니까.

이러한 견해는 오대수의 입장에서 영화를 보고, 그를 주인공으로 삼아 감정이입을 하게 되는 일반 관객들의 감상과는 대치되는 것이 분명하다. 오대수는 순진한 희생자일 뿐이며, 미도와의 근친상간도 그 자신의 의지와는 상관없는 것이다. 이우진처럼 사회적 금기와 마주 서는 대신, 후최면을 통해 자신의 '죄'를 애써 묵과하려는 오대수의 행동은 영웅이 사라진 오늘날의 진정한 비극적 개인이 아닐 수 없다. 그러기에 한사코 살아남으려는 그의 행동이 오히려 인간적인 연민을 불러일으키는 것 또한 사실이다. 다만 이 글은 〈올드보이〉를 그리스 비극과 상호텍스트성의 차원에서 제기하는 하나의 견해이며, 영화가 내포하고 있는 의미를 조금 더 풍성하게 확대하고자 한 것이다. 그러므로 박찬욱 감독의 결말이 남기고 있는 많은 여운 중에 하나의 반향이면 족할 것이다. 역시 판단은 관객과 독자들의 몫이다.[24]

---

24) 박찬욱 감독은 〈올드보이〉(2003) 이후 〈친절한 금자씨〉(2005), 〈박쥐〉(2009) 등의 문제작들을 꾸준히 발표하는 가운데 〈싸이보그지만 괜찮아〉(2006)로 제57회 베를린 영화제 알프레드 바우어상을 수상하였으며, 〈파란만장〉(2010)으로 2011년 제61회 베를린 영화제 단편영화부문 최우수작품상(황금곰상)을 수상하였다. 그리고 최근 할리우드 데뷔작인 〈스토커〉(2013)가 선댄스 영화제에서 첫 공개된 데 이어 제42회 로테르담 영화제의 폐막작으로 선정되는 등 왕성한 활동을 이어가고 있다.

조화와 파괴의 경계선
김기덕의 〈해안선〉

1. 영화의 바다와 해안선

김기덕 감독이 데뷔한 지 7년째가 되는 2002년은 〈해안선〉이 제7회 부산국제영화제의 개막 작품으로 선정되는 영광을 안았던 해이다. 그러니까 김기덕 감독과 부산국제영화제는 영화적 연륜이 같은 동갑내기인 셈이다. 그 7년의 세월이 흐르는 동안 부산국제영화제가 명실공히 국제영화제로서의 지위를 확고히 다졌듯이, 김기덕 감독 또한 어느새 세계적으로 주목받는 감독의 반열에 뛰어올랐던 것이다.

김기덕 감독의 첫 작품 〈악어〉(1996)가 나왔을 때, 대부분의 관객들은 이 조야하고도 잔혹하게 튀는 영화에 대해 좋은 인상을 가지지 못했다. 그 선입견이 지금도 많은 이들의 뇌리에 망령처럼 잔존하고 있는 것도 사실이다. 그러한 김기덕을 격려하였던 것은 일부의 컬트적 관객들과, 바로 부산국제영화제였다.

비평가들로부터 외면당하거나 비난을 면치 못할 때에도 그의 작품들에 뜨거운 관심과 변함없는 애정을 보여준 것은 BIFF였다. 1997년, 그의 데뷔작 〈악어〉가 매체와 세인의 관심 밖에 있었을 때, 제2회 부산국제영화제가 선뜻 '한국영화 파노라마' 부문에 초청을

함으로써 김기덕은 비로소 사계의 주목을 받기 시작하였다. 그것을 비롯하여 제4회 땐 〈수취인불명〉이 PPP(Pusan Promotion Plan)에 선정되고, 제5회 땐 〈실제상황〉이, 제6회 땐 〈수취인불명〉과 〈나쁜 남자〉가 연속으로 나란히 초청되는 한편, 동시에 PPP에서도 〈활〉이 최우수 작품으로 선정되는 등등, 따져보면 BIFF는 김기덕의 든든한 후원자가 되어준 셈이었다.

이에 힘입어 김기덕은 세계적으로 주목을 받기 시작하였다. 그의 영화가 〈악어〉에서 〈야생동물보호구역〉(1997), 〈파란 대문〉(1998), 〈섬〉(1999), 〈실제상황〉(2000), 〈수취인불명〉(2001), 〈나쁜 남자〉(2001)로 이어지는 동안, 밴쿠버, 베를린, 모스크바, 베니스… 등의 권위 있는 국제영화제로부터 초청을 받으며 착실하게 작가주의 감독으로서 명성을 쌓아왔다. 그러니 제7회 부산국제영화제가 개막작품으로 김기덕의 신작 〈해안선〉을 지목하게 된 것은 결과적으로 괄목상대의 성장을 상호 확인하는 필연의 선택이 아니었던가 싶다.

2. 이미지와 내러티브의 경계

그럼에도 불구하고 국내 비평계에서 김기덕의 영화는 여전히 엇갈리는 평가를 받고 있다. 한국영화계에서 김기덕만큼 엇갈리는 평가의 경계선을 극명하게 유지하는 감독은 드물다. 어찌 보면 그 경계선이야말로 김기덕의 영화세계의 특징을 가늠할 수 있는 기준이 될지도 모른다.

그것은 김기덕 감독과 거의 같은 시기에 데뷔하여 국제적인 명성을 얻고 있는 이창동, 홍상수 등의 감독과 비교해보면 좀 더 극명해진다. 〈해안선〉이 상영되던 2002년도에 베니스 영화제와 아시아태평양영화제에서 각각 감독상을 수상한 바 있는 이창동과 홍상수는 자신들이 하고자 하는 이야기를 구조의 틀 속에서 탄탄하게 짜내는 능력을 가졌었다. 그것은 제도권 속에서 연마된 결과라 할 수 있다.

그러한 이창동, 홍상수 등과 달리 김기덕은 제도권 밖에서 홀로 영화를 익혔다. 그래서 그런지 그의 이야기는 종종 구조의 틀을 벗어난다. 현실적이다가도 불쑥 환상으로 건너가고, 허구처럼 세련되다가도 그만 실제처럼 조야해진다. 그 방식은 마치 게릴라전을 방불케 한다. 그 자신 해병대 출신답게 영화판에서도 아이디어와 이미지로 무장한 순발력으로 치고 빠질 줄 안다. 그러니 이창동, 홍상수가 3편, 4편 만들 동안, 그는 8편을 찍는 것이다.

자신의 여덟 번째 신작 〈해안선〉은 그러한 자신의 경계, 즉 구조와 탈구조의 경계를 넘나들며, 자신의 전작들에 비해 그 경계를 노골적으로 드러낸다. 우선 경계의 이쪽엔 해안선 경비대에서 벌어지는 비극적 사건이 구조화되어 있다.

해안 철책을 경비하던 강상병이 민간인을 오인 사살하고, 처참하게 사살당한 애인 앞에서 미영이 미쳐버린다. 강상병은 경계근무를 철저히 섰다는 이유로 포상휴가를 가게 되지만, 민간인 사살의 충격에서 벗어나지 못하고, 애인인 선화에게서도 버림받는다. 이후 정상적인 군대 생활에 적응하지 못하던 강상병은 결국 의가사제대를 명령받는다. 그러나 피해망상에 사로잡힌 그는 미친 미영과 함께 각각 철책을 맴돌고, 이로 인해 해안선엔 새로운 불안이 감돈다. 이러한 내러티브는 제재가 다소 특이한 것을 제외하곤 나름대로 개연성을 유지하고 있다.

그리고 경계의 저쪽엔 김기덕 특유의 야성적 이미지가 살아 있다. 늘 그렇듯이 그의 야성은 잔혹한 미장센을 연출해낸다.

미영이 폭탄에 누더기가 된 시체에서 떨어져 나간 애인의 팔을 끌어당기다 미쳐버리는 장면, 미친 그녀가 수족관의 감성돔을 낚시에 꿰어 모래밭에 끌고 다니는 장면, 소나기 퍼붓는 야전 초소에서 마취도 하지 않은 상태로 낙태 수술하는 장면, 낙태 후의 하혈로 수족관을 물들이며 활어의 대가리를 물어뜯는 장면 등등 김기덕의 잔혹미는 여전히 화면을 압도한다. 거기엔 어떠한 논리도 이성도 배제된 채, 구조화된 내러티브의 경계를 일탈한 이미지들만이 섬뜩하게 충돌하고 있다.

이처럼 내러티브와 이미지의 경계를 줄타기하는 동시에 이 영화는 분단의 경계선을 넘나든다. 더 정확하게 말하자면 민간인의 출입이 금지된 해안의 철책선을 넘나들며, 이 영화는 분단의 체제에 의해 평화로운 삶이 어처구니없이 파괴당하는 비극적 현실을 담아내고 있다.

영화는 표면적으로 두 명의 희생자를 내세우고 그들의 비극적 과정을 추적한다. 그렇게 함으로써 체제의 분단이 어떻게 일상적인 삶에 균열을 내고, 마침내 그 삶을 송두리째 파괴시킬 수 있는지를 여실하게 보여준다.

언제 어디서든 분단의 상황이 우리들의 평화로운 삶을 유린할 수 있음을 환기시키기 위하여 김기덕 감독은 최초의 균열에 이어 전체적인 파괴에 이르는 과정을 도미노처럼 연결시켜놓는다. 한 번 충격이 가해진 도미노는 두 갈래로 나누어지고 다시 세 갈래 네 갈래로 나누어지면서 분단의 파괴적 속성을 확산시킨다. 마치 일파만파로 이어지며 해안선을 유린하는 성난 파도처럼.

도미노의 한줄기는 간첩에 대한 강상병의 집착에 희생된 미친 여자 미영으로부터 이어진다. 졸지에 애인을 총격으로 잃고 미쳐버린 미영은 부대의 주위를 맴돌면서 거의 모든 부대원들의 노리개가 된다. 그러다 결국 임신하게 되고 그 사실을 알게 된 그녀의 오빠에 의해 부대는 발칵 뒤집힌다.

이 줄거리는 경계선 내부의 냉전 논리에 의해 경계선 밖의 일상적 삶이 파괴되는 상황을 그린 것으로, 대체로 명료한 내러티브에 비해 그로테스크한 미장센이 강화되어 있다. 때론 비장미를 강화시키기 위한 희화적 이완(comic relief)의 역할도 가미하면서.

그러나 무엇보다도 이 영화의 본격적인 도미노는 망령처럼 해안선을 맴돌던 강상병으로부터 이어진다. 피해망상에 사로잡힌 강상병은 급기야 그를 무장 해제시켜 철책 밖으로 추방시킨 전우들을 적으로 간주하게 된다. 부대 내부로 침투하여 무기를 탈취한 그는 해안선을 경계하는 병사들을 사살하기 시작한 것이다. 그리하여 부대 내엔 공포와 분열, 의심 등이 조성되어 부대 전체는 일말의 긴장과 광기에 휩싸이게 된다.

이는 경계선 내부에서 야기되는 내적 분열과 파괴의 과정을 조명하는 것으로, 내러티브는 미스터리의 양식을 채택하고 있다. 그리하여 사건의 정체가 교묘하게 흐려지는 가운데 관객들로 하여금 점차 스릴과 서스펜스로 빠져들게 하는 역할을 한다.

3. 콘텍스트의 표층 경계

감독의 궁극적인 전언(message)은 바로 이 미스터리의 구조 속에 숨겨져 있다. 그것을 확인하기 위하여 관객들은 우선 도미노처럼 연쇄되는 텍스트들의 관계와 맥락(context)을 분석하지 않으면 안 된다.

텍스트 1: 조일병의 죽음

오발로 인한 긴장감이 서서히 확산되는 가운데 강상병의 광기는 김상병과 조일병의 갈등으로 이어진다. 동기로서 강상병을 두둔하던 김상병은 조일병의 격렬한 저항에 부딪히게 되고 결국 격투 끝에 하극상을 당한다. 그날 밤, 야간 경계근무 중이던 김상병이 같이 근무를 서던 졸병에게 화장실 간다고 사라진 사이, 인근 초소에서 근무를 서던 조일병이 가슴에 총을 맞고 죽는 사건이 벌어진다. 모두들 이것도 필시 강상병의 짓이라고 믿는 와중에 조일병을 들것에 실어 나르던 김상병의 입가엔 희미한 미소가 떠오른다. 조일병은 죽어가면서도 그러한 김상병의 팔뚝을 물어뜯지만 아무도 거기에 관심을 가지지 않는다. 다음 날 아침 소대장은 '이 행위는 강상병의 짓이다'라는 말을 몇 차례나 강조한다. 화면이 매우 빠르게 전개되는 탓에 관객들도 대체로 그렇게 믿는 분위기다.

텍스트 2: 후임병의 죽음

그러한 관객들을 희롱하듯 그날 밤 또다시 사건이 터진다. 김상병과 근무를 서던 졸병이 조일병의 죽음에 이의를 제기한 것이다. '어떻게 야간에 야간투시경도 없고 정신도 이상한 사람(강상병을 뜻함-필자 주)이 정확하게 가슴을 맞추느냐, 혹시 김상병이 쏜 것 아니냐'고 농담을 하면서. 그러자 김상병은 과민하게 반응하며 화장실엘 간다. 그리고 잠시 후 총성이 울리고 그 졸병이 죽음을 당한다. 이어지는 화면엔 그 후임병을 향해 총을 겨누고 있는 김상병의 쇼트와, 동시에 그 뒤 철조망 너머에서 발사된 총을 들고 있는 강상병의 쇼트가 서서히 겹쳐진다. 뒤를 돌아본 김상병은 자신이 쏘려고 한 대상을 강상병이 이미 저격한 것임을 알고 쫓기 시작한다. 그때서야 관객들은 의아한 가운데 조일병을 죽인 자가 김상병임을 어렴풋이 눈치 챈다. 그러나 어디까지나 그것은 추측일 뿐 감독은 끝까지 시치미를 뗀다.

텍스트 3: 김상병의 죽음

그렇게 쫓고 쫓기던 김상병과 강상병이 바닷가에서 총격전을 벌이는 가운데 근처 초소에서도 일제히 사격이 가해진다. 그런데 어느 순간 강상병은 사라지고, 김상병만을 가운데 둔 채 양쪽의 초소가 서로 총질을 하고 있다. 이때 화면은 두 초소가 마치 서로에게 총질을 하고 있는 듯이 편집되어 있다. 이는 감독의 메시지가 상징적으로 연출된 장면으로서, 분단의 망령은 언제든지 경계선의 안팎을 헤집고 동족 살상의 비극을 자아낼 수 있음을 말하는 듯하다.

다음 날 아침 해안엔 얼굴 없는 시체가 발견되는데, 감독은 그것이 김상병의 것인지 강상병의 것인지 구태여 밝히지 않는다. 연쇄적으로 이어지던 사건은 이렇게 미궁으로 빠져버리고 장면은 훌쩍 서울의 명동으로 건너 뛰어버린다. 빠르게 이어지던 사건들과 총격전이 돌연 절연되고, 이어지는 명동 장면이 묵극으로 처리된다. 그것은 마치 사실과 환상이 교차되는 듯한 느낌을 주는데, 그런 까닭에 관객들은 혼돈을 느낀다. 과연 사건에서 사건으로 이어지던 도미노는 여기서 끝난 것인가?

텍스트 4: 강상병의 죽음

철모에 전투복을 말끔하게 차려입은 강상병은 사람들이 활보하는 도심 한가운데에 서 있다. 그는 여전히 경직된 군인 자세로 총검술을 시연하고 있으며, 그 주위로 어떤 이벤트를 기대하듯 사람들이 모여든다. 퍼포먼스처럼 총검술을 시연하던 강상병은 그러나 느닷없이 그를 둘러싸고 구경하던 행인을 찔러 죽인다. 다분히 상징적이고 환상적으로 연출된 듯한 이 장면은 그러나 그를 향해 경찰이 총을 발사하는 것으로 끝이 남으로써 일순간 사실성을 회복한다. 그것은 마치 악몽이 현실로 전환되는 것과 같은 충격을 던진다. 도미노는 그렇게 끊어질 듯 이어지고 있었던 것이다.

이상과 같이 주 텍스트는 4개로 분절되어 있다. 그러나 그 텍스트들은 빠르게 연쇄될 뿐만 아니라 교묘히 자신들의 경계를 은폐시키고 있다. 그런 관계로 관객들은 이들 텍스트들 사이의 내적 경계를 뚜렷이 지각한 후에야 비로소 사건의 전말을 이해할 수 있을 것이다.
위에서 분석하였듯이 사건의 전말을 정리하자면 이렇다. 즉 조일병을 죽인 사람은 김상병이며, 김상병과 같은 근무조인 후임병을 죽인 사람은 강상병이다. 그리고 미스터리로 처리될 것 같았던 얼굴 없는 사체는 결국 김상병의 것이었으며, 강상병은 귀신처럼 사라진 후 도심의 한복판 명동에서 총검을 휘두르다 죽어갔던 것이다.(여기에 한 가지 덧붙이자면, 얼굴 없는 사체 신 이후 미영이 바다 속으로 나아가는 장면은 그녀의 자살을 암시한다.)

4. 콘텍스트의 심층 경계
이제 관객들의 최종 관심은 감독의 구조의지를 향하게 될 것이다. 왜 이처럼 미스터리의 구조를 만들었을까? 이에 대한 나름대로의 해답, 즉 감독의 전언 또는 구조의지를 확인하기 위해서는 텍스트들이 내포하고 있는 심층구조를 확인해야 한다.
최초 강상병의 총구는 해안선 저쪽 너머의 보이지 않는 적인 북괴를 향해 있었다. 북괴를 향한 그의 총구는 맹목에 가까운 적의를 불태우고 있었다. 그러나 그 눈먼 증오는 경계선 이쪽 너머에 사는 민간인을 오인 사살하게 만들었으며, 이후 그의 총구는 경계선 내부의 전우들을 향하게 되고, 그로 인해 내부는 분열되기 시작한 것이다.

즉, 적은 어두운 바다 저쪽에 있는 것만이 아니었다. 그를 맹목적 인간으로 만들고 급기야 미치게 만든 원천은 내부에 있었다. 서로를 의심하고 경계하고 저주하도록 만드는 비이성적 맹목성, 기실 분단은 그로부터 싹튼 것이 아니었던가. 그러므로 미친 미영에 대한 집단적인 강간은 바로 그 비이성적 맹목성을 드러내는 하나의 코드로 설정된 것이며, 전우에 대한 강상병의 총격은 그 비이성적 맹목성에 대한 응징이라는 뜻을 내포하고 있는 하나의 기표로 읽혀야 하는 것이다.

감독의 응징은 거기에서 끝나지 않고 최종적으로 일상의 도심 한복판으로 향했다. 그것은 분단을 방조하고, 그 분단으로 인한 여하한 비극적 상황으로부터도 초연한, 즉 강상병의 죄책감에도 아랑곳하지 않고 언제든지 요조숙녀의 대학생으로 돌아갈 수 있는 그의 애인 선화처럼, 무책임한 사회, 그 사회의 무관심에 대한 거센 항변이었던 것이다.

그러나 그것은 분명 미친 행위이다. 강상병은 미쳐버림으로써 그러한 테러를 감행할 수 있었다. 미치지 않고서야 어떻게 이상과 같은 허구에 개연성을 부여할 수 있겠는가? 그러니 감독으로서는 강상병을 정신이상자로 몰아버리고 의가사 제대를 시키는 것이 구조의 책임을 면하기 위한 최선의 선택일 것이었다. 왜냐하면 분단정국이 낳는 실제 현실은 그보다 훨씬 더 위악함에도 불구하고 외부로는 그 실상이 거의 드러나지 않고 있으며, 그에 대한 일반 대중들의 관심 또한 이미 타성에 젖어버렸기 때문이다.

도심에서 총검을 휘둘러대던 강상병의 테러 행위가 관객들에겐 현실성이 없는 장면으로 비친 이유도 여기에 있다. 그 어떤 허구가 분단 정국의 위선적인 현실 상황을 이길 수 있을까? 가스통에 불붙이고 위력적으로 쇠파이프를 휘둘러대던 북파공작원들의 시위를 기억하는 사람들은 이 물음에 동조할 것이다. 뉴스 보도에 비친 그들의 위압적인 무력시위 앞에서는 여하한 허구도 빛을 잃을 수밖에 없을 테니까.

비밀병기로 길러졌던 북파공작원들이 그 적의를 내부로 돌려 그 악하기 짝이 없는 폭도로 돌변하던 모습은 경악과 당혹감을 안겨주기에 충분한 것이었다. 그 경악과 당혹감은 진실을 알게 됨과 동시에 씁쓸한 감회로 바뀌고 말았지만.

이를테면 진실은 이런 것이었다. 일례로, 첩보에 의해 다대포 침투 간첩을 사살한 것도 실상은 북파공작원들이었다. 그러나 비밀병기이자 체제의 소모품에 불과한 그들에겐 포상은커녕 보안유지와 희생만이 강요되었으며, 제대 후에는 사회의 무관심과 냉대가 뒤따를 뿐이었다.

그러니 그들의 시위는 일면 폭도들의 광란으로 비쳤겠지만, 사실은 분단 체제의 비열한 음모를 기습적으로 폭로하는 일종의 양심선언이었던 셈이다. 21세기 서울 도심 한가운데에서 게릴라전처럼 느닷없이 벌어진 그 희한한 시위로 인해 우리는 새삼 깨닫게 되었다. 이 땅에 분단 체제가 유지되는 한은 언제라도 그러한 희생자들이 예정되어 있음을. 그것은 참으로 낯설고도 모순에 찬 한국의 현실 풍경이 아닐 수 없었다.

선뜻 공감할 수 없는 영화적 허구가 그보다 더 허구적인 실제상황으로 인해 이해된다는 것은 실로 아이러니가 아닐 수 없다. 따지고 보면 박찬욱의 〈공동경비구역 JSA〉도 실제 DMZ 내에서 일어난 김훈 중위의 의문사가 주요 모티브로 반영된 것이 아니던가. 이를 상기할 때 분단 상황이 빚어내는 허구 같은 비극적 실제가 얼마나 많이 베일에 싸여 있을 것인가를 생각하면 암담해지지 않을 수 없다.

여하튼 강상병의 오발로 야기되어 시종 빠른 속도로 연쇄되던 비극의 도미노는 도심 한복판에서 일어나는 죽음으로 단락을 짓고, 화면은 마지막 장면으로 이어진다. 이어지는 장면엔 이와 같은 비극의 원인이자 한국 사회의 거대 모순인 분단을 극복하고자 하는 감독의 궁극적인 구조의지가 결집되어 있다.

김기덕 감독은 분단의 아픔을 표상화하기 위해 영화의 곳곳에 철조망을 배치하였었다. 절대 넘어서는 안 될 해안선의 철책은 물론이거니와, 튀어나온 철조망 가시만큼이나 위험스런 스파링이 벌어지던, 갯벌 위로 둘러쳐진 사각 링, 뿐만 아니라 사병들의 평화로운 족구 게임에도 네트 대신 철조망이 쳐져 있었다. 그런데 마지막 장면에 이르면 어느 결에 그 철조망이 제거되고 없다. 푸른 수평선이 내려다보이는 해안 막사 옆, 강상병을 포함한 사병들이 한창 즐겁게 족구를 하고 있는 사이, 한반도 형상으로 그려진 족구장을 가로지르던 예의 그 철조망이 사라져버린 것이다.

그렇게 철조망이 사라짐으로써 이 장면의 시공간은 앞서 전개되어오던 사건으로부터 완전히 독립하고 있다.

즐거웠던 그날이 올 수 있다면
아련히 떠오르는 옛날로 돌아가서
지금의 내 심정을 전해주련만

아무리 뉘우쳐도 과거는 흘러갔다.

라스트 신을 감싸며 화면 밖으로 들리던 이 주제가는 감독의 최종 전언을 담아내고 있다. 그것을 확고히 하듯 영화는 "한반도의 평화 통일을 기원한다."는 자막과 함께 끝을 맺는다.

5. 완성과 미완성의 경계

영화는 그렇게 끝을 맺었지만 뜻밖에도 감상은 여기에서 걸리고 말았다. 앞선 영화에서와는 달리 직접적인 방식으로 김기덕 감독은 자신의 목소리를 분명히 내고 있기 때문이다. 다큐멘터리가 아닌 한 어디까지나 감독의 발언은 영화 속에 용해되어 있어야 한다. 위에서 분석하였듯이 그 의도가 이해되지 않는 바는 아니지만, 그 뜻하는 바가 화면에 직접 새겨지는 순간 그 의도는 순식간에 생경(生硬)해 지기 때문이다.

인생사가 그렇듯이 결정적으로 하나가 어긋나면 용서되어 넘어갔 던 다른 부분들도 함께 엮여 걸리게 마련이다. 자막에 새겨진 마지 막 발언은 역시 자막으로 새겨진 오프닝 멘트를 먼저 상기하게 한 다. "지구상의 유일한 분단국가……그 속에는 갈 수 있지만 동시에 가지 못하는 해안이 있다." 이는 한국의 분단 상황을 강조하면서 주 제의식을 전제하고자 한 감독의 의도가 역시 생경하게 드러나 보이 는 프롤로그이다. 이것이 에필로그와 수미상관을 이루면서 사건의 본질적 원인이 분단 상황으로부터 비롯된 것이라는 점을 설명하고 있는 것이다.

그러나 영화는 설명이 아니다. 서사구조이되 설명하지 않는다는 점에서 영화는 소설과 다르다. 영화는 소설처럼 세밀하게 묘사하지만 한편으론 극적 행동을 지향하는 종합 양식(mode)이다. 많은 이론가들이 영화를 극의 영역에 포함시키는 것도 영화가 설명을 배제시키기 때문이다.

그런데 〈해안선〉은 설명뿐만 아니라 묘사의 방식에도 문제가 있었다. 갯벌에 세워졌던 장승과 솟대들은 그렇다 치더라도, "새만금을 살리자"는 현수막은 어이없는 것이었다. 분단이 낳는 비극적인 상황을 이야기하는데 난데없이 환경문제가 개입되는 것은 아무래도 이해가 안 되는 장면이다.

이러한 장면들은 김기덕 감독이 국내의 관객들보다는 해외의 프로그래머들을 더 강하게 의식하였던 것이 아닌가 하는 의구심마저 낳게 한다. 왜냐하면 그의 작품들이 국내의 평론가들에게 비난을 받는 동안 해외 유수의 영화제로부터는 인정을 받았던 점이나, 반면에 그럼에도 불구하고 작품상이나 감독상에는 늘 밀려나야 했던 기억들이 그에겐 보상심리나 강박관념으로 작용하였을 개연성도 있기 때문이다.

실제 〈수취인불명〉의 제작 의도가 그러했다. 베니스 국제영화제에서 〈섬〉이 최종 결심에서 작품상을 다투었으나, 작품 성향이 너무 개인적인 관계에 머물렀다는 이유로 넷팩(NecPac)상으로 밀려난 경험은 김기덕 감독을 달구기에 충분했다. BIFF의 '관객과의 대화'에서 그가 고백하였듯이 〈수취인불명〉은 그에 대한 반발로 제작된 것이다.

그도 사회성 짙은 주제를 다룰 수 있음을 보여주고 싶었으리라. 베니스는 그것을 인정하여 〈수취인불명〉을 〈섬〉에 이어 연속적으로 경쟁부분에 초청하였다. 그러나 아예 수상권에도 진입하지 못하였다. 〈해안선〉은 이러한 일련의 연장선상에 존재한다.

그래서인지는 몰라도 사도마조히즘(sadomasochism)에 가까운 잔혹성을 구사해온 김기덕 감독이 〈해안선〉에선 보다 유순해졌다는 평이 돌았다. 그건 그가 상당 부분 대중성을 염두에 두고 있었음을 뜻하는 것일 게다.

  그러나 아무리 그렇더라도 스크린에다 공공연히 '한반도의 평화통일 기원 운운' 하며 속내를 새기는 것은 의도의 과잉이 아니었나 싶다. 그것은 영화 속에서 수시로 총기를 빼앗기는 군기 빠진 사병이나, 그러한 위기 상황을 선착순 기합으로 대처하는 얼치기 장교나, 또는 자신을 범한 군인을 꽃으로 지목하는 미친 미영의 장면만큼이나 엉뚱하고도 작위적인 것이어서 결국은 실소를 자아내게 한다. 거기에 비하면 비록 예정된 결말이더라도 비극적 최후로써 막을 내리는 〈이중간첩〉(2002, 김현정 감독)이 오히려 더 솔직하다는 생각이 든다.

  7년이면 그동안의 성과를 어떻게든 확인하고 매듭짓고 싶은 세월임은 분명하다. 부산국제영화제가 그동안의 성과를 담보로 세계적인 영화제로 도약하였듯이, 부산국제영화제가 배출한 김기덕 감독도 이젠 명실공히 세계 영화계가 인정하는 명감독의 반열에 올라야 할 것이다.

  그러나 〈해안선〉에서 보여준 과잉 의욕은 그것을 회의하게 만든다. 미완의 한계를 극복하기 위하여 김기덕 감독은 우선 몸에 잔뜩 들어간 힘을 빼야 할 것이다. 그리고 될 수 있는 한 겸허하게 초심으로 돌아가길 권한다. 대중도, 비평가도, 해외의 프로그래머들도 모두 다 결별하고 돌아가야 한다. 거기서 다시 한 번 자신의 경계를 둘러보고 그 안에 잠재하는 빛나는 가능성을 위해 다시 한 번 날카로운 가시를 세워야 한다.

한반도의 해안경계구역이 아름다운 해안선을 유지할 수 있는 건 세상의 출입을 금하는 가시 돋친 철책이 존재하였기 때문이다.[1)]

---

1) 김기덕 감독은 〈해안선〉(2002) 이후 〈봄 여름 가을 겨울 그리고 봄〉(2003)으로 청룡영화제 작품상을 수상하였으며, 이어서 〈사마리아〉(2004)로 베를린 영화제 감독상을, 〈빈집〉(2004)으로 베니스 영화제 감독상을 연거푸 수상하였다. 이는 세계 3대 영화제 중에서 2개의 감독상을 석권하는 이례적인 기록이다.

존재의 근원을 찾아가는 여정

김기덕의 〈빈집〉

1. 말은 존재의 집이다

'말은 존재의 집이다'라는 말은 하이데거의 존재가 거하는 집이
다. 이 한마디의 말(집)로써 그의 실존철학(존재)은 빛을 발한다. 하
이데거에게 있어 '말'은 존재의 빛 속에서(im Lichte des Seins) 들려오
는 존재의 소리(Stimme des Seins)이다.

> 말은 존재의 집이다. 이 말이라는 거처에서 인간은 거주한다. 사색하
> 는 철학자와 시를 짓는 시인은 이 거처를 지키는 사람들이다. 그들이
> 그들의 발언을 통해 존재의 모습을 말로 나타내고 말 속에 보존하는
> 한에서 그들이 지켜줌으로써 존재는 자기 모습을 완전히 열어서 보여
> 준다.
>
> — 하이데거의 『휴머니즘에 관하여』 중에서

이에 따르면 김기덕 감독 또한 이 거처를 지키는 사람 중의 한 명
이며, 2004년 베니스국제영화제 감독상에 빛나는 영화 〈빈집〉은 그
의 11번째 존재의 집이 되는 셈이다. 하이데거에게 있어 말함(發言)
이란 '존재자를 존재케 하는 것'이다. 그러므로 〈빈집〉은 김기덕의

11번째 발언이며, 그 발언을 통해 존재의 의미를 잃은 존재자를 새로이 존재케 하려는 것이다.

집은 있으되 존재는 없는 소외된 집. 그 빈집 속으로 김기덕은 자신의 분신(persona)인 '태석'(재희)을 보낸다. 태석은 존재자가 거하지 않는 빈집으로만 출몰하며, 그 안에서 제 집처럼 태연하게 몸을 씻고 밥을 먹고 잠을 잔다. 그리고 마른 화분에 물을 주고, 청소와 빨래를 하고, 고장 난 오디오, 체중계, 장난감 등이나 멈춰버린 시계 따위를 고쳐놓는다. 존재자가 비운 적막함 속으로 태석의 몸이 임함으로써 집은 비로소 생기를 띠며 존재의 빛을 되찾는다. 그러나 태석은 신비에 둘러싸인 존재다. 성장과정도 그에 따른 학력과 직업도 알 수 없는 그의 행적은 유목민(nomad)처럼 자유로우며 순례자처럼 영적이다.

2. 몸은 영혼의 집이다

그렇게 유령처럼 빈집을 찾아 순례하던 태석은 어느 날 빈집으로 알고 찾아든 집에서 실의에 빠진 존재자 선화(이승연)를 만난다. 전직 누드모델로 등장하는 선화는 남편의 폭력으로 몸과 맘이 온통 멍들었다.(이 지점에서 선화는 위안부 누드 파문으로 질타를 받았던 그 당시 이승연과 겹친다.) 영적인 존재 태석과는 달리 넋을 잃은 그녀의 육신은 곧 빈집이다. 그 빈집으로 태석이 임한 것이다. 그리하여 몸이 혼의 소리에 따르듯 선화는 태석의 부름을 따라 말 없이 집을 나선다. 상처만을 안긴 남편의 집을 떠나, 빈집에 생기를 불어넣는 순례의 동반자가 된 것이다.

그렇다고 하여 태석이 완전한 존재임을 의미하는 것은 아니다. 그는 선화와 마찬가지로 불완전한 존재이다. 둘 다 한마디 말이 없는 것이 그 증표이다.(대사 한마디 없이 영화의 감정선을 이끌어가는 김기덕의 연출력은 높이 살 만하다.) 태석도 선화와 마찬가지로 그 어떤 이유에서건 말을 잃어버린 존재자다. 하이데거식으로 말하자면, 말을 잃었다는 것은 존재의 집을 잃었다는 것을 의미한다. 태석이 일정한 거처 없이 빈집을 떠돌 듯이, 선화도 집을 떠날 수밖에 없는 당위성이 여기에 있다. 태석의 묵언이 본질적으로는 선화와 동일하게 불안한 영혼의 소유자임을 반증하는 것인 까닭이다.

태석은 말 대신 골프채를 휘두른다. 세상에 대고 휘두르는 그의 골프짓은 그의 내면에 드리워진 그림자, 또는 어떤 분노를 의미한다. 그것은 선화의 존재를 짓밟았던 남편의 폭력에 대한 응징이기도 하다. 그가 휘두른 골프채는 3번 아이언이다. 〈빈집〉의 영문 제목이기도 한 '3 iron'은 정교함을 요하기에 잘 쓰이지 않는 위험한 채이지만 가장 멀리 그린을 공략할 수 있는 힘을 지니고 있다. 골프는 미식축구와 함께 지배와 확장의 욕망을 노골적으로 드러내는 스포츠이다. 그러므로 태석이 휘두르는 3번 아이언은 타자의 세속적 욕망에 상처받은 피해의식이 이입된 객관적 상관물이자, 자신의 동일한 욕망을 반영하는 보상심리의 기제이기도 한 것이다. 그것을 알기에 선화는 몸으로 그것을 막아선다. 그러나 치유되지 못한 그의 피해의식을 담고 날아간 골프공은 결국 자신과는 무관한 타자를 가해하는 끔찍한 결과를 낳는다.

3. 말과 몸을 넘어서

태석의 원망과 복수심이 엉뚱한 피해자를 만들어내듯이, 태석 또한 파편화된 세상의 무관심과 배타주의에 의해 선의의 피해자가 된다. 어느 빈집에서 만난 독거노인의 주검을 염해주던 태석은 살인과 무단가택침입 등의 혐의로 오히려 구속되고 만다. 그러나 사인이 폐렴에 의한 것임이 밝혀져 무혐의 처리되지만, 경찰을 매수한 선화의 남편으로부터 똑같은 3번 아이언으로 폭행을 당하게 되고, 그에 대한 복수심으로 경찰을 폭행하게 된다. 다시 수감된 그는 감옥 안에서 손비닥에 눈을 그리고 존재를 무화시키는 수련을 통해 마침내 완벽의 경지에 이르게 된다. 그리하여 태석은 다시 선화의 빈집으로 스며들고, 선화는 재림예수를 영접한 듯 행복한 표정으로 남편의 밥상을 차린다. 그리고 말을 한다. "사랑해요. 식사 하세요"라고. 비로소 말, 그 존재의 집을 회복하는 것이다.

언뜻 묵언 수도승의 만행(卍行)을 연상시키기도 하는 〈빈집〉의 불립문자(不立文字)는 사실 〈봄 여름 가을 겨울 그리고 봄〉(2003)과 〈사마리아〉(2004)를 관통하는 감독의 화두이기도 하다. 하이데거에게 있어 말이 단순한 언어가 아니라 참 존재로부터 들려오는 소리를 의미하듯이, 김기덕 또한 거짓이 깃든 말과 욕망에 물든 몸을 모두 버리고 근원의 소리에 기를 기울이는 것이다. 하이데거는 이 근원을 일러 '무(Nichts)'라 하고, 그 본질의 경지에 이른 존재를 '넘어서는 존재(Sein überhaupt)'라 부른다.

인간적인 현존재는 무(無) 속에 들어 있을 때에만 존재자와 관계할 수 있다. 존재자를 넘어서는 행위가 현존재의 본질 속에서 일어난다. 그런 이 넘어서는 행위가 형이상학 자체이다. 여기에는 형이상학이 인간의 본성에 속해 있다는 사실이 숨어 있다.

　　　　　　　　－하이데거의 『형이상학이란 무엇인가』 중에서

불교에서도 '진실로 텅 빈 가운데 묘한 실상이 있다(眞空妙有)' 하였듯이, 이 영화는 빈집 속에서 참된 존재의 집을 찾아가는 여정을 담고 있다. 영화의 마지막 장면에서 태석과 선화가 함께 올라선 저울의 눈금이 0을 가리키는 것은 그러므로 태석과 선화가 존재자로서의 현실적 한계를 뛰어넘어 근원적인 존재로서의 만남을 이루었음을 의미한다.

그러나 그 순간 김기덕 감독은 '우리가 사는 세상이 꿈인지 현실인지 모른다'라는 자막을 오버랩함으로써 그의 발언 전체를 무화시켜버린다. 순간 관객들은 태석의 존재가 선화의 상상이 불러낸 환영인 것인지, 또는 그녀가 꿈꾸는 남편의 또 다른 모습인지, 아니면 이 모든 내러티브가 모두 허상인 것인지를 종잡을 수 없게 된다. 이처럼 현실과 환상과 허구의 경계를 지워버리는 감독의 직접적인 발언은 〈나쁜 남자〉(2002)의 내밀한 판타지 구도에 비하면 다소 격이 떨어지기도 한다. 하지만 〈악어〉(1996)에서 자신의 첫 번째 존재의 집을 한강 다리 아래 물속에다 수장시켰던 것에 비하면, 그래도 열한 번째 집은 사람 사는 동네로 많이 다가왔다는 사실과, 그러면서도 그 집의 깊이가 물속보다 깊어졌음을 의미한다.[1]

---

1) 김기덕 감독은 〈빈집〉(2004) 이후 〈활〉(2005), 〈시간〉(2006), 〈숨〉(2007), 〈비몽〉(2008), 〈아리랑〉(2011) 등의 작품들을 꾸준히 발표하는 가운데, 〈피에타〉(2012)로 제69회 베니스 영화제에서 최우수작품상인 황금사자상을 수상하였다. 이는 한국영화사상 최초의 영예이다.

현실과 환상을 가로지르는 오브제
장준환의 〈지구를 지켜라〉

2003년, 제25회 모스크바 영화제 감독상, 제40회 대종상 신인감독상, 제24회 청룡영화제 신인감독상, 제2회 대한민국 영화대상 신인감독상, 제4회 부산영평상 신인감독상, 제11회 춘사나운규영화예술제 신인감독상, 제7회 부천 판타스틱영화제 관객상, 작품상. 2004년, 브뤼셀 판타스틱영화제 대상. 2005년, 부에노스아이레스 국제독립영화제 여우주연상, 촬영상, 제4회 달라스 아시아영화제 폐막작 등. 이상의 필모그래피는 장준환 감독의 장편영화 데뷔작 〈지구를 지켜라〉(2003)가 거둔 일련의 영예들이다.

〈지구를 지켜라〉로 어느새 장준환은 한국의 명망 있는 작가주의 감독[1] 중 한 명이 되었다. 그는 이미 1994년에 단편 〈2001 이매진〉[2]을 각본, 감독하여 클레르몽-페랑 영화제와 샌프란시스코 영화

---

1) 1954년 프랑스의 영화감독 프랑수아 트뤼포가 영화비평잡지 『카이에 뒤 시네마 Cahiers du Cinma』에 'politique des auteurs'라는 용어를 사용한 것이 처음이며, 미국의 영화이론가 앤드류 사리스가 1960년대 초반 '작가론(auteur theory)'이란 용어로 번역하면서 널리 쓰였다. 영화제작이란 한 편의 예술작품을 창조하는 행위와 동일한 것이며, 예술적 창작품에는 그것을 창작한 사람의 개성이 반영되어야 하므로, 감독은 작가와 같이 창의적인 역할을 해야 한다는 이론.

2) 〈이상한 영화〉라는 제목의 비디오로 출시됨.

제, 밴쿠버 영화제 등에 초청받으면서 자신만의 고유한 영화 문체를 인정받은 바 있다. 이후 1997년 〈모텔 선인장〉 조감독을 거쳐, 1999년에 〈유령〉의 각본을 창작하는 등 예술성과 대중성을 겸비한 감독 수업을 통해 자신만의 영화 세계를 모색해왔다.

그러나 흔히 작가주의 영화, 또는 유명한 국제영화제의 수상작들이 그러하듯이 〈지구를 지켜라〉가 보인 국제적인 영광의 이면에는 국내 흥행 참패라는 아픈 상처가 아로새겨져 있다. 아마도 한국영화 최고의 저주받은 걸작을 선정한다면 단연 첫 번째 후보작이 되지 않을까 싶을 정도이다. 〈지구를 지켜라〉는 개봉 당시 관객들로부터 철저하게 외면을 당했지만, 이후 뒤늦게 그 작품성이 입소문을 타면서 많은 관객들로부터 사랑을 받게 되었다. 이 영화를 본 관객들의 한결같은 호평에 비한다면 개봉 당시의 흥행 성적이 얼마나 비정상적인 것이었는지를 능히 짐작할 수 있다.

그렇다면 과연 개봉 당시에 저주받은 흥행 기록에도 불구하고 많은 영화 마니아들에게 걸작으로 인정받는 이유는 어디에 있을까? 우선 개봉 당시에 관객들이 외면하였던 데에는 여러 가지 원인이 있겠지만 무엇보다도 광고의 역효과를 지적할 수 있다. 탄광작업모에 검은 우의를 입은 배우 신하균이 물파스를 들고 웃고 있는 광고 포스트는 보는 이로 하여금 영화에 대한 인상을 가벼운 코믹 SF 영화로 여기게 만들었다. 그런 잘못된 선입견에는 '지구를 지켜라'라는 제목도 일조를 한 게 사실이다.[3]

---

3) 국내의 어느 인터넷 사이트에서 검색을 하더라도 '포스터 잘못 만들어 망한 작품', '예고편이 망친 대표적인 작품', '홍보로 망한 안타까운 영화' 등의 댓글과 함께 '한국영화계에 10년을 앞서 나와 피 본 영화'라든가 '생각 않고 봤다가 충격 먹고 입 떡 벌어진 작품', '진흙 속에 묻힌 보석 같은 영화', '불후의 명작' 등등으로 이어지는 네티즌들의 반응은 이를 증명한다.

그런데 당시의 포스터가 영화에 대한 부정적인 선입견을 낳기 하였지만, 실제 의도된 바는 작품을 관통하는 주제적 장치들을 매우 적절하게 이미지화한 것이다. 안타까운 것은 관객들이 그 사실을 영화를 보고 나서야 비로소 동의하게 된다는 것이다. 이 글은 우선 작품을 망치게 한 주범이자 동시에 작품을 완성시키는 핵심적 장치가 되는 위의 이미지들에 주목하고자 한다.

사실 그 이미지들은 주로 예술 기법으로 표현된 오브제(objet)로서 이루어진 것들이다. 작품에서 구사된 오브제 기법들은 작품의 형식을 결정할 뿐만 아니라 주제와도 밀접한 연관을 이룬다. 오브제들이 예술 기법을 넘어 주체와 타자와의 관계에서 발생하는 대상 a(objet a)로서 기능할 뿐만 아니라, 작품의 근간을 이루는 페티시(fetish)와 환상(fantasy)의 세계를 이해할 수 있게 하는 미학적 장치로서 기능하기 때문이다. 이들 오브제 장치들이 지니는 예술적 가치를 분석하고 그 의미들을 재생산함으로써 〈지구를 지켜라〉의 결코 간과할 수 없는 한국영화사적 위치를 자리매김하고자 한다.

1. 오브제와 기계 장치

오브제(objet)란 느끼고 생각하는 인간이라는 '주체'에 대응하는 '객체', 또는 '대상'(對象)으로서 물체를 의미하는 동시에, 주관적인 것과 반대되는 객관적 존재를 의미한다. 예술에서는 '주제'에 대응하는 '형식'의 의미로서 사용되는데, 이는 주로 20세기 초반에 형성된 모더니즘 예술의 유파들(입체파, 미래파, 다다이즘, 초현실주의 등)이 추구하였던 창작 기법에서 비롯된 것이다. 즉 오브제란 예술과는 아무런 관계도 없는 물건이나 그 한 부분을 본래의 일반적인 용도에서 떼어내 재배치함으로써 새로운 의미나 느낌을 생성하거나, 또는 일상에 잠재된 욕망이나 환상을 불러일으키는 상징적 기능의 물체를 이르는 말이다.

다다이스트들은 이미 만들어진(ready-made) 일용품이나 기계부품 등의 오브제를 반예술의 목적으로 사용하였으며,[4] 초현실주의에서는 자연물, 수학적 모형, 미개인의 숭배물 등의 물체를 비합리적인 또는 초(超)의식적인 인식의 대응물로써 취급하였다. 또한 오브제는 기표와 기의, 이미지와 실재 사이에서 기계적으로 작동하는 동일성의 원리를 부정하는 기제로도 구사되었다.[5] 즉 오브제는 기존의 기의를 지운 기표, 또는 기의를 상실한 기표이다. 라캉식으로 표현하자면 '기표 아래에서 끊임없이 미끄러지는 기의'[6]의 속성을 드러내는 장치로서 오브제가 활용된 것이다. 이처럼 오브제는 예술의 재료 · 형식 · 기능을 확대하기 위한 형식적 기법을 의미하는 동시에, 완고하게 굳어져버린 기성 세계의 권위와 질서를 해체시키는 한편, 대상의 너머를 응시하고자 하는 인간의 근원적 욕망을 표출하는 미학의 한 방법론이 되기도 한다.[7]

---

4) 대표적인 예로써 M. 뒤샹(Marcel Duchamp, 1887~1968)이 1917년에 앙데팡당 미술가협회 전람회에 출품하였던 작품 〈샘〉을 들 수 있다. 〈샘〉은 기성품(ready-made)인 '변기'에 오직 '샘'이라는 이름만을 부여함으로써 기존의 의미를 전복시키면서 인식의 전환을 이루어내는 호쾌한 실험을 선보였으나, 당시의 전시위원회에서는 이의 전시를 거부한 것으로 유명하다. 2년 후 그는 다시 모나리자의 복제 그림 위에 콧수염과 턱수염을 덧붙임으로써 기성의 질서와 권위를 부정하는 〈L.H.O.O.Q〉를 발표하면서 다다이즘을 주도하였다.

5) 르네 마그리트(1898~1967)의 〈이미지의 배반-이것은 파이프가 아니다〉에 쓰인 칼리그램(Calligram)이 대표적이다.

6) 브루스 핑크, 김서영 옮김, 『에크리 읽기』, 도서출판 b, 2007, 제3장 「「문자의 지속과 무의식의 관계」 읽기」 참조.

7) 오브제의 이러한 기능들은 포스트모더니즘에서는 전유(appropriation), 재전유(reappropriation) 또는 브리콜라주(bricolage) 등의 탈식민주의 용어들로써 승계되

오브제의 이러한 기능들은 미술적 장치들을 배경으로 삼는 연극과 영화에서도 주제의식을 드러내는 효과적인 도구로서 적극 활용된다. 극예술의 영역에서 오브제는 본질적으로 놀이용 도구이면서 동시에 상징적 기제로 사용되는 수사학적 장치가 된다. 즉 그것은 심리적 혹은 사회문화적 현실성의 어떤 질서에 대한 환유이거나 혹은 은유로 나타난다. 따라서 극에서는 의미 작용의 핵심적 과정(procesus-clef) 중의 하나로 여겨지는 재의미화(resémantisation)를 이루는 요소가 된다. 연극 미학에서 오브제는 재료(matière)에 해당하는 용어로 이는 매개념(médium)에 대비하여 사용된다. 즉 후자가 정신적인 차원을 가리키는 데 비해 오브제는 극의 물질적·가시적 재료를 총칭한다. 때문에 오브제에는 배우의 육체·무대 장식(무대 장치와 대도구)·소도구(의상까지 이에 포함됨) 등이 모두 포함된다.[8]

장준환 감독은 자신의 구조의지를 드러내는 주요 장치로써 이러한 오브제 기법들을 아주 효과적으로 구사하고 있다. 〈지구를 지켜라〉에는 이들 오브제들이 때로는 익살스럽게, 때로는 은밀하게, 영화를 주도하는 핵심적인 기능으로서 요소요소에 배치되어 서로 유기적으로 작동한다. 그럼 이제부터 정교하게 배치된 오브제의 조각들을 찾아서 우선 그 기능들을 살피고, 나아가 그것들이 작품 속에서 궁극적으로 생산해내는 의미들을 분석해보고자 한다.

고 있다. 다음은 브리콜라주의 관점에서 비평한 글들이다. 김성욱, 「난 마취됐어, 아프지 않아-장준환 감독의 「지구를 지켜라」」, 『KINO』, 키노넷, 2003. 5; 김지훈, 「판타지와 대항-기억으로서의 브리콜라주-영화 「지구를 지켜라」의 양가적 상상력」, 『문학과 사회』, 2003년 가을호.

8) 안느 위베르스펠드, 신현숙 옮김, 『연극기호학』, 문학과지성사, 1988, 179-188쪽 참조.

1) 포토몽타주 —인물의 합성

　모더니스트들이 기존의 의미를 전복시키기 위한 오브제의 기법으로 손쉽게 활용한 것은 합성 기법이다. 큐비즘을 유행시켰던 피카소와 브라크가 콜라주(collage)와 파피에 콜레(papier colle) 기법을 구사하면서 합성은 모더니즘의 전유물로 확산되었다. 콜라주의 명칭은 '풀로 붙이다'라는 의미의 프랑스어 동사 콜레(coller)에서 유래한다. 이 합성 기법을 다다이스트들이 사진에 활용한 것이 포토몽타주(photo montage)이다. 그들은 사진의 합성을 통해 기존의 사진 이미지를 부정하고 새로운 결합을 시도하여 세상의 질서를 해체시키고자 하였다.

　〈지구를 지켜라〉의 말미에서 형상화되는 외계인의 얼굴은 일종의 포토몽타주 기법으로 이루어진 하나의 오브제이다. 사진에서 보이듯이 '안드로메다 PK45 행성'의 왕자로 변신한 '강사장'(백윤식 분)

의 얼굴은 한국의 정치와 경제를 독점하였던 역대 대통령들과 재벌 총수의 모습들을 합쳐놓은 듯한 모습을 하고 있다. 즉 외계인의 떠는 손과 행동은 이승만을, 대머리는 전두환을, 큰 귀는 노태우를, 검버섯은 정주영을 각각 부분적으로 발췌하여 합성한 듯한 이미지를 풍긴다. 이를 통해 장준환 감독은 독재자와 재벌들의 정경유착으로 얼룩진 개발과 성장 위주의 한국근대사를 풍자한다.

2) 레디메이드-기성품의 배치

때밀이와 물파스는 우리의 일상에서 쉽게 접하는 일용품이다. 한국인들에게 있어 그 용도가 너무나 익숙한 기성품(ready-made)인 이

오브제들은 영화 속에서는 주인공 '병구'(신하균 분)의 환상과 접속하여 외계인과 대항하는 '기계'로 작동한다. 들뢰즈/가타리에게 있어 기계(machine)[9]란 개별적으로 작동하는 구조적이고 고정된 메커니즘(mechanism)이 아니라 여러 이질적인 기계들과 접속해서 형성되는 그 무엇을 의미한다. 즉 기계는 다른 기계들과 접속하여 배치(agencement)를 형성함으로써 새로운 의미를 생산해내는 것이다.

때밀이와 물파스가 병구의 부모와 접속할 때에는 고된 노동의 흔적(땀과 오물 등)을 지우는 기계이자, 고된 노동의 외상(근육통, 신경통)을 치유하는 기계였다. 그런데 이것이 병구와 접속할 때에는 강사장으로 변신한 안드로메다의 왕자와 대적하는 전쟁 기계가 된다. 이는 영화를 코믹하게 이완시키는 희극적 장치이면서 동시에 병구의 도착증적 환상을 대변하는 비극적 장치로 기능한다. 다만 아쉬운 사실은 이 장치가 홍보 포스터로 작동했을 때에는 작품 이미지에 심히 부정적인 선입견을 남겼다는 것이다.

이외에 기이한 의상과 소품들도 사실은 모두 본래의 용도가 폐기된 기성품, 즉 폐품을 새로운 용도로 재활용한 것들이다. 그러한 폐품들은 외계인의 음모에 맞서 싸우는 병구의 환상과 접속하는 기계장치들이 되어 독특한 의미를 재생산해낸다. 아버지가 썼던 광부용 안전모는 지구를 지키는 전사의 전투모가 되고, 역시 폐광을 연상시키는 검은색 우의가 전투복이 되는 것도 모두 이와 같은 맥락에서 이해할 수 있다. 이때 주목할 점은 병구가 외계인과 대적하여 맞서 싸울 수 있게 하는 신형 무기들이 모두 부모님의 고된 노동과 관련

---

9) 추상적인 기계는 여전히 하나의 결정된 지층에 속해 있으면서도 모든 지층들을 넘어서는 환상을 생산하면서 자신을 펼치기 시작하고 몸을 일으키기 시작한다. 질 들뢰즈, 펠릭스 가타리, 김재인 옮김, 『천 개의 고원』, 새물결, 2003, 127쪽.

된 오브제라는 것이다. 그것은 부모를 대체하는 일종의 페티시로서
병구의 환상을 이해할 수 있게 하는 핵심적 장치가 된다.

3) 아상블라주-신체의 사물화

아상블라주(assemblage)란 폐품이나 일용품을 비롯한 다양한 오브
제들을 한데 모아 제작한 미술 작품 또는 그 기법을 말한다. 〈지구를
지켜라〉에 등장하는 배우들의 신체는 오브제의 일종인 아상블라주
의 기법으로 활용된다. 강사장의 빡빡 깍은 머리와 볼품없는 알몸은
우주와의 교신이 차단된 외계인의 변신으로서, 병구의 지하실에서
는 의상 컨셉에 따라 이미지가 바뀌는 마네킹처럼 하나의 숙주, 또
는 물체처럼 취급된다. 마찬가지로 병구 어머니의 신체는 생명을 가

진 인간에서 외계인의 생체실험용 마루타가 되고, 서커스단에서 재주를 넘는 '순이'(황정민 분)의 몸은 외계인과 싸우는 기계가 된다. 시나리오에서 〈길〉의 젤소미나를 연상시키는 순이는 좀처럼 보기 힘든 얼굴과 체형의 곡예사로서 외계인보다 더 외계인 같아 보이는 인물로 묘사된다. 심지어 병구가 생업으로 만드는 마네킹들도 영화의 말미에 가면 병구를 추격해오는 경찰차와 싸우는 무기가 된다.[10)]

이처럼 사물화된 신체 또는 신체화된 사물은 실제를 환상으로, 또는 환상을 실제로 전복시키는 장치로 작동한다. 그리하여 영화의 말미에 이르게 되면 우주선으로 탈출에 성공한 안드로메다의 왕자(강 사장)가 지구를 파괴할 때 관객들로 하여금 병구의 환상이 실제이었음을 믿게 만든다. 이들 오브제 장치들의 작동에 의해 관객들은 자신도 모르는 사이에 병구의 환상 속으로 동화되어가는 것이다.

4) 칼리그램-미끄러지는 기의

'병구'라는 이름은 일종의 명명기법(appellation)으로서 병든 지구를 줄인 말이다. 즉 병구는 병든 지구를 파괴하기 위해 강림한 외계인 강사장과 대적하는 캐릭터를 표상하는 이름이다. 그런데 병구가 지키고자 하는 '지구'는 인류의 삶을 존속시키는 토대로서의 지구(earth)만을 의미하는 것은 아니다. 이는 동시에 병구가 개인적으로 보살펴야 하는 개의 이름이기도 하다. 장준환은 영화의 중간에 '지구집'이라는 칼리그램을 슬쩍 끼워 넣음으로써 의미 구조상 핵심적인 오브제 장치를 설치한다. 이로 인해 지구는 'earth'에서 'dog'로 그 기의가 미끄러져가면서 주제를 심화시키는 은유적 재의미화가 작동

---

10) 배치로 번역되는 들뢰즈/가타리의 전문 용어인 아장스망(agencement)을 영어로는 아상블라주(assemblage)로 번역하는 것도 이러한 맥락에서 이해가 가능하다.

된다. 이 장치에는 가벼운 SF 코미디물로 저주받을 수도 있었던 작품을 한국영화사에 남을 걸작의 수준으로 끌어올리는 비결이 잠재해 있다.

라캉의 『에크리』 중 「문자의 지속과 무의식의 관계, 또는 프로이트 이후의 지성」은 이 장치를 이해하는 열쇠를 제공한다. 이 장에서 라캉의 관심은 프로이트가 꿈, 환상, 그리고 말실수와 같은 무의식의 산물들에 나타나는 "기표의 구성적 기능"을 처음부터(E 512) 이해하고 있었음을 보여주고 있다. 이들에 대한 그의 해석은 단어, 관용표현, 글, 동음이의어 등의 중요성을 보여주는 것이다.[11] 이에 따르면 미끄러지는 기의는 무의식의 산물이다. 즉 earth이자 dog이기도 한 '지구'는 병구의 도착된 무의식으로부터 비롯되는 하나의 기표이다. 나아가 '그러한 지구를 지키고자 외계인과 싸우는 병구' 또

---

11) 라캉은 분석가들이 이것을 이해하지 못한 이유는 그것이 기존에 볼 수 있었던 다른 어떤 방식과도 판이하게 달랐으며, 언어학이 아직 프로이트를 따라잡지 못했으므로 이 분야에서 그의 연구를 과학적으로 뒷받침할 만한 근거를 제시하지 못했기 때문이라고 말한다. 브루스 핑크, 앞의 책, 185쪽.

한 주체를 대신하는 기표가 만들어낸 은유적 증상[12]이다. 그 은유적 증상을 해독하는 과정에 관객들을 참여시킴으로써 장준환 감독은 리얼리즘과 판타지를 가로지르며, 희극의 풍자성과 비극의 핍진성을 아우르는 독특한 혼합장르를 완성시킨다.

한편 병구가 치는 벌(bee) 또한 기계문명을 생산하는 산업사회에 대립되는 생태적 생계수단이면서, 동시에 자본주의 편에서만 고용되어 있는 형사의 죄를 벌(罰)하는 수단이기도 하다. 이와 같이 기표와 기의 사이를 미끄러져가며 동일성을 부정하는 오브제 기법들은 표층적으로는 중의성을 활용한 가벼운 언어유희(pun)에 불과한 듯 보이지만, 심층적으로는 현상과 본질 또는 의식과 무의식 사이의 간극을 가로지르는 환상을 해독할 수 있는 주요한 실마리를 제공하기도 한다.

3. 오브제 a와 환상 장치

〈지구를 지켜라〉에서 활용된 오브제 기법은 궁극적으로 현실과 환상을 가로지르는 기제로서 작동된다. 앞의 장에서 언급하였듯이 오브제들은 기성의 질서를 탈주하고 이질적인 세계와 접속함으로써 새롭게 배치된(assemblaged) 기계 장치가 된다. 그리고 그 장치들은 비록 실패로 끝을 맺긴 하지만, 소외된 현실 세계로부터 분리[13]하여

---

12) 증상 속에서 어떤 것(some thing)이 안면경련이나 거미공포증, 파행 등으로 가장하고 주체를 지배하는 기표로서 주체 대신 자신을 드러낸다. 그러므로 증상은 은유이다(E 528). 라캉은 은유의 영역인 증상의 차원에서 그 어떤 것이 대신하는 자리에 주체를 세우기 위해서는 의미의 영역보다는 무의미의 영역에서—즉 기표의 부조리하고 무의미한 면으로 그 문자적 구조 또는 문자성(literality)을 가지고 의미작용(signifiance)을—이용하여 분석을 해야 한다고 제안한다. 같은 책, 196쪽 참조.
13) 인간의 욕망이 타자의 욕망을 통해 만들어진다는 사실은 주체의 형성에 중대한 결과를 낳는다. 라깡은 이를 소외(aliénation)라고 부른다. 정신병, 성도착증, 신경증

환상의 세계 속으로 접속할 수 있게 하는 힘을 작동시킨다.

오브제가 환상 속의 기계로서 작동하게 되는 동력은 주인공의 억압된 무의식으로부터 기원하는 것이다. 그것은 오이디푸스 단계에서 겪게 되는 거세 콤플렉스와 관련 깊다. 즉 작품에서 미학적 장치로 활용된 오브제들은 주인공 병구가 상상계(imaginary)에서 상징계(symbolic)[14]로 진입하는 과정에서 상징적 대타자(Autre)에 의해 거세된 상상적 대타자의 흔적이다. 라캉이 명명한 '대상 a'(objet a)가 바로 이 상상적 대타자(Autre)의 흔적 또는 부분이다. 상징적 대타자로부터 극심하게 억압받은 병구는 그에 대항하기 위하여 자신에게 남겨진 그 부분대상(part-objet)에게 스스로 초월적인 힘을 부여하게 된다. 그렇게 하여 오브제는 외계인과 싸우는 병구의 환상(fantasy) 속에서 물신(fetish)이 되어 숭배의 대상으로 도착(倒着)된다. 그 관계를 좀 더 자세히 분석하자면 다음과 같다.

1) 물신과 환상

페티시즘이란 원래, 자연물 또는 인공물에는 초자연적 · 신비적 힘을 가지고 있다는 원시종교 특유의 신앙에서 유래한 주물숭배(呪

같은 병리현상은 주체의 욕망이 타자에 의해 소외되기 때문에 생겨난다. 소외를 극복하고 진정한 주체로 탄생하기 위해서, 혹은 소외된 욕망으로부터 형성된 병리적 결과를 치료하기 위해서, 주체는 타자의 욕망으로부터 분리(séparation)과정을 거쳐야 한다. 분리란 자신의 욕망을 타인에게 양도함으로써 소외된 주체의 상태에서 자신의 고유한 욕망과 만족 혹은 향유를 되찾고 해방과 자유를 다시 획득한, 즉 욕망하고 향유하는 새로운 주체로의 탄생을 의미한다. 김상환, 홍준기 엮음, 『라깡의 재탄생』, 창작과비평사, 2002, 74-75쪽과 127쪽 참조.

14) 라캉은 인식차원을 실재계, 상상계, 상징계로 나눈다. 거울단계로 불리는 상상계는 원초적이며 즉자적인 유아기적 인식세계이며, 언어단계로 불리는 상징계는 무의식이 질서와 언어로 구조화된 세계이다. 실재계(the real)는 상상계와 상징계, 무의식과 의식을 묶어주는 고리로서 인식차원의 너머에 있는 결여된 세계이다.

物崇拜)를 가리키는 용어이지만, 정신분석학에서는 도착증으로 사용되는 한편 환상을 작동시키는 기제와 관련된 용어로 활용되기도 한다. 이 용어는 프로이트의 『성욕에 관한 세 편의 에세이』(1905)에서 처음으로 기술되었다가, 그의 후기 논문인 「주물숭배(Fetishism)」 (1927)에서 자세하게 언급되었다. 그 글에서 페티시즘은 일반적으로 무생물이거나 부분적인 물건, 예를 들어 털, 우단, 발, 신발, 코에 난 눈에 띄는 점, 머리 타래와 같은 맹목적인 숭배 대상물과 여성의 성적 대상물을 연관시켜서 성적 만족을 얻어내려는 남성의 성적 도착 행위라고 정의하였다. 그는 이러한 대체물을 야만인들이 자신들의 신을 구현시킨 것이라 믿는 물신과 비슷하다고 생각했다.[15]

이러한 대체물로서의 페티시는 근원적으로 아버지(상징계의 대타자)의 법에 의해서 거세된 결과 어머니(상상계의 대타자)가 상실하게 된 남근(phallus)[16]의 환유적 기표(signifier)이다. 이때 주체는 정체성의 결핍을 메우기 위해 '대상'을 찾아 나서는데, 그 과정에서 야기되는 현상이 '환상'이다. 왜냐하면 대체물은 결코 본래의 것과 동일하지 않으며, 그리고 본래의 것은 본래 존재하지 않는 것이다. 즉 페티시 속에 보존되는 것은 소위 팔루스(phallus)적인 어머니의 무한한 힘의 원천인 상상적인 팔루스, 즉 숨겨진 어머니의 남근에 대한 환

---

15) 프로이트, 김정일 옮김, 「성욕에 관한 세 편의 에세이」, 『프로이트 전집』, 열린책들, 1996, 259-260쪽 참조.

16) 라깡은 팔루스와 육체기관인 페니스를 구분한다. 페니스가 육체적 · 생물학적 기관이라면 팔루스는 '차이' 자체를 상징하는 기표이다. 그리고 여기에서 '차이'를 지칭하는 팔루스는 동시에 '결여 자체의 상징'이라는 점이 중요하다. 이러한 의미에서 (대문자) 팔루스(Φ)는 상징계에 속한다고 할 수 있다. 차이 · 결여 자체를 뜻할 뿐인 팔루스가 '모든 것에 의미를 부여하는 최종 근거'로 오해될 때 상상적 (소문자) 팔루스(φ)가 된다. 김상환, 홍준기 엮음, 앞의 책, 54쪽.

상이기 때문이다.[17] 그러므로 환상의 촉매제인 페티시란 어머니의 (또는 상상적인) 팔루스를 간직하고 있는 오브제에 다름 아니다.

라캉은 이 팔루스를 간직한 오브제를 '대상 a'의 개념으로 풀어낸다. 대상 a에서 소문자 '아'(petit a)는 오토르(autre: 타자)의 이니셜이다. 이는 대문자 A로 시작하는 오토르(Autre: 대타자)와 구별된다. 이작은 타자는 욕망의 대상을 가리키지만 더 정확히 말하면 주체의 욕망과 분리될 수 없는 어떤 이미지를 주체에게 제공하는 원초적 형태의 표상이다. 따라서 대상 a는 대상 그 자체가 아니라 삶의 최초 단계에서부터 아이의 세계를 완전히 점령하고 있었던 어머니의 신체 전체에서 분리된(예를 들면 유방 같은) 그 대상의 이미지이다. 하지만 거울단계(mirror stage) 이후 그러한 기표는 억압됨으로써 그 잃어버린 완전성과 통일성의 세계로 복귀를 약속하는 것 같은 무의식적 환상이 된다.[18] 그러므로 〈지구를 지켜라〉에서 병구의 전쟁 무기가 되는 물파스, 때밀이, 탄광모, 검은 우의 등의 오브제들은 모두 대상 a의 기표들로서 환상을 작동시키는 기제가 되는 것이다.

영화에서 병구의 조력자로 등장하는 두 명의 여자 친구(지원과 순이)는 좀 더 직접적인 어머니의 환유적 기표로 읽을 수 있다. 그러나 무기력하게 희생당한 어머니와는 달리 이들은 모두 적극적으로 투쟁하는 대체물로서 등장한다. 그런데 이들이 존재하는 세계와 그 방식은 미묘하게도 서로 차원이 다르게 설정된 듯하다. 지원은 상징계의 현실 속 존재로 등장하는 반면 순이는 상징계의 구조에 쉽게 포

---

17) 엘리자베스 라이트 엮음, 박찬부 외 옮김, 『페미니즘과 정신분석학 사전』, 한신문화사, 1997, 184-189쪽 참조.

18) 조셉 칠더즈, 게리 헨치 엮음, 황종연 옮김, 『현대 문학·문화 비평 용어사전』, 문학동네, 2003, 309쪽 참조.

획되지 않는 대상 a 또는 실재계(the real)에 가까운 존재로 그려진
다.[19] 지원은 자본주의 이데올로기가 환상임을 분명히 알고 그에 대
적하지만, 순이는 오직 병구의 안위만을 위해 싸우기 때문이다. 폭
압적인 상징 구조에 대항하던 지원이 노동 투쟁의 과정에서 승리하
지 못하고 현실에서 죽임을 당하는 반면, 순이는 현실을 초월하는
힘을 발휘하면서 외계인과 능히 대적해낸다. 순이라는 캐릭터가 그
로테스크하고 낯선 이미지로서 강렬한 인상을 남기는 것도 이와 같
은 까닭이다.

　한편 정신분석에서 환상은 두 층위에서 이루어진다. 하나는 백일
몽과 같이 검열 기제가 허락하는 범위 안에서 의식이 상상과 욕망
을 자유로이 활동하게 놓아두는 명상의 상태를 말하고, 다른 하나
는 억압된 욕망의 표현인 무의식적 환상을 말한다. 프로이트는 「창
조적 작가와 백일몽」(1908)에서 이것을 언급하면서, 잠재 내용(latent
content)으로서의 무의식의 시나리오가 어떻게 의식적 판타지의 발
현 내용(manifesto content)을 항상 구조화하는가를 밝히는 데에 관심
을 두었다.[20]

---

19) 라캉에게 실재(real)는 현실(reality)과 분명히 구별된다. 현실은 실재를 억압하고
　　금지함으로써 상상계와 상징계의 차원에서 구성되는 것이다. 그것은 실재의 감당
　　할 수 없는 충동을 억압한 것이고, 욕망의 구조와 마찬가지로 의미작용을 통해 표
　　현되는 것이며, 실재와 대면할 수 없는 주체를 형성하기 위한 환상의 버팀목이다.
　　이에 반해 실재는 의미작용의 질서, 즉 상상계와 상징계에 속하지 않는 것이며 오
　　히려 상징계와 상상계의 질서를 부정하는 것이며 그 질서 속으로 절대 통합될 수
　　없는 차원이다. 그것은 영원한 결여와 부정의 차원이며 모든 상징적·상상적 구
　　성은 바로 이 결여를 메우기 위한 대응에 불과하다. 그 결과 현실은 실재가 아니라
　　실재의 다양한 형태들인 외상, 상실, 불안 등을 회피하기 위한 불가능한 시도로 남
　　을 수밖에 없다. 김용규, 「지젝의 대타자와 실재계의 윤리」, 『비평과 이론』 제9권 1
　　호, 한국비평이론학회, 2004, 87쪽 참조.
20) 조셉 칠더즈, 게리 헨치 엮음, 앞의 책, 183-184쪽 참조.

〈지구를 지켜라〉에서 병구는 외계인으로 인해 지구가 곧 위험에
처할 거라는 환상에 사로잡혀 있다. 이번 개기월식까지 안드로메다
왕자를 만나지 못하면 지구에는 아무도 살아남지 못할 엄청난 재앙
이 몰려오리라는 것이다. 그리하여 병구는 분명히 외계인이라고 믿
는 '유제화학'의 사장 강만식을 납치해 왕자와 만나게 해줄 것을 요
구하기에 이른다. 병구가 이와 같은 환상에 사로잡히게 된 데에는
상징계에서는 도무지 복구시킬 수 없는, 어린 시절 완벽했던 행복의
기억이 잠재하기 때문이다.

그러나 영화는 이것을 처음부터 전제하지 않는다. 영화는 외계인
과 싸우는 병구의 환상을 전개시키는 가운데에 상징계의 질서에 진
입하는 단계들에서 겪었던 위악에 가득 찬 현실을 보여준다. 그와
동시에 살아오면서 자신을 괴롭혔거나 피해를 입힌 사람들을 잔혹
하게 죽이는 장면들을 삽입시켜 보여준다. 그러므로 관객들은 영화
가 끝날 때까지 병구의 환상을 이해하지 못하고 단지 억압적이고 폭
력적인 사회에 복수하고자 하는 한 정신이상자의 망상적 행동이나
사이코패스(psychopath)의 일그러진 행위로 보게 된다. 관객들의 이
러한 관점으로 인해 영화는 한동안 잔혹하고 기괴한 블랙코미디로
비친다.

2) 외상과 환상

그러나 장준환 감독의 궁극적인 의지는 그 너머의 지점에서 빛을
발한다. 그 구조 의지는 엔딩 크레딧(ending credit)이 올라가는 순간
에 이르러서야 완전하게 실현된다. 그것은 상상계에서 소환된 병구
의 환상을 이해시키는 결정적인 대목이기도 하다. 결국 지구가 파괴
당한 뒤 우주로 튕겨져 나온 TV의 깨진 화면 속으로 병구의 과거가

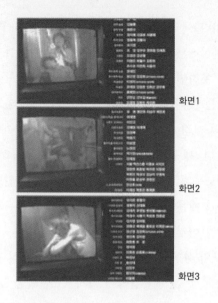

화면1

화면2

화면3

회상되는 가운데에 감독은 숨겨진 진실을 최종적으로 드러내서 보여준다.

한동안 화면은 가난하지만 행복하기 그지없었던 어린 시절 병구의 모습들을 서정적으로 반추한다. 즉 탄광 주위에서 노는 모습, 퇴근하는 아빠에게 달려가 안기는 모습, 목욕탕에서 때밀이로 아빠의 등을 밀어주는 모습, 탄광에서 막 나온 아빠가 두 팔을 활짝 벌리고 반기는 아빠를 그린 병구의 스케치북,[21] 칵테일 장식용 우산을 만드는 엄마와 장난치는 모습, 아빠와 함께 책에서 별자리를 익히고, 밤하늘에서 안드로메다 행성을 찾는 병구의 모습들이 이어진다. 그러

---

21) 어린 시절 병구의 스케치북에 그려진 탄광작업 복장을 한 아빠의 모습은 병구의 환상을 이해할 수 있는 아주 중요한 지점이다. 그림 속의 아빠는 단란했던 한 가정의 가장이었지만, 훗날 병구의 환상 속에서는 지구를 지키는 전사의 모습으로 소환된다.

다가 돌연 감독은 전혀 다른 분위기의 화면들을 교차 편집시킨다.

그것은 다음과 같이 3개의 스틸 컷으로 짧게 삽입되어 있다. 〈화면1〉은 탄광 사고로 다친 후 알코올 중독에 빠진 아버지가 자신의 폭력에 쓰러진 엄마를 안고 오열하는 모습이, 〈화면2〉는 그것을 바라보는 병구의 손에 들려진 'E.T.'[22] 인형이, 〈화면3〉은 침울한 표정으로 지구를 안고 웅크린 병구의 모습이 차례로 이어진다. 그 장면들은 병구가 겪었던 최초의 외상(trauma)을 포착한 것이다.

이 컷들은 비록 엔딩 크레딧의 배경 화면으로 슬쩍 끼워진 것이지만, 사실은 작품의 비의(秘意)를 풀게 하는 결정적인 단서들이다. 즉 위의 첫 번째 화면은 상상계적 동일시를 유지시켜주던 병구의 거울이 깨어지는 첫 지점이다. 단란하고 행복했던 가정이 세상의 전부였던 병구 앞에 병든 지구인(매몰 사고로 다친 병구의 아버지)은 폐기시켜버리는 자본주의라는 냉혹한 상징계의 대타자가 나타난 순간이다. 두 번째 화면은 상징계의 대타자가 외계인으로 전이되는 지점이다. 어린 병구에게 있어 자본 권력이란 'E.T.'를 뺏으려는 적(영화에서는 항공우주국 요원)과 같이 위협적이고 이질적인 존재에 다름 아니다. 이때의 충격이 병구의 무의식 속에 억압되어 있다가 훗날 병

---

22) 〈E.T.〉(1982)는 식인상어와의 혈투를 그린 영화 〈죠스〉(1975)를 만들어 국제적 흥행의 귀재로 떠오른 스티븐 스필버그 감독의 대표작이다. 당시 국내에선 원작 소설이 3개 출판사에서 동시에 출판될 정도로 그 선풍이 대단했으나, 정작 영화는 비싼 판권 문제로 1984년에야 개봉되었다. 다음은 당시 동아일보에 게재된 관련 기사의 일부분이다. "작가「윌리엄 코츠윙클」이 그리고 있는 외계인「E T」는 키는 우산대만 하고 머리통은 배추포기 같으며 배는 장구통처럼 축 처져 있는 괴물. 그러나「E T」는 외모는 다르지만 결코 딱딱하거나 무섭지 않고 우리 지구인과 조금도 다름없이 아름다운 마음을 가지고 있다.「E T」선풍은 영원한 우주의 지혜와 텔레파디를 가진 1천만 세의 노식물학자「E T」가 지구에 식물을 채집하러 왔다가 낙오되어 인간의 모진 학대에 시달린 끝에 다섯 소년의 눈물겨운 도움으로 지구를 탈출하는 것에 대한 지구인들의 박수가 아니겠느냐는 게 독자들의 평."『동아일보』, 1983. 1. 19.

구의 외로운 전쟁을 위해 소환된다. 즉 이 순간이야말로 병구에게는 거울 단계 이후 잃어버렸던 완전성과 통일성의 세계, 또는 어머니의 무한한 힘의 원천인 상상적인 팔루스를 복구시키려는 환상이 작동되기 시작하는 지점이다. 그리고 세 번째 화면은 지구(dog)가 병구에게 유일하게 남은 상상계의 기표임을 환기시킴으로써 강아지로부터 지구(earth)로 미끄러지는 무의식적 환상의 근원을 포착한 것이다. 그러므로 병구가 겪은 최초의 정신적 외상을 순간 포착한 이 스틸 컷들은 최후의 반전 포인트이자 영화를 완성시키는 화룡점정이 되는 순간이다.

이를 포함하여 장준환 감독은 대단원의 시퀀스에서 두 번의 반전을 설정하였다. 병구의 고단한 삶을 순서대로 반영하던 서사(narrative)의 끝에서 극적으로 이루어지는 반전의 반전 순간들을 정리하면 다음과 같다.

갑작스런 탄광 매몰 사고와 부상으로 인해 폐인이 되어가는 아버지, 그 아버지의 폭력을 말리는 가운데 우발적으로 일어난 아버지의 죽음, 그에 이어 학교에서 왕따당하고, 선생님에게 멸시당하고, 그러다가 노점상인 어머니를 괴롭히는 양아치를 칼로 찌르고, 감옥에 가고, 감옥에서조차 교도관에게 멸시당하고, 출소 후 공장에 취직하지만 노동운동으로 인해 탄압받고, 구사대의 폭력으로 여자친구도 죽게 되고, 결정적으로 화학공장에 다니던 어머니가 중금속에 중독되어 갑자기 쓰러지게 되면서 병구의 환상은 강렬하게 작동하기 시작한다. 그리하여 이 모든 것이 외계인 때문이며, 7일 후 개기월식에 지구가 파괴될 것을 확신한 병구는 강사장을 납치하여 외계의 음모를 분쇄하고자 하였으나, 마지막 순간에 강사장은 우주선으로 탈출, 안드로메다의 왕자로 복귀하여 지구를 파괴해버린다.

이 순간 관객들은 첫 번째 반전을 경험하게 된다. 즉 병구가 어머니를 구하기 위해 강사장과 함께 유제화학 공장으로 향할 때까지만 해도 관객들은 병구의 신념을 반신반의한다. 오히려 관객들이 상상계의 환상에 도착된 병구를 사이코로 의심함이 당연하다 할 것이다. 그런데 강사장이 실제로 안드로메다의 왕자가 되고 그에 의해 지구가 파괴되는 영상을 목도하는 순간 관객들은 자신들의 의심이 뒤집히는 반전의 충격에 빠지게 된다. "병구의 주장이 환상이 아니라 실제였구나!" 하는 서프라이즈를 경험하게 되는 것이다. 대부분의 성급한 관객들은 이 지점에서 영화 감상을 마치고 객석을 빠져나가게 된다. 이때 엔딩 크레딧의 배경 화면으로 비치는 영상을 병구의 옛 추억으로 흘깃흘깃 반추하면서 퇴장하는 관객들에겐 〈지구를 지켜라〉가 한 편의 블랙코미디에 가까운 SF 영화로 남게 된다.

반면 자리를 뜨지 않고 엔딩 크레딧의 배경 장면을 끝까지 의미 있게 지켜본 관객들은 감독의 최종 의지인 두 번째 반전을 경험하게 된다. 단란했던 추억에 이어 파괴된 가족 앞에 E.T. 인형을 들고 선 병구의 스틸 컷에 이르러서야 상상계의 거울이 깨어지는 병구의 정신적 외상과 마주하게 된 관객들은 비로소 무모하리만치 처절했던 병구의 환상 속 투쟁을 이해하게 된다. 이때 관객들은 앞서 지구가 파괴되는 장면에서 가졌던 SF적인 결말에서 벗어나는 또 한 번의 반전을 경험하게 된다. 지구가 파괴되는 종말의 장면마저도 투쟁에서 패배한 병구가 작동시킨 환상이었다는 사실과, 환상의 힘을 빌린 싸움에서마저도 패배할 수밖에 없는 현실을 동정(compassion)하게 되는 까닭이다. 그리하여 끝내 지구를 파괴해버리는 비정한 자본주의의 승리 앞에서 비애감으로 쉽게 자리를 뜨지 못하는 관객들에게 〈지구를 지켜라〉는 결국 비극적인 리얼리티의 영화로 남게 된다.

다만 감독은 그 어느 장르로도 강요하지 않고 은밀하게 그 가능성을 열어둠으로써 양쪽 장르에서 모두 다 승리한다.

〈지구를 지켜라〉가 이처럼 기이하고도 잔혹한 블랙코미디를 연출하다가 비극성을 강화시키는 결말로 나아가는 것은 현실에서 점점 더 강화되는 또 다른 차원의 물신숭배 현상[23]을 비판하기 위함이다. 즉 병구의 무의식적 환상을 작동시킨 상상계적 페티시즘과는 달리 상징계에 만연하는 의식적 차원의 물신숭배 현상은 이데올로기라는 환상을 작동시키는 기제가 된다. 사실 병구가 강사장을 외계인으로 상정하는 것도 상징계 자체가 거대한 환상이라는 아주 낯선 진실과 마주쳤기 때문이다. 그 상징계적 환상이 빚어내는 폭압적인 구조에 비한다면 병구가 불러온 상상계적 환상은 너무나 미약한 것이 아닐 수 없다.

지젝은 현실 차원에서 이루어지는 물신숭배를 근간으로 하는 이데올로기를 상징계의 기만적인 논리인 '환상'으로 규정하면서 그것을 초극해야 할 대상으로 설정한다.[24] 그는 이데올로기라는 환상이

---

23) 페티시즘은 프로이트의 전용물이 되기 이전에 이미 마르크스가 그의 『자본론』 첫머리에서 상품 세계의 물신적 성격에 관해 기술함으로써 사회과학 용어로서 일반화되었던 것이다. 그의 말에 의하면, 자본주의적인 생산체제 아래에서는 사람과 사람과의 관계가 물건과 물건과의 관계로 나타나면서 사회관계가 물상(物象)적 의존관계로 변질한다. 그래서 본래 인간이 노동에 의해 만들어내는 생산물에 지나지 않는 상품·화폐·자본 등의 물질이 마치 고유의 힘을 지니고, 그들 배후에 있는 사람과 사람과의 관계에서 떠나 독자적으로 행동하는 것처럼 생각되면서 물신화한다. 그리하여 사람들은 자기 노동의 생산물을 신앙 또는 숭배의 대상으로 여겨 이에 무릎을 꿇게 된다. 이와 같은 현상을 물신숭배라 하고, 그것이 자본주의 사회에 있어서는 일상적 종교가 되어 있다고 한다. 칼 마르크스, 김수행 역, 『자본론』, 비봉사, 2001, 제1장 4절 「상품의 물신적 성격과 그 비밀」참조.

24) 실재계에 주목하였던 후기의 라캉을 계승하는 지젝은 상징계에서 작동하는 이데

야말로 욕망을 구성하면서도 그런 욕망을 가리는 베일이라고 주장한다. 그에 의하면 환상은 이데올로기가 이데올로기임을 보여주는 장치이면서도 동시에 그것을 감춰버리는 것이다. 환상 속에서 무대화된 욕망은 주체의 욕망이 아니라 언제나 이미 타자의 욕망이기 때문이다. 이렇듯 지젝의 논의를 따라가다 보면 환상의 전복성을 기대하는 것 자체가 환상의 작동이라는 아이러니에 빠지게 된다. 그리하여 지젝은 '환상이 이데올로기의 틈새를 보여주면서도 동시에 봉합한다는 점을 지나치게 강조함으로써 환상의 전복성을 축소시켜버린다'고 비판받기도 한다.[25] 이는 그만큼 상징계의 구성이 견고하게 지속되는 것임을 강조하는 것이다.

그러나 아무리 견고하더라도 그것이 환상에 의해 봉합되는 한 균열은 생기기 마련이고, 그 균열이 늘어나고 틈새가 점차 벌어지다 보면 그 기반이 무너질 가능성도 있다. 과거 고목이나 바윗덩어리를 숭배하던 행위를 오늘날엔 미신으로 치부해버리듯이, 자본주의가 부추기는 물신숭배도 언젠가는 미신 행위로 전락될 가능성이 있는 것이다. 물신이란 이미 물질의 고유 가치를 초월한 그 무엇이기에 그 자체로 텅 빈 기표이다. 그러므로 그 허상을 숭배하는 행위 또한 환상에 불과하다. 마르크스는 물질 그 자체의 고유 가치를 넘어서는 여분을 잉여 가치(surplus value)라고 하면서, 이를 추구하는 자본주의

올로기라는 환상 개념에 주목한다. 상징계란 언어(아버지의 법)에 의해 인위적으로 조작된 세계이다. 그렇게 직조된 언어의 조직들 사이에는 보이지 않는 무수한 틈새가 있기 마련인데, 일반인들이 그것을 보지 못하는 것은 이데올로기가 그 균열을 메우는 환상으로 작동하기 때문이다. 그 틈새 너머에는 날것 그대로의 실재계가 있다.

25) 임옥희, 「환상: 그 전복의 시학」, 여성문화이론연구소 정신분석세미나팀 엮음, 『페미니즘과 정신분석』, 여이연, 2003, 112쪽 참조.

의 생산 방식으로 말미암아 종국에는 자본주의가 스스로 해체될 것이라고 예견했었다.[26]

이 마르크스의 잉여 가치에 대응하는 것이 라캉의 잉여 쾌락(surplus jouissance)[27]이다. 그러나 마르크스의 예견과는 달리 오히려 잉여 쾌락이 상징계에 만연한 후기자본주의 사회[28]에서는 인간의 생명마저도 교환가치의 대상으로 전락하고 만다. 이 비정한 상징계의 환상에서 벗어나는 길은 죽거나 퇴행하는 수밖에 없다. 실재계에 해당되는 잉여쾌락은 상상계와 상징계를 연결하는 고리이다. 그것이 상징계로 소환될 때에는 이데올로기라는 환상으로 작동하지만, 상상계로 소환될 때에는 무의식적 환상이 된다. 이때 잉여 쾌락이 상상계로 소환된다는 것은 상징계로 진입하지 못한 주체의 퇴행을 의미한다.

---

26) 2007년부터 불어닥친 주택가격 하락에 따른 서브프라임 모기지론 사태의 영향으로 2008년 미국의 초대형 투자은행인 리먼 브러더스사가 파산을 신청하면서 전 지구적으로 불어 닥친 국제금융 위기와 경제공황 현상이야말로 자본주의의 한계를 여실히 드러내는 하나의 사례가 될 것이다.

27) 욕망은 환상 속에서 본 대상과 실제로 얻은 대상의 차이에서 생겨난다. 주체는 완벽한 대상을 요구하는 반면 대상은 늘 텅 빈 기표로서 미끄러져 갈 뿐이다. 잉여 쾌락은 이처럼 대상이 지불할 수 없는 잉여 가치가 부여된 기표이자, 그로 인해 영원히 채워지지 않는 결핍을 채우고자 하는 충동이다. 그러므로 그것은 대상 a의 다른 이름이다. 대상 a는 욕망의 대상이자 욕망을 발생시키는 원인이며, 동시에 욕망을 부추기는 충동이기 때문이다. 잉여 쾌락은 결코 상징계의 그물에 포획되지 않는 잔여로서 그 자체 실재계이다. 그것은 상징계의 질서를 유지시키는 욕망의 동인이면서 동시에 금기를 넘어서는 위험한 충동이다. 그러므로 그것은 단순한 쾌락이 아니라 고통을 수반하는 쾌락이다. 브루스 핑크, 맹정현 옮김, 『라캉과 정신의학』, 민음사, 2006, 96-97쪽.

28) 지젝은 후기산업사회를 잉여 쾌락의 시대로 정의한다. 욕망은 대상의 고유 가치와 교환 가치의 차액인 잉여 쾌락에 의해 지속되고, 자본주의 사회는 상품의 고유 가치와 교환 가치의 차액인 잉여 가치에 의해 지속된다. 권택영, 『잉여 쾌락의 시대-지젝이 본 후기산업사회』, 문예출판사, 2003 참조.

그러므로 지구를 파괴하러 온 외계인과 벌이는 병구의 전쟁은 이와 같은 상징적 환상에 대해 상상적 환상으로 맞서는 퇴행적 행위이다. 그러나 알다시피 이데올로기라는 환상은 너무나 강건한 데 비해 그에 맞서는 병구의 환상은 허약하기 짝이 없다. 병구의 갑옷과 병기들은 이미 아버지의 법에 의해 거세당했던 어머니의 유품들이다. 질 것이 빤한 전쟁이지만, 연약한 어머니의 팔루스가 되어 결사적으로 지구를 지키고자 했던 병구의 죽음은 그래서 더욱 눈물겹다. 현실에서도 이와 유사한 죽음들은 있을 것이고 대부분은 아무도 기억하지 않는 정신이상자로 묻혀갈 것이다. 그러나 장준환 감독은 뿌리 뽑힌 채 세인의 관심 밖으로 밀려난 한 개인의 기이하고도 절실했던 투쟁의 현장을 그의 필름에 담아냄으로써 한국영화사에 뚜렷이 기억될 하나의 기념비를 남긴 것이다.

　〈지구를 지켜라〉는 이처럼 상반되는 차원에서 작동되는 환상들 사이에서 발생하는 갈등을 반영함으로써 사물의 고유 가치가 아닌 잉여 가치를 숭배하는 자본주의 사회의 폭압적 구조를 역설적으로 드러낸 작품이라는 의미를 지닌다. 더불어 현실 사회의 모순을 반영하는 주제 의식 못지않게 평가되어야 할 또 다른 성과는 희극성과 비극성을 아우르는 동시에 리얼리티와 SF를 오가는 독특한 장르 체계를 완성하였다는 것이다. 아울러 스틸 사진에 갈라진 빗금처럼 병구의 주체적 삶은 비록 깨어지고 무너졌지만, 장준환 감독의 새로운 작품들 속에서 끈질기게 부활할 수 있길 기대한다. 작품에 생동감을 부여한 주제가처럼 무지개 너머(over the rainbow)를 꿈꾸는.

제2부

영상문화의
흐름과
스토리텔링

영상문화 교역 시대의
서사 전략

> 인간 사회에서 대부분의 갈등은 사회적, 문화적, 경제
> 적 자원들의 특별한 패턴을 가장 적합한 것으로 보이도
> 록 하기 위해 상징들을 조작하려는 노력에서 생겨난다.
> ─조나단 H. 터너

1. 문화콘텐츠 산업의 가치와 전망

지식을 기반으로 하는 정보기술(IT) 산업의 발달은 문화콘텐츠를 기반으로 하는 문화기술(CT) 산업을 부추겼다. 즉 초고속통신망, 이동통신과 무선인터넷 등 모바일의 발전, 홈 시어터, 유비쿼터스 등의 기술 발전으로 인해 문화생활에 대한 접근성이 용이해진 것에 따른 결과, 제조업이 주를 이루던 산업 생산(industrial production)의 방식에서 지식의 기반 위에 감성과 테크놀로지의 새로운 융합으로 이루어지는 문화 생산(cultural production)의 방식으로 생활환경이 급속도로 전환하면서, 이제는 예술 문화적 감수성과 상상력과 창의력이 테크놀로지와 결합하여 빚어내는 콘텐츠웨어(contentware)라는 신조어까지 만들어내고 있다. 그에 따라 지식과 감성은 물론이고 상상력, 예술성, 가치관, 생활양식, 문화유산 등의 제반 문화가치에 기반

을 두고 생산되는 문화상품들—즉 영화, 애니메이션, 만화, 게임, 음악, 캐릭터, 방송, 에듀테인먼트 등을 제작, 가공, 유통, 소비하는 과정에서 이루어지는 산업을 통칭하는 문화콘텐츠 산업이 디지털기술의 발달과 인터넷 등을 포함한 현대의 다매체 유통망을 통하여 급속하게 성장하고 있다. 이제 문화콘텐츠가 창출하는 고부가 가치에 대한 인식은 더 이상 강조할 필요가 없을 만큼 중요해졌고, 기업의 차원을 넘어 국가 간 경쟁력에 사활을 걸만큼 중요하게 확산되고 있는 추세이다.

특히 중국의 개방정책과 함께 한·일 양국 간의 문화 교류가 개방된 이후 21세기로 접어들면서 동아시아의 문화교역 사업은 그 어느 때보다 활발하게 전개되고 있다. 바야흐로 전성기를 맞고 있는 동아시아 문화 교역 시대에 있어, 잘 만들어진 문화콘텐츠 상품의 해외 수출 성공 경험은 한순간 국가의 이미지를 상승시키고 국민들의 자긍심을 고취시킬 뿐만 아니라, 그와 함께 다양한 부가가치를 창출함으로서 경제적으로 대단히 큰 파급효과를 낳게 된다.

결국 문화상품의 성공은 기업 상품과 관광 상품으로까지 매출을 신장시키는 결과를 동반하는 것이다. 이러한 경험은 지속적으로 문화 브랜드를 창출시키는 저력이 되는 동시에 문화자본의 인프라를 확산시키는 가운데, 예술가들의 창의력을 자극하여 우수한 문화예술 활동을 촉진시키는 연쇄효과를 발생시키는 동력이 된다. 이러한 효과를 얻기 위해서 각국의 정부는 문화콘텐츠 산업을 통합적인 관점에서 국가 기간산업의 수준으로 끌어올리는 방법을 적극적으로 모색하고 있다.

동아시아의 한국, 일본, 중국 중에서 가장 일찍이 문화산업을 일으키고 국제교역 시장을 개척한 일본은 이미 미국에 이어 세계 2위의 문화콘텐츠 산업 강국이 되었으며, 특히 게임, 애니메이션, 캐릭터, 만화 등의 분야에서는 세계 최고의 경쟁력을 보유하고 있다. 포켓몬 스터는 그 대표적인 문화콘텐츠의 성공 사례이다. 롤플레잉 네트워 크 게임으로 시작한 150마리의 귀여운 괴물(몬스터)들은 애니메이 션과 만화, 그리고 각종 캐릭터 상품으로 만들어져 세계 어린이들의 마음을 사로잡았다. 포켓몬스터가 일본경제에 미친 파급효과는 2조 엔(20조 원)으로 추정된다.

중국의 경우도 무시 못할 성장 속도를 보이고 있는데, 문화산업 의 연평균 성장률은 14.9%로 추정되며, 이는 중국 전체 경제성장률 8.5%를 크게 앞지르는 수치이다. 그러나 이 또한 현재의 수치일 뿐 중국 문화자본의 잠재적 가치를 따질 때 그 성장 가능성은 엄청나다 할 수 있다.

한국 또한 그 성장 추세는 가히 압도적이라 할 만한 수준을 보이 고 있는데, 특히 가요, 드라마, 영화 등의 분야에서는 괄목할 만한 성 과를 보이고 있다. 실례로 한국영화수출 실적은 2002년도에 1,495 만 달러, 2003년도는 상반기에만 1,721만 달러를 올려 전년도 실적 을 훌쩍 상회하였으며, 연간 총 실적은 3,098만 달러에 육박하였다. 그리고 2004년도도 마찬가지로 상반기 실적(3,252만 달러)만으로도 전년도 실적을 상회하였으며, 연간 총 실적은 5,828만 달러에 이르 는 등 욱일승천의 기세로 그 실적은 계속해서 상승하고 있다. 그리 고 부산국제영화제의 경우만 해도 2002년도 지표를 참고해보면 전 국적으로 생산유발효과 225.2억 원(부산지역 147.8억 원), 고용유발 효과 1,687명(부산지역 1,563명), 부가가치 유발효과 121.4억 원(부 산지역 83.6억 원) 등의 실적을 거두고 있다.

다만 영화부문의 해외 수출 실적 대부분이 일본을 중심으로 한 (2004년도 일본점유율 69%) 아시아 국가들에 편중되어 있다는 사실은 그리 바람직하지 못한 현상이다. 이는 주로 한류 열풍에 힘입은 것으로서, 특정 지역의 편중화 현상을 극복하는 것이 한국영화의 숙제이다. 실제로 미국과 서구 시장을 개척하고 있는, 국제영화제에서 인정받은 한국의 우수한 필름들—〈오아시스〉(이창동 감독, 2002, 베니스 영화제 감독상), 〈올드보이〉(박찬욱 감독, 2003, 2004년 칸 영화제 심사위원 대상), 〈사마리아〉(김기덕 감독, 2004, 베를린영화제 감독상), 〈빈집〉(김기덕 감독, 2004, 베니스 영화제 감독상) 등의 작품은 정작 아시아 지역에서는 외면받고 있는 실정이다.

이 글은 오직 교환가치와 산업의 관점에서 무비판적으로 기획되고 생산, 유통되는 문화 교역 상품들에 대하여 인문학적 반성과 그 극복 노력이 어느 정도 필요하고, 또 어떻게 개진되어야 하는지 범박하나마 한 번 정리해보고자 하는 것이다.

2. 영상문화의 교류와 서사의 역할

개개인의 내면에 구조화된 문화적 성향인 아비투스(habitus)와 그에 영향을 미치는 사회경제적 요인들인 문화자본 등의 개념을 밝히고 있는 부르디외(P. Bourdieu)는 그 관계적 의미를 하나의 지식 형식, 내화된 코드, 또는 문화적 관계들과 문화적 가공물을 해독하는 데 있어서의 능력, 해독하기 위한 감상력, 해독하는 데 있어서 공감대를 지닌 사회적 행위자를 갖추기 위한 인식의 취득으로 규정하고, 그 사회의 지배계급에 의해 가장 높이 평가되는 언어를 이해하고 활용하는 능력이 많으면 많을수록 문화자본을 많이 소유하고 있을 뿐만 아니라, 문화자본의 분배와 전수 방법 역시 많이 통제할 수 있다

고 하였다.[1]

이 논리를 현재 활발하게 전개되는 동아시아의 문화 교역 상황에 비추어볼 때, 문화 교역 시대에 있어 경쟁의 우위를 선점하기 위해서는 창조와 변형과 가공의 과정을 거쳐 나날이 업그레이드되는 문화자본을 가장 빨리, 그리고 많이 소유하고 있어야 할 뿐만 아니라, 그러한 문화자본을 주도적으로 향유하는 계층 속에 내재된 주관적 성향, 즉 아비투스의 속성과 그 방향을 시의적절하게 읽어낼 수 있어야 한다. 객관적으로 형성된 문화 구조는 내적으로 구조화된 주관적 성향을 생산하거나 또는 그에 영향을 미치고, 그렇게 내재화된 아비투스의 경향에 의해 구조화된 문화적 행동을 낳게 되며, 그것은 다시 객관적 문화 구조를 재생산하는 순환의 고리를 이루기 때문이다.

내러티브(narrative)는 그러한 문화자본을 구성하고 재생산하는 본질적 요소 중에 하나이다. 내러티브를 소통하는 방식이 인쇄 매체에만 매달려 있던 시대에는 그 수요자들의 동향은 오직 책의 매출 부수에만 의존하였다. 그러나 오늘날 내러티브의 소통이 뉴미디어라고 불리는 다매체의 방식으로 확대됨에 따라 수요자와의 소통경로는 아주 다양하게 열렸으며, 그 반응의 형태도 다변화되었다. 또한 내러티브의 생산방식도 매체의 형태에 따라 다양하게 변모되어 온 것이 사실이다. 오늘날 흔히 거론되는 '인문학의 위기'에서 벗어나고자 하는 학제적 모색 속에서 '문화콘텐츠'라는 새로운 방향 모색은 자연스럽게 전개되고 있다. 독자들은 이제 그들이 보고자 하는 내러티브를 그들이 원하는 취향의 매체를 통해 골라 볼 수 있

---

1) 홍성민, 『문화와 아비투스』, 나남, 2000.

게 되었다. 매체의 변화로 말미암아 필수불가결하게 문예물의 창조와 소통의 지형도가 변화되었다. 그리하여 콘텐츠들(영화, 드라마, 애니메이션, 컴퓨터게임 등) 사이에 이야기 소스를 공유하는 방식인 'OSMU(One-Source Multiple-Use)' 체제는 디지털 시대에 내러티브를 전유하는 공식이 되었다.

거세게 중국 대륙을 강타한 바 있는 한국 TV 드라마 〈大長今〉(극본 김영현, 연출 이병훈)은 한국을 향해 형성된 중국인들의 아비투스에 영향을 미칠 수 있는 문화자본으로서 성공적으로 수출된 대표적인 'OSMU' 콘텐츠라 할 수 있다. 이 드라마는 2005년 9월 1일 후난(湖南)위성 TV를 통해 첫 방송이 시작된 후 10일 만에 동시간대 최고 시청률인 12%(1억 6천만 명)를 기록하면서, 다양한 대장금 신드롬을 불러일으켰다. 동명 소설이 날개 돋인 듯이 팔려나가고, 한국 음식과 화장품 이외 다양한 한류 특수가 동반되었다. 이러한 현상은 이영애를 통한 스타 마케팅의 일환으로 이루어진 것이긴 하지만, 그보다도 더 근원적인 이유는 짜임새 있는 드라마와 함께 한국 전통음식 문화의 수준과 품격을 내러티브 속에 잘 살리고 있는 것에 있다. 중국 배우 장궈리(張國立)는 "중국의 영화, 드라마는 갈수록 상업성만 추구하는 반면 한국 드라마는 충실한 스토리와 함께 정(情), 예의 등을 아름답게 그려내고 있다"고 인기 원인을 분석하였다.[2]

---

2) 『한국일보』, 2005. 9. 21. 그러나 중국의 인기배우인 장궈리는 〈대장금〉에 대한 비판을 제기하여 한류 열풍에 대한 역풍 논쟁을 야기시킨 장본인이기도 하다. 다음은 그에 대한 신문 기사의 한 토막이다.—청나라 건륭황제 당시 유명 문인인 기윤의 배역을 주로 맡아 국민배우로 손꼽히는 장궈리(張國立)도 지난달 29일 기자회견 석상에서 "주위에서 하도 좋다고 하기에 '대장금' 1회분을 봤지만 분통이 터져 더이상 보지 않았다"고 목소리를 높였다. 그는 "별거 아닌 한국 드라마를 가지고 우리 중국 언론이 너무 난리를 피우고 있다"고 지적했다. 스토리 전개가 느리고 침술을 한국에서 만들었다는 등 사실의 오류를 여러가지 범하고 있는데도 중국 언론

이를 통해 우리는 하나의 콘텐츠를 완성시키는 데에 있어 내러티브의 역할이 얼마나 중요한지 새삼 인식하게 된다. 서사구조를 포함하여 서사로 통칭되던 내러티브는 이미 허구적 이야기라는 기존의 규정을 넘어서 사실적인 요소까지를 담아내는 이야기 구조로 이해되고 있으며, 이야기의 생성 과정 및 행위로서의 이야기를 강조할 경우 '스토리텔링'이라는 용어가 쓰이기도 한다. 이야기의 전달 방식을 지칭하던 스토리텔링(구비전승)은 민담, 전설, 설화, 전래동화 등을 구술하는 고전적 의미에서 벗어나 오늘날 문화콘텐츠 창조의 한 방식으로 전유되고 있다. 그 핵심은 어떤 이야기를 들려주는가보다, 이야기를 즐기기 위해 어떤 매체와 결합을 시키고, 그 매체와 어울리는 이야기로 어떻게 가공시켜내는가 하는 문제에 있다. 그러므로 스토리텔링 공학은 결국 내러티브 문제로 귀결되는 것이다. 내러티브의 동사형(to narrate)이 "관계를 맺다"는 의미도 갖고 있듯이, 내러티브가 엮어내는 이야기는 어떤 무질서한 집합체로서의 사건의 나열이 아니라, 부분과 전체, 처음과 끝이 일관된 연결성을 갖게 하는 어떤 질서화 작업에 근거하고 있기 때문이다.

잘 알다시피 중국을 휩쓸아친 〈대장금〉 이전에, 이미 일본 열도를 뒤흔들었던 〈겨울연가〉(윤은경 극본, 윤석호 연출)의 '욘사마' 열풍이 있었다. 〈겨울 소나타〉란 제목으로 NHK 위성 및 공중파 방영을 통해 일본 전역에 배급된 이 작품의 경우, 경제적 파급효과로서 2004년에 매출 500억 원(DVD 340억 원, 소설 84억 원, 여행 가이드북 18억 원, OST 55억 원, 방송권 판매 4억 5천만 원, 주제곡 매출 5억 원의 성과를 거두었을 뿐만 아니라, 촬영지인 춘천의 남이섬 등지로

___

은 중국의 드라마에 대해서는 가혹하면서 한국 드라마에는 후한 점수를 주고 있다는 설명이다. 『경향신문』, 2005. 10. 9.

이어지는 관광객 수입까지 고려할 때 대단한 파급효과를 낳았다.

그 신드롬을 이어 2005년 9월 개봉 당시 일본을 술렁이게 하였던 배용준 주연의 〈외출〉(허진호 감독, 2005)은 일본 개봉 첫날 15만 명 동원에 이어 첫 주말 동안 모두 3억 5천만 엔의 흥행수입을 올렸으며, 최종적으로는 『산케이 스포츠』 등 현지 언론으로부터 40억 엔 이상의 수입도 가능하다는 분석이 나왔었다. 〈4월의 눈〉이란 제목으로 배급된 이 작품은 기획 단계에서부터 해외 특히 일본을 겨냥하여 준비한 작품이다. 이의 흥행으로 인해 한국 영상산업에 몰리게 될 일본 자본의 투자 범위는 확대될 전망이지만, 스타에만 심히 의존하는 약삭빠른 상업주의는 건전한 문화 교류의 관계에 악영향을 미칠 것이라는 부정적인 분석도 제기된 바 있다.

흥미로운 것은 〈외출〉과 똑같이 불륜과 순정을 오가는 소재로 선보였던 영화 〈스캔들-조선남녀상열지사〉(이재용 감독, 2003)는 그들의 욘사마가 출연함에도 불구하고 열렬 팬들의 관심을 크게 끌지 못했다는 사실이다. 그 이유가, 사극이기 때문에 배용준이 안경을 쓰지 않고 출연하였기 때문이라는 설이 분분하였다. 그렇다면 〈겨울연가〉와 〈외출〉에서 배용준이 인기를 끈 비결은 오직 안경을 쓴 외모 때문이라는 결론에 이르게 되는데, 사실은 그보다 더 근본적인 원인이 내러티브에 숨어 있다고 볼 수 있다. 그것은 욘사마 팬덤(fandom)을 이루는 일본의 중년 여성들의 아비투스로부터 비롯되는 것이다. 즉 두 작품이 공히 '불륜을 넘어서는 순정'이라는 제재를 다루었으나, 일본 팬들에게는 〈스캔들〉의 캐릭터처럼 뻔뻔하고 때로는 파렴치하기까지 하는 배용준의 설정이 마뜩찮았던 것이다. 사실 봉건적인 가부장제와 남성중심주의에 신물이 난 일본의 중년 여성들에겐 〈겨울연가〉에서 '준상'이 보여준 순애보적이고 헌신적인 남성상이야 말로 동경의 대상이 되었다. 그 취향을 만족시키기 위해 〈외출〉은 그녀들의 꿈에 가까운 그 아비투스를 다시금 자극하기 위한 내러티브 전략으로써 재생산된 맞춤용 문화콘텐츠인 것이다.

한편 전지현이라는 스타 마케팅을 통해 범아시아 프로젝트로 제작된 〈내 여자 친구를 소개합니다〉(곽재용 감독, 2004)도 일본 시사회 때 인기 비쥬얼 록 그룹 X-Japan의 리더였던 요시카가 참석하여 삽입곡 'Tears'를 부를 만큼 일본시장을 겨냥하였던 작품으로서 20억 엔의 흥행 기록을 세웠었다. 그러나 그 흥행 성적처럼 소기의 성과는 거두었는지는 모르겠지만, 한국 관객과 평단으로부터는 '두 시간짜리 CF', '40억 원짜리 뮤직비디오'라는 혹평을 얻기도 하였다. 그 이유는 곽재용 감독의 전작 〈엽기적인 그녀〉(2001)의 캐릭터처럼 명랑하고 발랄한 전지현의 개성을 살린 전반부를 지나 판타지가 도입되는 후반부의 내러티브와 그 연출이 너무나 엉성했기 때문이다.

물론 스타 마케팅은 감성 세대의 무한한 잠재력을 산업적으로 흡수할 수 있는 가능성이 높은 유통 전략임을 부정할 수는 없다. 그러나 완성도 높은 내러티브가 뒷받침되지 않은 상태에서 지나치게 스타의 인기에만 의존하는 태도는 상업성과 예술성의 건전한 긴장관계는 찾아볼 수 없는 눈요깃거리의 저질 상품화를 낳는 결과를 초래하게 된다. 눈앞의 이익만 좇는 이러한 마케팅 행위가 지속된다면 머지않은 미래에 한류 열풍을 한순간 거품으로 전락시킬 수도 있다. 특히 한류 스타들에게만 초점이 맞추어진 마케팅 전략은 진정한 의미에서의 문화 교류는 이루지 못하고, 서로의 질적 수준을 저하시키는 문화 공동화(空洞化) 현상을 낳게 될 것이다.

이런 측면에서 2005년 9월, 한국의 극장가에 개봉되었던 일본 영화 〈불량공주 모모코〉(나카시마 테츠야 감독, 2004)의 경우는 또 다른 시사점을 남긴다. 다케모토 노바라의 베스트셀러 소설이자 일본 여고생들의 필독서인 『시모츠마 이야기下妻物語』를 영화화한 것으로, 일본 박스 오피스에 10주 이상 상위 랭크되었던 작품이다. 그러나 한국 개봉관에서는 큰 호응을 받지 못하였는데, 그것은 대체로 광고 컨셉이 일본의 명랑 만화처럼 엽기적이고 유치한 영화라는 선입관을 낳았기 때문으로 보인다. 실제로 영상은 시종일관 의도적인 상투성을 띠는 키치(kitsch)풍에 만화적인 상상력으로 가득찬 연출로 이루어졌다. 그러나 그 경지는 상당히 독특한 감각과 개성을 선보이는 것이었고, 그 내러티브는 불량 가정에서도 여성성을 잃지 않고 살아가는 모모코와 중상류 계층이지만 비뚤어진 남성성을 동경하는 이치코 사이에서 맺어지는 순수한 의리와 우정을 잘 표현했었다. 이처럼 따뜻한 성장영화로서 일본 소녀문화의 한 단면을 이해할 수 있게 만든 작품임에도 불구하고 한국 관객들로부터 외면을 받았다는 사실은 우리가 얼마나 일본 문화에 대한 편견에 사로잡혀 있는지를 다시 한 번 확인시켜주었다. 이러한 경향은 일본문화의 부분 개방 방침에 따라 선별적으로 수입되었던 이전의 수작들—이마무라 쇼헤이의 〈우나기〉(1997), 〈나라야마 부시코〉(1982), 구로사와 아키라의 〈카게무샤〉(1980), 기타노 다케시의 〈하나비〉(1997), 〈기쿠지로의 여름〉(1999) 등이 거둔 열악한 흥행 성적에서도 알 수 있다.

그러나 일본영화의 힘은 사실 이들 작품들에 깊숙이 내재되어 있음을 결코 간과해서는 안 된다. 제1차 일본문화 개방이 이루어진 1998년 이전에는 한국에서 일본영화를 보는 것이 거의 불가능에 가까웠다. 또한 21세기에도 여전히 잠재하는 제국주의 시대의 구원 또는 문화적 취향의 차이 등의 이유로 인해 가깝고도 먼 거리를 유지하고 있다.

일본문화의 개방이 허락되지 않았던 1980년대 시절, 부산 카톨릭센터 소극장 등지에서 간간히 열리던 '시네마테크 1/24 특별전'과 같은 동호회 활동을 통해 구로사와 아키라의 〈라쇼몽〉(1950)과 〈7인의 사무라이〉(1954) 등의 필름을 겨우 볼 수 있었다. 그 이후 부산국제영화제가 개최되면서 '97 베니스 영화제 황금사자상에 빛나는 기타노 다케시의 〈하나비〉가 BIFF 광장에 소개되었던 당시에 관객들이 보여준 반응은 열광 그 자체였다.

그러나 같은 영화가 1998년에 일본영화 개방 제1호로 일반개봉관에서 정식 개봉되었을 때 한국의 관객들이 보여준 냉담한 반응은 참으로 낯선 것이었다. 곧바로 이어진 구로사와 아키라의 〈카게무샤〉('80 칸 영화제 황금종려상)나 그 이듬해에 소개된 이마무라 쇼헤이[3]의 〈우나기〉('97 칸 영화제 황금종려상)와 〈나라야마 부시코〉('82 칸 영화제 황금종려상) 등으로 이어졌던 냉담한 반응들도 이해할 수 없기는 마찬가지였다. 1차 개방의 조건이 4대 국제영화제 수상작에 한정된 탓도 크겠지만, 그때엔 다만 일본영화에 대한 인식이 덜 된 탓이거니 하고 여길 수도 있었다.

그런데 그보다 더 큰 놀라움은 제2차 개방 때 보여준 관객들의 반응에서 드러났다. 1999년 9월, 제2차 개방의 조건으로 약 60여 개의 공인된 국제영화제와 전체관람가 등급의 영화로 확대되면서, 그 첫 작품으로 이와이 슈운지의 〈러브레터〉(1995)가 개봉되자 거기에 몰

---

3) 이마무라 쇼헤이는 칸 영화제에서 두 번이나 황금종려상을 수상하는 영예를 남겼다. 그 외에 프란시스 포드 코폴라가 〈컨버세이션〉(1974)과 〈지옥의 묵시록〉(1979)으로, 에밀 쿠스트리차가 〈아빠는 출장중〉(1985)과 〈언더 그라운드〉(1995)로, 빌 어거스트가 〈정복자 펠레〉(1988)와 〈최선의 의도〉(1992)로, 다르덴 형제가 〈로제타〉(1999)와 〈더 차일드〉(2005)로 두 번씩 칸을 정복하였다.

려든 관객들이 전례 없던 열광적 반응을 보인 것이다. 오랫동안 "오 겡키 데스카~!"는 하나의 문화적 코드가 될 정도였다. 그런 놀라움은 나카타 히데오의 〈링〉(1998)에 대한 반응에서도 이어졌다.

무엇이 일본영화를 가깝고도 멀게 만드는 것일까? 예술영화와 대중영화의 구분을 논하기 이전에, 아마도 한국의 관객들에게는 해외 영화제 수상작에 대한 원초적인 거부감이 잠재적으로 작동하고 있었을 것이라는 생각이 앞선다. 2006년 한국영화 시장을 달궜던 봉준호의 〈괴물〉에 대한 반응[4]으로 인해 해외 유수의 영화제들로부터 초청된 〈시간〉의 김기덕 감독이 국내 개봉을 포기하고자 했던 심정이 이해가 될 법도 하다.

그럼에도 불구하고 일본영화사의 굵직한 획을 이어온 거장들의 전통은 여전히 위력적이다. 나루세 미키오를 위시하여 일본영화의 제1세대를 대표하는 미조구치 겐지, 오즈 야스지로 등의 감독들과 그 뒤를 잇는 구로사와 아키라, 이마무라 쇼헤이 등으로 이어지는 거장들의 힘은 여전히 압도적이어서 한국의 영화광들과 젊은 영화학도들의 추종의 행렬은 끊임없이 이어지고 있다.

1997년도에 거둔 일본영화의 영예는 아마도 그러한 전통의 힘이 계승된 탓이 아닌가 여겨진다. 국제적인 평가를 받게 되었다고 하는 의미에서 1997년은 일본영화사에 남을 획기적인 해였다. 이마

---

4) 〈괴물〉이 〈왕의 남자〉를 제치고 개봉 38일 만에 한국 영화 최고의 흥행작으로 올라섰는데 〈괴물〉은 개봉 후 하루, 전국에서 10만 5천 414명의 관객을 더 모아, 이틀째까지 최종 누적 관객수 1천 237만 8천 366명을 기록했었다. 할리우드 블록버스터에 밀려 침체에 빠져 있던 2006년 7월말 개봉한 〈괴물〉은 개봉 전 역대 최대 예매율을 기록을 시작으로, 620개 최다 스크린 개봉, 개봉 5일 만에 300만 관객 돌파, 개봉 9일째 500만 돌파 등 한국 영화의 신기록 행진을 이어갔다. 연합뉴스 TV, 2006. 9. 4. 참조.

무라 쇼헤이의 〈우나기〉, 기타노 다케시의 〈하나비〉, 미야자키 하야오의 〈원령공주〉, 모리타 요시미츠의 〈실낙원〉, 이치카와 쥰의 〈동경야곡〉, 미타니 코키의 〈라디오의 시간〉, 쿠로사와 키요시의 〈Cure〉, 카와세 나오미의 〈맹의 주작萌の朱雀〉 등의 작품이 뒤를 이어 상영되는 가운데, 이마무라 쇼헤이가 칸 영화제에서 황금종려상을, 기타노 다케시가 베니스 영화제에서 황금사자상을, 이치가와 쥰이 몬트리올 영화제에서 최우수감독상 등을 수상하여 갈채를 받았던 것이다.

그러나 그것을 분수령으로 하여 이후 현재에 이르기까지 일본영화의 명성은 잠잠한 반면에 한국영화는 괄목할 만한 성장을 이루어 왔다고 할 수 있다.[5] 그 예로 1997년에 거둔 일본의 수준에는 미치진 못하겠지만, 2000년대로 접어들면서 해외영화제에서 거둔 한국영화의 성과는 한국영화의 상승세를 상징적으로 대변하고 있다. 2002년에 임권택이 〈취화선〉으로 칸 영화제 감독상을, 이창동이 〈오아시스〉로 베니스 영화제 감독상을 각각 수상한 것을 필두로, 2004년엔 눈부신 성과들을 거둬들였다. 즉 박찬욱의 〈올드보이〉가 칸 영화제 심사위원 대상(Grand Prix)을, 김기덕이 〈사마리아〉와 〈빈집〉으로 각각 베를린 영화제와 베니스 영화제의 감독상을 연거푸 수상하였다. 그리고 홍상수의 영화들도 비록 수상권에는 진입하지 못하였어도 〈강원도의 힘〉(1998), 〈오! 수정〉(2000), 〈여자는 남자의 미래다〉(2004), 〈극장전〉(2005)으로 이어지는 작품들이 칸 영화제

---

5) 물론 코레에다 히로카즈 감독이 〈아무도 모른다〉(2004), 〈하나〉(2006) 등의 작품들을 통해 일본사회에 굳어진 이데올로기의 이면을 파헤치고 균열을 내는 작업에 관객을 또 하나의 주체로 동반하는 작업들을 꾸준히 전개하고 있어 주목을 끄는 감독도 있다. 특히 〈아무도 모른다〉는 주연을 맡았던 14세 소년 야기라 유야가 칸 영화제에서 최연소 남자연기상을 수상하여 주목을 받았던 작품이기도 하다.

의 경쟁부문에 초청되는 등 꾸준한 활약상을 이어오고 있다.

이처럼 한국영화가 해외의 영화제에서 인정받는 성과를 거두는 주요인으로는 관객을 영상이 빚어내는 환상을 향수하기만 하는 수동적인 대상으로 방치하지 않고, 현 사회를 지배하는 이데올로기가 생산되는 방식과 그것이 작용되는 과정을 추적하여 그 허위의식을 인식하는 주체로서 관객을 소환하기 때문이라고 여겨진다. 그러나 같은 이유로 인해 일반 관객들은 이들 영화를 외면하는 아이러니한 현상이 벌어지기도 한다. 만약 한국영화의 시장이 이러한 우수한 성과를 무시하고 오직 상업적 광고와 대중적 트랜드만 무분별하게 부화뇌동하는 그동안의 편식 현상을 반성하고 경계하지 않는다면, 악화가 양화를 구축하게 되는 심각한 문화 불균형의 결과를 낳게 될 것이다.

이처럼 대중들의 관심이 내러티브보다는 테크놀로지와 오락적 가치에 치우칠 경우 은연중에 각국의 문화콘텐츠는 자국의 정치적 이데올로기를 선양하기 위해 복무하는 우를 범할 수도 있다. 그 대표적인 예를 장이머우의 〈영웅〉(2002)과 〈연인〉(2004) 연작에서 찾을 수 있다. 〈붉은 수수밭〉(1988), 〈홍등〉(1991), 〈귀주이야기〉(1992), 〈인생〉(1994), 〈책상 서랍 속의 동화〉(1999) 등의 뛰어난 작품으로 중국을 대표하였던 장이머우 감독[6]은 앞의 두 연작 작품에서 특유의 미적 감각으로 중국의 전통무술을 예술적인 경지로까지 승화시켰다. 당연히 한국의 개봉관에서는 박스 오피스 1위를 차지하였다.

---

6) 국제영화제에서 장이머우의 수상 경력은 실로 화려하다. 데뷔작인 〈붉은 수수밭〉으로 베를린 영화제 황금곰상을 수상한 이래, 〈홍등〉으로 베니스 영화제 은사자상, 〈귀주 이야기〉로 베니스 영화제 황금사자상, 〈인생〉으로 칸 영화제 심사위원 대상, 다시 〈책상 서랍 속의 동화〉로 베니스 영화제 황금사자상 등을 수상하였다.

그러나 그 내러티브는 안타깝게도 중국의 패권주의와 중화주의를 승인하는 일종의 관각(館閣) 영화로 전락하는 한계를 드러내는 것이었다. 이 영화가 지향하는 메시지에는 소수민족의 역사를 말소하고 왜곡시키며 아시아의 맹주가 되려는 중국의 정치적 야심을 고스란히 담아내고 있기 때문이다. 청소년기에 문화혁명을 체험한 세대이지만 그 맹목적이고 폭압적인 역사에 대해 비판적인 시선을 유지하였던, 그리하여 첸카이거[7]와 함께 중국 제5세대 감독의 선두주자이던 장이머우가 〈영웅〉에서 천하의 안정을 위해 전제군주를 인정하는 전향적 태도를 보인 것이다. 뜻을 같이하였던 동지들을 희생시키는 고육지책 끝에 마침내 왕을 시해할 수 있는 기회를 잡게 되지만, '천하' 통일이라는 명분 아래 선뜻 그 뜻을 꺾어버리는 내러티브는, 그것도 중국 역사상 가장 폭압적이었던 진시황을 영웅시하는 결말 앞에서는 일말의 배신감마저 느끼게 된다. 장이머우는 천하통일의 대의를 위해 암살의 뜻을 굽히는 주인공을 또 하나의 영웅으로 그리고자 하였는지는 모르겠지만, 이는 진시황 시해를 위해 기꺼이 목숨을 바쳤던 동지에 대해서는 명백한 배반 행위가 아닐 수 없다. 〈연인〉 역시 당나라 정부에 대항하는 반군세력인 '비도문(飛刀門)'에 대한 이야기지만, 주 내러티브는 정부군 무사와 비도문파의 여인 사이에 싹트는 사랑에 초점을 맞추고 있어 결국 저항에 대한 내러티브는 실종되고 만다. 이는 티베트 등과 같은 소수민족의 독립의지를 억압하거나, 동북공정처럼 중화주의를 강화하려는 중국 정부의 태도를

---

7) 첸카이거 역시 문화혁명을 직접 체험한 세대로서, 당시 그 자신도 문화혁명을 열렬히 지지하기도 하였지만, 〈패왕별희〉('94 칸 영화제 황금종려상)에서는 관점을 바꾸어 국가 이데올로기에 의해 핍박받는 민중과 예술의 비극성에 초점을 맞춤으로써 역사에 대한 비판적 시각을 드러내었다.

영화 속에 은밀하게 반영하고 있는 것이다. 장이머우 영화의 내러티브가 이처럼 전향적으로 그려지는 이면에는 중국 정부로부터 지원받는 막대한 제작비가 작용하고 있다.

중국 정부로부터 '시네마 펀드'라는 이름의 막대한 재정 지원과 함께 대대적인 수혜를 받는 영화 중에는 가끔 국제적 명성을 얻게 되는 경우도 있는데, 쩡커훙(鄭克洪)의 〈침묵의 먼 산沈默的遠山〉(2005)과 류지에(劉杰)의 〈마상법정馬背上的法庭〉(2006) 등이 그러한 예다. 이들은 각각 보고타 영화제에서 은상을, 베니스 영화제 호리즌상을 수상하였다. 그러나 이러한 영화들은 이른바 '주선율(主旋律)' 영화[8]에 해당되는 것으로 그 내러티브는 공공복무의 성격을 벗어나지 못한다.

반면에 중국 영화의 희망은 제6세대 감독들에게서 발견된다. 1982년에 다시 문을 연 북경전영학원 출신으로서 1989년에 벌어진 천안문 시위의 정신을 계승하기에 소위 포스트 천안문 세대로 불리는 이들은 독립영화를 추구하면서 자본주의에 물들어가는 공산당 체제의 이면을 비판적으로 반영해낸다. 이들 영화는 체제의 감시와 검열에 걸려 대부분 상영이 금지되지만 해외영화제를 통해 인정을 받으면서 자신들의 존재를 세계에 알리고 있다.

1992년 장위엔이 〈북경녀석들〉로 포스트 천안문 세대의 삶을 서방에 최초로 알렸으며, 로카르노 영화제는 특별상으로 이에 화답하였다. 장위엔과 북경전영학원 동기로서 같이 활동하였던 왕샤오쉬이는 그의 데뷔작 〈동춘의 나날들〉(1993)이 뉴욕현대예술관의 소장품으로 선정되었을 뿐만 아니라, 중국영화로는 유일하게 영국 BBC

---

8) 공산주의 혁명의식을 고취시키기 위한 '아지프로' 성향의 영화로서, 중국 정부당국의 적극적 지원 아래 제작되고 있다.

의 세계우수영화 100편에 선정되는 등 해외에서 호평을 받았으나, 중국 내에서는 주인공이 정신병원에 갇히는 암울한 내용을 이유로 상영금지 처분을 받으며 블랙리스트에 올랐다. 이후 〈북경자전거〉(2001)로 베를린 영화제 심사위원 대상을 받았으나, 자국에서는 2년 간 제작금지 처분을 받았다. 중국청년실험영화집단을 창립하고 지하전영을 이끌어온 지아장커는 1998년 제3회 부산국제영화제의 뉴 커런츠 부문에 〈소무〉(1997)를 소개하면서 주목을 받았는데, 그 이후 〈플랫폼〉(2000), 〈임소요〉(2002), 〈세계〉(2004) 등의 작품들로 호평을 받아오다가 마침내 〈스틸라이프〉(2006)로 베니스 영화제 황금종려상을 수상하는 쾌거를 올렸다. 〈수쥬〉(2000)로 로테르담 영화제 타이거상을 수상한 로우예는 〈자호접〉(2003)에 이어 〈이화원 Summer Palace〉(2006)으로 칸 영화제 경쟁부문에 초청되었는데, 그러나 천안문 시위를 배경으로 하고 있다는 이유로 향후 5년간 제작금지 처분을 받았다.

이들은 체제의 감시와 검열에도 불구하고 굴하지 않고 중국의 근대화가 드리우는 이면의 그림자를 찍어내고 있다. 소매치기, 자전거 택배원 같은 주변부 인물을 내세워 사회의 부패와 갈등을 비판하거나, 또는 민주화 시위의 실패에 따른 트라우마를 헤어지는 연인들의 암울한 풍경 속에 담아내는 이들 영화들이 국제영화제에서 호평을 받고 있지만, 안타까운 사실은 이들의 내러티브가 문화 교역 시대의 상품으로서는 전혀 유통되지 않는다는 것이다. 그것은 현실의 결핍을 언제나 채워주는 상업영화의 물신주의에 일반 관객들이 너무나 깊이 길들여진 탓이다. 인문학이 제 역할을 성실히 수행해야 할 이유가 바로 여기에 있다.

3. 문화 교역 시대의 인문학적 과제

인터넷과 위성방송의 발전이 가져다준 세계화 또는 탈역사화의 경향은 근대의 산물인 민족주의를 넘어서게 만든다. 역사적 유물이나 유적지마저도 원래의 역사적 맥락과는 전혀 무관하게 오직 상업적인 관점 아래에서 단장되고 소비되는 이 시대의 풍조는 본래의 의미보다는 스토리텔링에 근거하여 임의적으로 새로운 내러티브를 가공해낼 수 있는 소위 문화재 산업 또는 기억 산업이라는 신조어까지 만들어낸다.

그러나 아무리 탈역사화가 가속화되어도, 현대역사학을 태동시킨 아날학파의 주요 구성원인 모리스 알브바슈가 주창하였던 '집단 기억'과 고대 이집트 연구가로서 알브바슈의 기억 이론을 계승한 얀 아스만이 말한 '문화적 기억' 등이 사실은 각 민족의 정체성 구성이나 국가 간의 이미지를 조작하기 위한 전략적 계기로 기능하거나, 특정 이데올로기와 결탁하여 그것을 선양하기 위해 내부적으로 긴밀하게 구성될 가능성이 매우 높은 것[9]이어서, 기억 산업과 같은 문화콘텐츠 산업들은 오히려 민족주의나 전체주의를 위해 복무할 개연성이 동시에 잠재한다.

문화의 산업화와 개방의 시대에 대응해야 할 인문학적 고민은 여기에 있다. 오늘날 문화콘텐츠 산업에 의해 기획 제작되고, 또 변형되고 가공되는 숱한 내러티브 속에서 과연 진정성은 얼마만큼 담보될 수 있는가 하는 문제가 대두되는 것이다. 미셸 푸코의 개념처럼 '담론의 질서'는 특정한 이데올로기를 수행하기 위해 그에 이반하는

---

9) 김학이 외, 『현대의 기억 속에서 민족을 상상하다』, 세종출판사, 2006 참조.

일련의 기억들을 배제시키는 가운데 구성되고, 그렇게 형성된 담론 (discourse)은 그것이 지시하고자 하는 의도의 범주 속에서만 인식의 지평을 제한시키기 때문이다.[10]

문화는 국가 간의 경계를 넘어 자유롭게 교류되고 있는 데 비해, 정치, 경제, 외교는 그 경계를 더욱 강화시키며 차별화하는 전략을 구사하고 있다. 동아시아 3국의 국가적 담론이 조성하는 그 간극을 메우고 넘어서기 위해서라도 문화산업의 기반에 인문학이 존재해야 할 이유가 있는 것이다. 2006년에 개봉되어 민족주의 논쟁을 불러 일으킨 우리의 영화 〈한반도〉(감독 강우석)는 그런 점에서 시사하는 바가 크다 할 것이다. 이 작품은 사실 교역용이 아닌 국내용으로 제작된 것으로서, 그 제작 의도에는 한국인의 민족주의를 자극함으로써 흥행을 이루고자 하는 마케팅 전략이 깔려 있다. 그러나 오늘날 문화교역의 개방화 시대에 있어 우리의 영화들도 이젠 더 넓은 시장을 공략하기 위한 국제적인 스케일을 확보해야 할 필요가 있으며, 그러한 문화산업의 개발을 위해 동아시아 국민들의 문화적 취향을 좀 더 차분하고도 객관적인 시선으로 바라볼 필요가 있다.

한편 진정으로 동아시아의 문화산업이 성숙한 교역의 시대를 열어나가기 위해선 우선적으로 동아시아 문화 교역의 수급 관계가 대등한 수준으로 동반 상승하여야 할 것이다. 한국의 경우 이전에는 홍콩 느와르나 일본의 만화, 가요 등의 문화 상품들에 경도되었던 게 사실이나, 이제 자립의 단계를 지나 역수출하는 단계에 이르렀다. 종전의 한국은 이들 동아시아의 인접 국가들로부터 오로지 소비 시장으로서의 기능밖에 하지 못했으나, 그동안 괄목할 만한 성장을

---

10) Michel Foucault, 이정우 역, 『담론의 질서』, 새길, 1993 참조.

이루어온 한국은 동아시아의 인접 국가들을 향해 소위 뜨거운 한류 열풍을 몰아치고 있는 것이다. 이는 문화적 접촉에 의한 우열의 변증법적 모색, 즉 우위의 문화가 타 문화의 선망의 시선을 흡수하는 한편, 열위의 문화는 우위의 문화를 타자화함으로써 스스로의 한계를 인식하게 되고, 그럼으로써 그것을 뛰어넘으려는 '인정투쟁의 변증법'[11]이 문화 간의 경계선상에서도 끊임없이 이루어지고 있음을 말한다. 그 결과 동아시아의 문화산업 수준과 교역은 대등하고도 성숙한 수준에서 자유롭게 이루어질 수가 있다.

동아시아의 문화 교역을 통한 내러티브의 교류는 한반도를 둘러싼 냉전논리와 신자유주의를 부추기는 개방형 경제외교 정책이 낳는 분파적 민족주의를 넘어서, 유럽연합과 미 대륙의 패권주의에 대항할 수 있는 공동체적 교류를 이뤄내는 데 지대한 영향을 미칠 수 있다. 그러기 위해선 문화산업과 교역을 통한 교환가치에만 매몰되어 있는 시장 논리 및 편협한 민족주의에 호소하고자 하는 경향들에 저항하거나 그 방향을 선도할 수 있는 내러티브의 생산과 가공, 유통과 소비의 산업 방식을 구축할 수 있는 인문학적 문예정책이 적극적으로 수립될 필요가 있으며, 그에 대한 인식의 전환이 우선적으로 이루어져야 할 것이다.

---

11) 인간은 타인을 인정하기보다 타인에게 인정받길 원하며, 자기의식을 갖는 인간으로 대우받느냐 아니냐를 놓고 목숨 건 투쟁을 한다. 이 투쟁에서 승리한 자는 주인이 되고, 죽음이 두려워 패배한 자는 노예가 된다. 그런데 헤겔에 의하면 외형상으로는 노예가 주인에게 종속된 것처럼 보이지만, 실질적으로는 노예 없이는 아무것도 할 수 없는 주인이 노예에게 종속된다는 것이다. 노예의 노동이 오히려 자유를 되찾아준 것이다. 이렇게 세계는 주체와 타자 사이의 인정투쟁으로 인해 변증법적인 관계에 놓이게 된다. Georg W. F. Hegel, 임석진 역, 『정신현상학』, 한길사, 2005 참조.

영화의 도시, 부산의 영화

1. 부산 영화의 전사(前史)

1895년 프랑스의 루이스 뤼미에르 형제가 최초로 시네마토그래프를 통해 삶의 현장을 생생하게 필름으로 담아낸 이래 영화는 그 지평을 기술의 단계에서 예술의 영역으로 확대시키면서 한 세기를 풍미하여왔다. 영화는 고작 100년의 역사만으로도 수천 년을 이어온 여타 예술 갈래의 지위에 못지않은 우위를 확보했으며 가장 대중적인 인기를 누리고 있다. 그 결과 오늘날 영화는 기술과 예술의 복합체로써 영상 산업의 개념으로까지 인식되고 있는 실정이다.

그러한 영화가 한국에 수입, 상영된 것은 1897년 가을로 기록[1]되고 있어, 아주 빠른 속도로 영화가 전 세계적으로 확산되었음을 엿볼 수 있다. 이어 1903년에는 한성의 동대문 근처 전기회사 기계창에서 활동사진을 상영하는 한편, 그해 6월 3일자 『황성신문』에는 '대한 및 구미각국의 도시풍경이나 아름다운 경치를 보여준다'는 최초의 영화 광고가 실리고 있어 이 당시 한국의 경치를 찍은 활동사진이 존재했음을 짐작하게 한다.

그러나 한국에서 자체적으로 영화가 제작되기 시작한 것은 그로

---

1) 유현목, 『한국영화발달사』, 한국출판사, 1980. 42쪽.

부터 16년이 더 지난 이후다. 즉 1919년에 비록 신파 연쇄극[2]의 형식일지라도 〈의리적 구토〉가 한국에서 최초로 자체 제작됨으로써 한국 영화의 역사적 기원을 이루게 된 것이다. 10월 27일 단성사에서 개봉된 이 필름은 당시 '신극좌'를 이끌던 김도산이 단성사 주인 박승필의 재정적 후원을 얻어 제작한 것으로서, 완전한 영화의 형식은 아니었지만 관객들로부터는 대단한 호응을 얻게 된다. 이에 힘입어 〈시우정〉, 〈형사고심〉, 〈천명〉 등이 잇달아 제작되면서 1922년까지 약 3년에 걸쳐 〈학생 의절〉(임성구 제작), 〈지기〉(이기세 제작) 등 10여 편의 연쇄극이 상연된다.

이러한 과정을 거쳐 1923년에는 윤백남이 직접 각본을 쓰고 감독한 〈월하의 맹세〉가 완전한 영화의 형태로 제작되어 4월 9일 개봉됨으로써 한국에서도 본격적인 영화의 시대가 열리게 되었다. 같은 해에 황금관과 조선극장을 경영한 일본인 하야가와 마츠지로가 〈춘향전〉을 제작하여 극장 상영에 흥행시켰으며, 그 이듬해에는 박승필이 스태프와 출연진 모두를 한국인으로만 구성하여 〈장화홍련전〉을 제작하는 등, 영화 제작 활동을 전개함으로써 그 활로가 열린다.

이러한 활동으로 영화의 사업적 흥행 가치가 부상하게 되고 그에 부응하여 1924년부터는 전격적으로 영화제작사가 설립되면서 한국 영화계는 아연 활기를 띠기 시작한다. 즉 24년에 최초로 조선키네마주식회사가 설립된 것을 시발로 하여, 25년엔 윤백남프로덕숀, 고려영화제작소, 고려키네마사가, 이어 26년엔 정기택프로덕숀, 반도키

---

2) 연쇄극이란 영화와 연극이 함께 결합된 것으로 배우들의 무대 실연이 진행되다 장면이 바뀌어 무대에서는 나타낼 수 없는 장면을 공연 중에 막을 내리고 '활동사진'을 통해 보여주는 형식으로 키노-드라마(kino-drama)라 한다.

네마사, 계림영화협회, 조선키네마주식회사 등이 다투어 설립됨으로써 한국 영화 산업이 본격적으로 가동되기 시작하였다.

부산영화사는 이 시점에서부터 그 시발점을 가지게 되는데, 그것은 부산영화사뿐만 아니라 한국영화사에도 중요한 의미를 지니게 된다. 즉 최초의 전문 영화제작사인 조선키네마주식회사가 부산에서 설립되었고, 이로 인해 한국영화계에 전문 제작의 붐을 일으키는 계기가 마련된 것이다.

그로부터 70여 년이 지난 오늘날 부산은 한국영화사에 있어 또 하나의 신기원을 이루고 있다. 1996년에 한국 최초의 국제영화제인 부산국제영화제가 성공적으로 개최되면서 이후 부산은 명실 공히 한국영화의 메카로 자리 잡게 되었다.

이에 기존의 부산영화사를 시대적 특징별로 재조명하고, 1990년대 동시대 부산 영화의 주요 현황을 살펴봄으로써 부산 영화의 역사적 의의와 전망을 밝히는 것은 의의 있는 작업이 아닐 수 없다. 참고로 본문에서 재조명하는 1990년대 이전까지의 부산영화사는 주로 선행 연구와 자료[3]를 참고로 정리하였음을 밝혀둔다.

2. 기왕의 부산영화사 개관

1) 여명기(1924~1945)

전술하였다시피 부산 영화산업의 시작은 우리나라 최초의 영화제작사인 조선키네마주식회사가 설립된 1924년으로 거슬러 올라간

---

3) 주윤탁, 「영화」편, 『부산시사』 4, 부산시사편찬위원회, 1991; 강동수, 「부산영화70년사」, 『국제신문』 1992. 9. 3~12. 24. 매주 17회 연재; 최화수, 『부산 문화 이면사』, 한나라, 1991.

다. 그것의 설립은 부산연극사의 시발점이기도 한 '무대예술연구회 제2회 시연'이 그 매개가 된다.[4]

동래군 출생으로 한국인으로서는 최초로 '동경예술좌'에서 연극을 연수한 현철은 그가 창립한 '경성예술학원'의 연극반 제1기생들을 중심으로 '무대예술연구회'를 조직하고, 서울 단성사에서 〈곰과 결혼신청〉(체홉 작), 〈돌아온 아버지〉(菊池寬 작) 등을 시연하였으나 흥행에 실패, 해산하였다. 그중 무대예술연구회 소속의 경남출신 김정원,[5] 유수선, 엄진영 등은 김두현, 이경손 등과 함께 이상필, 박승화, 이채전, 윤백남, 윤용갑, 안종화, 이월화, 이승만 등을 포섭하여 다시 백우회(白羽會)를 만들고, 범어사에서 약 2개월의 연습을 거쳐 양산 청년회관에서 〈장한몽〉(尾崎紅葉 작 「金色夜叉」 번안물)을 공연하나 실패한다. 그때쯤 '민족운동은 연극을 통하여 대중을 계몽하여야 한다'고 생각하던 양산 출신 엄주태가 거금 만 원을 쾌척하여 무대예술연구회가 재기되고, 다시 한 번 범어사에서 연습을 거쳐 '무대예술연구회 제2회 시연'을 부산부 안본정(釜山府 岸本町. 현재 중앙동) 소재 국제관에서 가진다. 이들은 〈부활〉(톨스토이 작), 〈월광곡〉(그레고리 작), 〈시인의 가정〉(김영보 작), 〈희망의 눈물〉(이기세 작), 〈운명〉(윤백남 작), 〈돌아오는 아버지〉(菊池寬 작) 등의 작품으로 두 차례의 공연을 성공적으로 치른다.[6]

그것을 지켜본 일본인 다카사 간조(高佐貫長)[7]가 '무대예술연구

---

4) 안종화, 『한국영화측면비사』, 춘추각, 1962, 52쪽; 주윤탁, 앞의 글, 1991, 488쪽.
5) 무대예술연구회는 본래 김정원의 사재 2천 원 기부로 설립되었다.
6) 서국영, 「연극」편, 『경상남도지』, 1963, 1123-4쪽.
7) 불교대학을 나와 큰 사찰 주지로 있던 다카사는 스님이면서도 취체역 사장 겸, 촬영소장 겸, 영화감독 겸, 시나리오 작가로 1인 5역을 맡았다. 최화수, 앞의 책, 46쪽.

회가 참가한다면 한국에서 최초로 영화사를 창립하겠다'는 의견을
내놓음으로써 무대예술연구회가 해산되고 조선키네마주식회사가
설립되었던 것이다. 당시 화폐로 자본금 20만 원이 투입된 이 영화
제작사는 일본인 나데 오토이치(含出音一)가 대주주로서 사장에 취
임하고, 부산에 거주하던 일본인 의사, 변호사, 상인들이 대부분 주
주들로 구성되었으며, 무대예술연구회 회원인 엄주태, 이승만, 이해
경 등도 소액 출자자로 나선다.

　조선키네마주식회사의 첫 작품은 〈해海의 비곡悲曲〉(1924년)이란
멜로드라마였다. 제작비 800원을 들여 제작된 이 작품은 주로 부산
과, 제주도, 대구 등지에서 로케이션 촬영으로 이루어졌다. 감독은
승려출신의 일본인 다카사 간조가 왕필열이란 한국명으로 맡고, 일
본에서 영화 기술자 스또오(得葛), 사이또오(齊葛), 미야시다(宮下)
등을 초청했다. 조감독은 이경손이 담당했고 주연에는 부산에 본사
를 둔「경남은행」출납계 고원(雇員)이자「전부산군 야구팀」의 투수
로도 명성을 떨치던 쾌남아 이주경[8]이 전격적으로 발탁되었다. 그
리고 이월화, 이채전 등 초기의 은막 스타와 이경손, 안종화 등이 출

8) 1900년 초량에서 태어나 부산공립보통학교를 졸업한 것이 학력의 전부인 이주경
　은 대주가, 대식가로도 유명하였던 호방하고 정열적인 성격의 소유자였다. 그는 배
　우출연 교섭을 받자 즉석에서 응낙하고 은행에는 즉각 사표를 낸다. 그리하여 〈해
　의 비곡〉에 이어 제2탄 〈운영전〉에도 주연으로 출연한다. 그렇게 명성이 높아진
　그는 손수 제3탄을 기획하고 시내에서 사진관을 경영하던 동생 이주환을 촬영기사
　로 채용하기도 하나 자금 사정으로 '조선키네마'가 문을 닫자 제작은 중단되고 만
　다. 영화제작과 출연이 좌절되자 그는 '영화동인회'를 만들고 스스로 〈경상도판 춘
　향전〉과 〈초립동〉 등의 각본을 썼고, 부산극장에서 소인극을 공연하여 입장료 수
　익으로 부산청년회관 건립에도 발 벗고 나서기도 한다. 그러나 애주호색가였던 그
　는 '경화'라는 기생과 동거를 하던 중 간염에 걸려 38세의 나이로 요절하고 만다.
　비록 비운의 삶을 마감했지만 그는 부산이 배출한 제1호 영화배우이자 영화인으로
　기록될 것이다. 최화수, 같은 책, 46-48쪽. 참조.

연하였던 이 영화는 일본의 기술과 자본, 한국의 출연진으로 이루어
진 한일 합작영화였던 셈이다.

시나리오는 다카사 간조가 직접 창작하였다. 작품의 내용은 부자
2대에 걸쳐 얽히고설킨 기구한 비련을 그린 것으로서, 거리에서 우
연히 만난 두 청춘남녀가 깊은 사랑에 빠지게 되지만 서로가 곧 이
복남매란 사실을 알게 되면서 바닷물에 몸을 던져 자살을 하고 만다
는 줄거리다. 작품에 대한 국내 반응은 신통찮았으며, 일본의 일활
영화사에 수출되어 상업적으로 성공을 거두기도 했으나 통속적이며
반윤리적인 내용이라는 비판을 받기도 했다.

첫 작품이 국내에서 흥행에 실패하자 다카사는 한국 관객의 구미
를 맞추기 위해선 한국 사람이 작품을 제작해야 한다고 생각하고는
두 번째 작품을 윤백남이 쓰고 메가폰도 직접 잡게 한다. 이주경, 김
우연, 안종화, 이채전 등이 주역을 맡은 궁중 사극물 〈운영전雲英傳〉
(1925년)은 세종의 넷째 아들 안평대군의 총회 운영이 문재가 뛰어
난 김진사와 사랑하다 둘이 사랑의 도피를 벌이나 결국 동반자살하
고 만다는 줄거리의 영화였다. 그러나 이 또한 영화적 완성도나 흥
행 면에서 실패하고 마는데, 그중 한 가지 특기할 만한 것은 한국영
화 초창기의 풍운아 나운규가 이 작품에서 단역 가마꾼으로 데뷔하
고 있다는 사실이다.

이후 조선키네마주식회사는 세 번째 작품 〈암광暗光〉[9](1925년)과
네 번째 작품 〈촌村의 영웅〉[10](1925년)을 제작하고는 끝내 해산되고

---

9) 연산군의 총회 장록수의 일대기를 그린 통속사극물. 각본 감독을 왕필열이 맡고 이
채전, 안종화, 김우연이 출연하였다.
10) 부산에서만 개봉되었을 뿐 서울에서는 상영되지 못했으며, 제작과 각본을 왕필열
이 맡았다는 것만 알려졌을 뿐 구체적인 내용은 알려져 있지 않다.

만다.

조선키네마주식회사는 자본과 기술을 절대적으로 일본에 의존함으로써 일본제국에 의한 문화적 경영이라는 부정적인 평가를 부인할 수는 없다. 그러나 비록 단명으로 끝나긴 했지만 한국영화의 초창기를 개척한 영화인들을 다수 발굴하고 훈련시켰다는 점에서, 그리하여 그들로 하여금 한국영화의 자생력을 갖추게 하였다는 점에서는 그 의미가 매우 크다고 할 수 있다. 이 영화사를 바탕으로 초기 한국 영화계의 기둥이었던 윤백남,[11] 이경손,[12] 나운규,[13] 안종화[14] 등이 배우와 연출자로서 기량을 쌓았으며, 이월화, 이채전 등이 당대의 스타로 발돋움하였던 것이다.

당시 부산지역에서는 현재의 중구 중앙동에 있던 국제관, 동광동에 있던 상생관, 남포동에 있던 신관 등이 개봉관으로 관객을 맞아들였다.

한국영화 초창기 조선키네마주식회사의 해산 이후 해방을 맞이할 때까지 한국영화의 판도는 서울로 그 중심이 이동되었으며, 부산은 한국영화사에 별다른 위치를 확보하지 못하였다. 더구나 해방 전

---

11) 윤백남은 이경손, 윤갑용, 주삼손, 나운규, 김태진, 주인규, 김우연 등을 이끌고 서울로 올라와 1925년에 한국 최초의 영화제작사인 윤백남프로덕숀을 설립하고 〈심청전〉 등을 제작하였다.

12) 이후 이경손도 감독으로 데뷔하여 〈장한몽〉(1926), 〈봉황의 면류관〉(1926), 〈산채왕〉(1926) 등을 연출한다.

13) 〈운영전〉에 단역으로 출연하였던 춘사 나운규는 이후 〈아리랑〉(1926)에서 각본, 감독, 주연, 제작을 도맡아 전국을 감동의 도가니로 몰아넣었으며, 이 작품으로 말미암아 한국영화는 조잡한 통속 오락물의 차원에서 진정한 예술영화의 경지로 도약하게 된다. 그는 이 밖에도 〈들쥐〉(1927), 〈잘 있거라〉(1927), 〈사랑을 찾아서〉(1928), 〈벙어리 삼룡〉(1929), 〈아리랑, 그 후의 이야기〉(1930), 〈강 건너 마을〉(1935) 등 10여 년의 짧은 기간 동안 10여 편의 작품을 제작하였다.

14) 안종화도 〈꽃장사〉(1930), 〈승방비곡〉(1930) 등을 제작했다.

부산 영화계의 모습을 보여줄 만한 자료도 유실된 지 오래고 증언할 만한 영화계 인사들도 작고한 지금은 그 기간이 공백으로 남을 수밖에 없다.

2) 발아기(1945~1950)

1945년 해방과 함께 민족영화의 부흥기를 맞이하면서 부산영화계도 오랜 공백을 깨고 서서히 기지개를 켜기 시작한다.[15] 먼저 남한지역에 진주한 미군군청은 1946년 4월 12일과 10월 8일에 각각 영화관계법령을 발표, 일제에 의해 만들어진 기존의 모든 영화관계법령을 폐지하고 영화의 제작, 배급, 상영 등의 감독과 단속을 공보부에 이관했다. 이에 따라 1946년 5월 경남도에 공보과가 신설되어 영화와 출판업무를 담당하는 한편 극장의 시설 미비에 따른 관객의 항의와 비난에 대해 군정청이 접수한 극장을 문화공간으로서 새롭게 단장하는 업무를 맡는다.

그 조치로 경남도 공보과는 조선극장(구 소화관), 국제영화극장(구 보래관), 항도극장(구 부산극장), 대중극장(구 상생관), 항구극장(구 수좌), 대생좌, 대화관, 삼일극장(구 조일극장), 동래극장 등 부산시내 9개 극장의 관리인을 부산의 예술문화인들에게 위촉한다.[16] 그러나 며칠 사이에 과거 일본인 경영주와 함께 극장관리에 종사했던 종업원들의 반발로 관리인으로 선정된 문화인들과 종업원들과의 갈등

---

15) 1945년 11월에는 고려영화사(대표 김천룡)가 설립되었다. 이는 해방 이후 부산에 최초로 설립된 영화사로서 1965년까지 운영되었는데, 초량 조광극장 2층에 사무실을 임대하여 주로 영화 제작을 지원하는 활동을 하였다. 대표 김천룡은 1946년에 부산, 경남의 영화인을 모아 '영우회'를 창립하여 3대까지 회장을 역임하였으며, 1959년에는 〈인생차압〉을 제작하여 제2회 부일영화상을 수상하기도 하였다.

16) 『민주중보』, 1946. 3. 17. 주윤탁, 앞의 글, 492쪽 참조.

이 깊어지자 경남도 홍보실 감독관 데블린 중위는 완전한 제도적 결정이 이루어질 때까지 과거 종업원의 잠정적 경영을 당부한다는 후속조치를 발표한다. 그리하여 수입금을 은행에 예치토록 함으로써 재정적 갈등을 유보시킨 가운데 1946년 3월 23일, 경남도청 장관 칠레스트 대령은 성명을 통해 문화인의 극장 관리 제도를 백지화시키고 구종업원의 관리체제를 존속토록 한다.

이 같은 갈등 속에서도 점차 법적 제도적 정비가 이루어지자 부산에서도 해방 이후 처음으로 극영화가 제작되는 등 본격적인 움직임이 개시되었다. 즉 정부 수립 전인 1948년 초 광복동에 '예술영화사'란 영화제작사가 설립되어 제1회 작품으로 〈해연海燕〉(이후 〈갈매기〉로 개제)의 촬영이 시작되었던 것이다. 제작은 이철혁이 강영구의 출자로 담당하고 이운학 각본, 이규환 감독으로 약 1년여에 걸쳐 1300만 원의 제작비로 완성되었다.[17] 신진 작가 이운학의 오리지널 시나리오를 대본으로 한 일종의 계몽영화인 이 작품은 갈매기처럼 고독한 감화원 소년들을 따뜻한 애정으로 보살피는 보모의 얘기를 다루고 있다. 양세웅 촬영에 김동규, 박학남 등이 출연하며, 특히 50년대 은막의 스타로 한국영화사에 그 이름을 새기는 조미령이 19살 소녀로 첫 데뷔한 작품이기도 하다. 수영소학교를 중심으로 로케이션 촬영이 이루어졌으며, 흥행에도 성공한 향토 부산의 자랑할 만한 영화가 되었다고 당시의 신문은 기록하고 있다.[18]

또한 같은 해, 서울건설영화사의 제2회 작품 〈여명〉이 부산부 공보실 지원으로 부산에서 촬영되었으며 서월영과 부산출신의 여배우가 주연을 하기도 했다.

---

17) 전범성, 『한국영화총서』, 한국영화진흥조합, 1972, 277쪽.
18) 『민주중보』 1948. 1. 13.

한편 1949년 7월 부산에는 기록영화 제작을 목표로 한 협동영화 문화연구소가 창설된다. 기획 윤현두, 제작 양철, 기술 곽열, 보급 이재수 등으로 구성된 이 단체는 군 당국의 후원으로 기록영화 제작을 고취하고, 문화영화 극영화의 제작과, 내외영화의 수출입 배급업무도 취급할 것이라는 취지로 사무실을 조선극장 앞 골든 다방 이층 별관에 두고, 발족과 함께 제1회 작품을 준비했다고 기록[19]되고 있으나, 그 이후의 활동은 알려지지 않은 것으로 미루어 중도에 해체된 것으로 보인다.

당시 부산에서 상영된 영화 중 특기할 만한 작품으로는 나운규의 신판 〈아리랑〉과 할리우드의 초기 명작들이었다. 또한 악극단의 공연과 연극 영화가 동시에 공연되는 특별한 흥행 관례가 이루어지기도 했다. 또한 관객을 대상으로 한 모금행위가 이 시기에 비롯되었다. 경남도 후생과가 엄동을 앞두고 구호사업비 3천 만 원을 특별사업비로 책정, 각 영화관에 '동정금 모집상자'를 설치하고, 구호단체 직원이 배석한 가운데 특별 징수되기도 했던 것이다.[20]

한편 1949년 5월 26일 할리우드는 미국영화의 한국과 일본에 대한 일방적인 공급 중지를 발표한다. 이 조치는 각국의 영화 수익금 자국 동결에 대한 불만의 조치로서 취해졌고, 이후 한국의 각 극장은 심각한 배급의 불균형과 함께 영화문화 육성에 대한 우려의 주장과 정부 대책을 촉구하게 되었다. 이때부터 노골적으로 시작된 할리우드 영화의 한국시장 강점은 현재에도 UIP 직배 제도 아래 계속 자

---

19) 『민주중보』 1949. 7. 5.
20) 『민주중보』 1946. 12. 1. 거의 의무적으로 입장료 외에 5원을 추가하는 형식이었다. 당시의 입장료가 영화관람의 경우 일등지(부 소재지)가 30원이었으며 드물게 동시상영이나 대작의 경우 45원까지 받음으로써 5원의 동정금은 비교적 높은 편이라고 하겠다. 주윤탁, 앞의 글, 493쪽.

행되고 있어 영화사적인 반성이 촉구된다.

3) 전시영화와 평론의 대두(1950년대)

한국전쟁으로 한국영화계는 큰 타격을 받지만 아이러니하게도 부산은 한시적이나마 다시 한 번 영화의 중심지가 된다. 전쟁으로 인해 다수의 영화인들이 부산으로 피란 와서 활동을 개시했기 때문이다. 남쪽으로 피난온 영화인들은 부산, 대구, 진해 등지에 흩어져 영화 활동을 계속했다.

국방부는 부산에 정훈국을 두고 〈국방뉴스〉와 〈백만인의 별〉 등을 제작하여 후방 국민들에게 전쟁 뉴스를 전달하였다. 공보처 역시 부산으로 후퇴, 1952년에는 부산의 경남도청 지하실에 현상소를 시설하고 〈대한 뉴스〉를 제작하기도 했다. 전시체제라 정상적인 극영화 제작은 엄두도 못 내었고 전쟁 관련 다큐멘터리나 국민들의 애국심을 자극하는 계몽영화가 주류를 이루었다. 〈낙동강〉, 〈고향의 등불〉, 〈성불사〉, 〈공포의 밤〉 등이 당시 부산에서 제작된 영화들이다.

특히 1951년에 제작된 〈낙동강〉은 부산의 내로라하는 문화예술인들의 모임이었던 향토문화연구회[21]가 중심이 되어 경상남도 공보과의 재정 후원으로 제작된 작품으로, 당시 너무나도 널리 애창되었던 주제가 「낙동강」(이은상 작시, 윤이상 작곡)[22]과 함께, 지금까지 부산

---

21) 부산의 사진작가 김재문, 서양화가 우신출, 연극인 한형석, 시인 이은상, 작곡가 윤이상, 금수현 등이 회원으로 있었다.

22) "보아라 신라가야 빛나는 역사/흐르는 듯 잠겨 있는 기나긴 강물/잊지 마라 예서 자란 사나이들아/이 강물 네 혈관에 피가 된 줄을/오호 낙동강 오호 낙동강/끊임없이 흐르는 전통의 낙동강." 이 노래는 당시 부산사범학교 교사였던 윤이상이 작곡했는데, 우리 음계를 주로 한 민족적인 정서가 넘쳐흐르던 곡이었다. 특히 이 노래는 경남고, 경남상고, 경남여고, 부산여고 남녀 학생들로 구성이 된 합창단과 바리톤 이인영이 김호민의 지휘로 우렁찬 합창곡으로 불러 매력이 넘쳤다. 최화수,

의 원로 영화관계자들이 자주 회고하는 기념비적인 작품이다. 제작
책임은 김재문이 맡고 우신출과 한형석이 공동기획 및 재무를, 전창
근이 감독과 각본을 맡고, 김석호가 촬영을, 그리고 윤이상이 음악
을, 최지애, 이택균이 주연을 맡았다. 낙동강을 중심으로 한 영남인
들의 삶의 총체를 담는다는 목표로 제작에 들어간 이 영화는 〈전통
의 낙동강〉, 〈승리의 낙동강〉, 〈희망의 낙동강〉 등 3부작으로 구성되
었다. 안동 도산서원과 선산 도리사 등지에서 촬영을 시작하여 낙동
강을 따라 삼랑진, 양산, 김해, 을숙도 갈대밭 등지로 로케이션을 하
면서 낙동강변의 자연과 문화 등 향토색 짙은 내용을 담고 있다. 귀
향한 인텔리 청년이 고향의 여교사인 애인과 힘을 합쳐 고향을 살기
좋은 곳으로 가꾼다는 줄거리의 이 영화에는 「낙동강」 이외에도 다
른 여러 곡의 노래가 삽입되어 있으며, 국방부와 미국 공보원의 협
조를 얻어 실제의 낙동강 전투 장면도 삽입시켰을 뿐만 아니라, 무
용가 조용자가 낙동강변에서 춤을 추는 장면도 있어 관객의 시선을
모았다. 1951년 가을 약 40일 동안에 걸친 촬영과 3개월의 제작 기
간을 거쳐 완성된 16mm 흑백 필름인 이 영화는 1952년 초에 문화
극장에서 개봉된 후 경남 각 지역 학교나 강변에서 상영되었는바,
영남의 풍물을 잘 살려낸 수작이자 진정한 의미에서 부산이 제작한
영화라는 점에서 큰 의미가 있다.

1952년 경상남도 공보과가 제작비를 댄 반공영화 〈고향의 등불〉
은 장황연 감독에, 오늘날 영화계의 거목이 된 유현목이 조감독을
맡았으며, 양일민, 독우영 등이 주연을 맡았다. 이 영화는 당시 제작
비를 받고서도 PX로부터 미처 필름을 구하지 못한 제작팀이 촬영

앞의 책, 93쪽.

당일 확인하러 나온 도청 공무원을 속이기 위해 빈 촬영기를 돌리기도 했으며, 촬영 후에는 군수품인 필름을 불법 거래했다는 혐의로 미군 정보기관에 연행되기도 하는 등의 전시하 에피소드를 남기고 있다.

〈성불사〉는 광복기의 대표적 영화감독이자 배우인 윤봉춘 감독이 만든 작품이다. 1952년 5월 10일 부산 시청 맞은편에 있던 부민관에서 개봉된 이 영화는 이구영 각본에 김명제가 촬영을 맡았고, 윤상희, 이빈화, 이금용 등이 출연했다. 징병을 기피하여 성불사에 숨은 한 청년이 주지승의 감화를 받아 자진 입대한다는 계몽영화였다.

전쟁이 끝난 뒤 윤봉춘은 1956년 4월에 부산에 내려와 〈논개〉를 제작(김삼화, 최성호 주연에 김명제 촬영)하여 다시 부산 영화계에 활력을 제공하기도 한다. 그러나 대부분의 영화인들은 전쟁이 끝남과 동시에 서울로 돌아감으로써 부산영화계는 다시 소강상태를 맞게 된다.

한편 어려운 제작 여건에도 불구하고 이 시기 부산 극장가는 외화 수입으로 대단히 호황을 누렸다. 사람들은 전쟁으로 인한 불안감과 그 후유증을 영화 관람으로 잠시나마 잊으려 했던 것이다. 당시의 대표적 극장은 현재 창선동의 동아극장, 문화극장, 광복동의 부민관, 경남도립극장(현재의 부산극장), 초량동의 중앙극장, 영도 남항동의 항구극장 등이 있었다. 당시 전시하에 상영된 작품들은 이탈리안 네오리얼리즘 계열의 작품들과 할리우드의 걸작들, 그리고 영국의 명화들이 주를 이루었다. 그러나 50년대 후반이 되면서 방화 산업의 활성화로 차차 외화와 방화의 수급이 형평을 이루게 된다.

한편 50년대 부산 영화운동에서 빠트릴 수 없는 또 하나의 활동은 영화평론 작업이다. 해방과 함께 1945년 9월 1일 창간된 『민주

증보』의 지면을 통해 석화생, 이철혁, 종생 등의 필명으로 잠깐 반미 성향과 좌익적 성향을 보여주는 평론이 기고된 이후, 전쟁과 함께 부산의 영화평론 작업은 다시 피란 온 영화인들의 몫이 되는데, 1950년 9월 10일 영화인들과 영화평론가들을 주축으로 창립된 '한국영화평론가협회'가 그것이다.

휴전 후 그들이 중앙으로 돌아간 후 부산지역에서 영화평론 활동을 하던 각계의 지식인들이 1958년 3월 '부산영화평론가협회'를 창립한다. 초대회장에 박두석과 회원으로는 장갑상, 이주홍, 김일구, 여수중, 허창, 황용주 등이 참여한 이 모임은 이후 회원들의 활발한 활동으로 영화문화의 저변확대와 영화예술의 인식전환에 크게 기여한다.

그중, 특기할 만한 것은 부산일보사가 박두석의 강력한 건의를 수용하여 1958년 2월 '부일영화상' 제도를 마련한 사실이다. 이 시상제도는 매년 부산에서 상영된 영화를 대상으로 부문별 시상을 하며 한국영화 베스트 5와 외국영화 베스트 10을 선정, 제1위 작품을 최우수작으로 선정하였다. 제1회 시상은 이주홍, 황용주, 장갑상, 허창, 김일구, 박두석, 구중회, 정무호, 곽열 등 영평회원들과 학자, 언론인들로 구성된 심사위원의 심사를 거쳐, 방화 부문에 유현목의 〈잃어버린 청춘〉과 외화 부문에 F. 휄리니의 〈길〉이 선정되어 국제극장에서 화려하게 식이 거행되었고, 이어 카퍼레이드를 벌리는 등, 부산의 문화축제로 정착되었다. 이 부일영화상은 지방에서 제정된 최초의 것으로서 이후 '청룡상', '한국영화예술상', '대종상' 등의 제정에 영향을 미치면서 한국영화 발전에 큰 공헌을 하다가 1973년에 아쉽게도 중단된다.

50년대 후반의 부산영화계는 이처럼 부산영화평론가협회의 활동

으로 관객의 확산, 평론작업의 질적 발전은 이루었지만 정작 영화제
작 작업은 휴전과 더불어 영화인들이 서울로 환도함에 따라 오히려
쇠퇴하여간 특징을 보인다.

4) 영화 연구 활동의 확산(1960년대)

50년대 말부터 호황을 누리던 한국영화는 60년대로 접어들면서
전성기를 맞게 된다. 그러나 부산의 영화계는 실제 제작부문에선 부
진을 면하지 못했다. 영화비평 작업이나 관객 운동은 그런대로 활발
했으나 관공서의 후원으로 몇몇 극영화가 제작된 전쟁 당시보다 제
작 부문은 오히려 후퇴한 감도 있다. 이 시대 부산의 영화 제작은 부
산영화제작소와 재건뉴스영화제작소 등에 의해 주로 문화영화나 정
부기관의 홍보영화, 그리고 광고영화를 제작해오던 것이 주류를 이
루었다고 할 수 있다.

그렇다고 해서 실질적인 영화 제작의 움직임이 전혀 없었던 것은
아니다. 50년대 말 이경춘 감독이 이주홍 원작의 〈탈선 춘향전〉을
김해와 밀양 등지에서 촬영하다 중도 포기한 일이 있고, 1967년 12
월 경상남도 공보실의 기록영화 〈남해의 보고〉 제작도 있었다. 전년
도에 천연색 16mm로 제작된 홍보영화 〈앞서자 경남〉에 이어 역시
16mm 천연색으로 제작된 〈남해의 보고〉는 한호기 감독에 촬영은
곽열이 담당하였으며 1969년 8월의 문공부 주최 비흥행용 영화 콘
테스트에서 최우수작으로 선정되기도 했다.[23]

이 시기에는 부산 '영화인협회'가 결성되었다. 1962년 8월, 군사
혁명정부에 의해 '한국예술단체총연합회(이하 예총)' 경남지부가 결

---

23) 『부산일보』 1967. 12. 5, 1969. 8. 2.

성되고, 다시 1963년 1월 1일부로 부산이 직할시로 승격되자, 2월에 예총 부산지부로 분리되면서 그 산하에 영화인협회 부산지부가 발족됨으로써 부산영화계는 그 외형을 갖추기 시작한다. 협회의 초대 회장을 역임한 이필우(1899~1978)[24]는 부산영화인 가운데 빼놓을 수 없는 인물이다. 4·19 의거 직후 서울에서 부산에 내려온 그는 이 시기 부산 영화계의 기틀을 닦는데 큰 영향을 끼쳤다. 그는 60년 부산에 정착한 후 서면의 현 병무청 자리에 부산영화학원을 세우고 영화인을 양성했다. 그리고 태종대 지역에 한국 최초의 종합촬영소를 세울 계획을 세우고 부산시와 중앙에 그 필요성을 역설하는 한편, '시민 벽돌 기증' 캠페인까지 벌이는 등 건립운동에 매진한다. 그러나 인근에 군부대가 있어 부지 불하가 안 된다는 부산시의 냉담한 반응과 중앙정부의 예산 지원이 이루어지지 않아 끝내 불발로 그치고 만다. 종합촬영소는 영화의 제작에 있어 필수조건이 아닐 수 없는 것이어서, 이의 불발은 부산영화가 자체 제작의 기회를 이후로도 계속해서 가지지 못하게 되는 주요인으로 작용한다.

제작에서는 저조한 실적을 보이지만, 기타 영화운동에서는 활기를 띠기 시작한다. 50년대 후반의 부산영화평론가협회 창설, 부일영화상 제정 등으로 시작된 영화운동은 60년대로 들어서며 각종 영화 관련 단체의 창립으로 이어졌다. 1960년 4월 5일 '부산시나리오연구회'가 발족[25]하여 시나리오 연구와 창작 의욕을 가진 재부 인사들

---

24) 한국영화 최초의 촬영기사로 1920년 〈지기〉를 촬영한 그는 한국영화 여명기의 개척자 중 한 사람이었다. 〈황혼〉, 〈장한몽〉, 〈장화홍련전〉, 〈쌍옥루〉, 〈멍텅구리〉 등을 제작 촬영했으며 특히 1935년 한국 최초의 토키영화 〈춘향전〉을 제작했다. 강동수, 앞의 글들 중 1992. 10. 15.

25) 회원은 여수중, 정정화, 윤가현, 김일구, 조순, 정무호, 최성규, 최성연, 박용규, 이중령 등 당시 일간지에 영화단평을 기고하거나 영화시론 등의 집필 또는 연극·문

에게 자작 시나리오나 출판된 시나리오의 연구를 추진케 하고 합평
회를 열기도 했다. 다음 해인 1961년 4월 23일에는 '신조시나리오
동인회'가 발족되고, 1960년 10월 20일에는 '한국영화동호인협회'
가 결성(회장 진호상, 총무 최성규)되어 관객대중에 대한 영화감상과
비평운동 전개를 슬로건으로 하고, 〈하녀〉(김기영 감독)의 합평과 함
께 학생부를 결성하여 관객운동에 나서기도 했다. 1957년에 발족된
것으로 알려진 '부산영화예술연구회'도 60년대 들어 영화의 이론적
확립을 위해 매주 토요일 합평과 연구발표를 가졌다. 1961년 4월 9
일에는 '부산필름클럽'이, 1964년에는 '시네포엠동인회'가 발족되
고, 서울의 영화평론지인 『영화예술사』가 1965년 5월, 부산에 '부산
시네클럽'을 결성하여 영화강연회를 개최하여 성황을 이루기도 했
다.[26] 이 같은 영화운동의 모체라 할 수 있는 부산영화평론가협회의
활동도 60년대 내내 꾸준히 전개되었다. 이후 허창은 상경하여 한국
영화평론가협회의 회장을 역임하기도 한다.

한편 일반인들의 활동과 더불어 대학생들의 영화 서클운동도 이
시기에 활발하게 나타났다. 부산대학가의 연합 서클인 '부산대학영
화연구회'는 60년대 후반부터 해마다 상반기와 연말에 우수작 10편
을 선정 발표하고 '대학합동 영화의 밤'을 열어 영화감상, 영화음악
감상, 강연회[27] 등 다양한 프로그램을 진행했다.

학 등 타 예술에 참여하는 인사들로서 시나리오 창작이나 연구에 깊은 관심을 가
진 이들이었다. 특히 여수중은 1960년대 후반 상경하여 본격적인 시나리오작가 활
동을 전개하고 대종상을 수상하는 업적을 남기기도 한다. 주윤탁, 앞의 글, 502쪽.
26) 강연회의 내용은 유현목 감독의 「몽타주와 영상」, 이성구 감독의 「영화연출과 영
상」, 배우 박암의 「영화연기의 특성」, 배우 남궁원의 「나의 연기수업」 등이다.
27) 그중 주요한 내용으로는 정인성의 「사진예술과 영화」, 장갑상의 「멜로드라마의
문제점」, 「히치콕의 영화수법」, 김차웅의 「영화비평의 비교연구」 등이 있다.

1959년 개봉관과 재상영관을 합쳐 40개였던 부산의 극장수는 60년대 동안 꾸준히 증가하여 1969년엔 54개소까지 늘어나게 되었다. 이 가운데 개봉관은 10개소에 이르렀다. 또 연간 관람객 수도 꾸준히 늘어났는데, 그 통계를 살펴보면 1966년 1,970만여 명, 1967년 2,125만여 명, 1969년 2,322만여 명 등의 증가치를 보인다. 이는 전국 연간 영화 관람객 수(17,100만여 명)의 15~16%를 차지하였으므로 만만치 않은 비중이었다. 1인당 연평균 관람횟수도 전국 1인당 연평균 관람횟수에 비해 월등히 높았다. 이는 영화에 대한 부산 관객의 열기를 반증하는 것이나, 이 시기부터 부산 관객의 수요를 외화나 중앙 제작의 방화로만 충당하는 점은 아쉬움을 남긴다. 또한 열악한 극장시설과 TV의 보급은 영화 인구를 감소시켜 70년대 접어들면서 극장가는 급격히 쇠락해간다.

마찬가지로 이 시기 영화연구의 활동이 증대된 것에 반해 제작의 열기는 식어감으로써 부산영화의 한계를 드러내기에 이른 것은 안타까운 현상이 아닐 수 없다.

5) 극장가의 침체와 소형영화 운동의 활성화(1970년대)

1970년대 들어 TV의 대중화와 함께, 유신정권에 의해 영화가 국책사업의 일환으로 규제되면서 한국영화의 소재와 범위는 하이틴이나 호스티스류의 멜로물로 축소되고 따라서 극장가는 쇠퇴의 일로를 걷게 된다.

이러한 가운데 오히려 부산의 영화계에는 새로운 활로가 모색되기 시작하는데 바로 소형영화 운동의 태동과 활성화이다. 소형영화 운동은 극영화 제작단계 이전의 아마추어 영화운동의 성격을 갖고 있지만 영화인구의 저변확대와 영화작업에 대한 대중적인 관심을 고조시키는 데는 유용한 도구가 아닐 수 없다.

부산 최초의 소형영화 운동은 1970년 7월 7일 오후 7시 남포동 세븐다방에서 김응윤(사진작가), 민건식(내과의사), 이형탁(치과의사), 김태식(동아대 교수), 국상룡(은행원) 등의 순수 영화애호가들이 발기인 모임을 가진 이후, 10월 20일 미문화원에서 부산소형영화동호회를 창립하면서 이루어졌다. 이날 창립식에는 80여 명의 하객이 참석한 가운데 〈하와이여행〉(민건식), 〈난쟁이 레슬링〉(국상룡), 〈해인사탐방〉(이형탁), 〈부산관광〉(김응윤) 등의 작품이 상영되었다. 이들은 그 후 첫 사업으로 1971년 6월 13일 '제1회 전국소형영화촬영대회'를 영화인협회 부산지부 주관 아래 열게 된다. 이 대회는 그 이듬해부터 국제신보사와 부산MBC TV가 공동 주최하여 80년대 초 '전국촬영대회'로 통합될 때까지 꾸준히 열리면서 부산뿐만 아니라 국내 소형영화 발전에 상당한 기여를 하였다. 나아가 1972년에는 국제소형영화단체인 '국제시네프렌드클럽(CFC)'에 가입했으며, 일본의 'ABU'란 단체와도 자매결연을 맺고 교류 상영회를 일본과 부산에서 번갈아가며 정기적으로 열었다. 그러는 가운데 회원들의 작품 활동도 활발하게 전개되었는데, 김석배는 〈한국의 풍경〉, 〈한국의 고적〉, 〈한국의 민속무〉 등으로 한국의 미를 필름에 담는 한편 서산대사, 사명대사, 경봉스님 등 불교계 위인들의 일대기를 제작하는 등 20여 년 동안 약 100여 편의 작품을 제작하는 괄목할 만한 기록을 남긴다.

이밖에도 강선대의 〈농부〉는 제5회 히로시마 국제아마추어영화제에서 문부대신상인 우수상을 수상하고, 김명준의 〈고해〉가 제2회 '일본 쿼터리 콘테스트'에 동상을 수상하는 한편, 강선태의 〈원불〉이 제15회 전일본 콩쿠르에서 입상하는 등 부산작가들이 소형영화

부문에서 발군의 성과를 남기고 있다.

70년대의 소형영화 운동은 현실적으로 극영화 제작이 어려운 부산의 여건에서 영화제작에 대한 관심을 환기시키는 역할을 했으며 80년대 비디오 영상문화 창조, 한국단편영화제 창설 등에 상당한 영향을 미치는 등 영화사적으로 큰 의의를 지닌다.

한편 이 시기 부산의 영화인들은 영화산업의 전반적인 침체에도 불구하고 영화에 대한 관객의 흥미를 다시 끌어당기려는 노력과 영화계의 새 인재를 발굴하고 육성하려는 노력들을 경주한다. 영협 부산지부가 중심이 된 낙도순회영화상영회,[28] 국제신보사의 전국신인 배우선발대회,[29] 지역 영화인들에 의한 영화인 양성기관의 설립,[30] 각종 영화 관련 강연회 개최 등이 그것이다. 그리고 또 하나 특기할 만한 것은 1976년 6월 15일에 부산 개항 100주년 기념행사의 일환으로 아시아영화제가 개최되어 작품상에 해당하는 '국제우호증진상'에 한국의 〈원산공작〉이 수상한 사실이다.

---

28) 제3대 영협 부산지부장 김명수의 주도로 실시된 이 행사는 문화로부터 소외된 경남일대의 섬 주민들에게 우수한 한국영화를 관람할 기회를 주는 한편 각종 위문품을 수집 전달하는 일도 함께 하여 호응을 얻었다. 이 행사는 70년대 후반까지 지속되었으나, 80년대 들어 교통의 발달로 섬과 도시의 교류가 원활해지면서 자연스럽게 중지되었다.

29) 1977년 서울에서 부산으로 내려온 영화감독 김사겸의 노력으로 이루어진 행사. 1978년 제1회 대회 때에는 전국에서 1천여 명의 지원자가 몰려들어 성황을 이룬다. 이때 선발된 이영옥은 이후 김호선 감독의 〈죽음보다 깊은 잠〉에 주연으로 출연하기도 한다. 1979년 제2회는 『주간국제』가 주최한다. 그러나 극영화 제작 여건이 마련되지 않은 지방에서의 배우선발대회는 근본적으로 한계를 안고 있어 2회를 끝으로 중지되고 말았다.

30) 김사겸 씨는 1977년 '부산청소년영화연구소'를 개설하여 소형영화 제작을 통한 청소년 교육영화의 가능성을 모색하고 아동극장 건립을 추진하는 등 영화교육에 나서 80년대까지 그 활동을 이어갔다.

그러나 50년대 이후 부산의 영화비평과 관객운동의 견인차 역할을 해왔던 부산영화평론가협회의 활동은 70년대 들어서 크게 침체되면서 그 활동도 자연히 소강상태로 접어든다. 70년대 영화계 불황과 더불어 주요 회원들이 영화평론 일선을 떠나면서 침체기를 맞는다. 다시 협회는 70년대 초 김경동, 노웅구, 한연수, 손해식, 김동규 등 학계와 방송계 인사들로 새로이 탈바꿈하지만 1974년 이후 또다시 활동이 중단되는 등 부침을 거듭하다가 80년대 이후에야 다시 활동을 개시하게 된다.

60년대와 비교할 때 이 시기는 극장가와 비평, 연구 활동 등이 침체되었지만, 소형영화 제작 운동이 활성화되면서 부산연극계에 창작의 가능성과 새로운 돌파구를 마련한 점에서 그 의의를 찾아볼 수 있다.

6) 단편영화의 활성화와 영화운동의 부흥(1980년대)

80년대의 부산영화계는 오랜 침체에서 벗어나 새로운 도약의 계기를 맞게 된다. 1983년 부산산업대학(현 경성대학교)에 연극영화과가 개설[31]됨으로써 부산에서도 본격적인 영화교육의 시대가 열리게 되었다. 그리고 70년대에 싹을 틔운 소형영화 운동이 한국단편영화제의 창설 등으로 더욱 활성화되었으며, 이용관, 전양준, 김지석, 오석근 등 일군의 젊은 영화이론가와 비평가들이 등장하기 시작하면서 제반 영화운동이 새롭게 부흥한 것이다.

1970년대 부산 소형영화 운동을 주도한 '부산소형영화동호회'는

---

31) 1997년 현재 영화전공 교수진으로는 주윤탁, 전수일, 김진해 등이 있다. 한편 경상전문대학의 방송연예과에서도 전문 인력 양성을 위해 1980년부터 영화교육을 실시, 김사겸, 지청언 등의 감독이 실습과 이론을 담당한 바 있다.

1980년 4월 '부산 8mm 영화연구회'(회장 김명수)가 새로 창설됨에 따라 그 흐름이 양분된다. 이 밖에도 같은 해 3월 '부산 S-8 소형영화연구회'(회장 이수남)가 발족하고, 1981년 8월에는 '한국비디오부산상영회'가 허종도, 김응윤 등을 중심으로 결성되기도 했다. 이처럼 1980년대에 들어서면서 부산영화는 소형영화의 활기와 더불어 시대의 변화에 따른 개방주의적 다원화 현상을 빚기 시작한다. 그러면서 그 활동은 영화인협회 부산지부에 의해 1980년 12월에 제정된 한국단편영화제가 운영됨으로써 더욱 활발해진다. 전국 소형영화인을 대상으로 '창작단편영화'를 표방하였던 이 영화제는 8mm와 16mm 그리고 흑백화면과 색채화면, 무성과 유성 등의 촬영기재, 필름의 규격, 발성형식 등을 다양화하여, 소형영화의 창조성과 예술성에 목표를 둠으로써 새로운 소형영화의 전문화를 촉진시킨다.[32]

그리고 이 시대에 특기할 만한 영화제작은 1981년 부산문화방송의 인기 라디오 DJ였던 배경모의 일대기를 김호선 감독이 부산에서 기획·제작한 일과 지청언 감독의 데뷔작품 〈천사 늪에 잠들다〉가 역시 부산에서 기획·제작되었다는 사실이다. 부산문화방송의 프로듀서 김양화와 김사겸 감독의 적극적인 제작지원에 의해 완성된 〈열애〉는 윤시내의 인기가요와 함께 전국적인 반응을 얻고 특히 부산에서는 흥행에도 성과를 올렸다.[33] 〈천사 늪에 잠들다〉는 부산의 한 실업가가 출자하여 지청언 감독이 데뷔하고 부산출신의 영화학도인 오석근이 조감독으로 데뷔하는 계기가 되기도 했다.

---

32) 초기에는 동호인들의 8mm와 16mm의 혼합출품에 비해서 1980년대 중반 이후부터는 주로 16mm 제작에 전념하는 영화전공 대학생이나 젊은 단편영화 연구자들이 주된 대상이 되고 있다.

33) 『부산일보』 1981. 12. 14.

한편 민중문화운동의 하나로 1988년 결성된 젊은 영화제작자 모임 '영상패 꽃다림'은 부산대 학생으로 독재에 항거, 투신자살한 양영진 군을 그린 〈진달래꽃 넋으로 살아〉를 중편 극영화의 형식으로 제작함으로써 비제도권의 독립영화 운동을 최초로 시도했으며, 1989년에는 서울 영상패 '장산곶매'의 〈오! 꿈의 나라〉를 부산에 상영하는 등 민중영화의 붐을 일으킨 바 있다.

또한 1980년대는 비평, 연구, 감상회 등의 영화운동이 새롭게 부흥한 시기이기도 하다.

70년대에 활동이 지지부진했던 부산영화평론가협회는 1983년 12월 재건총회를 열어 김사겸 씨를 회장으로 김동규, 주윤탁, 허은, 이용관, 김지석 씨 등을 회원으로 활동을 재개하여 오늘에 이르고 있다.

1984년 4월에는 '부산시네클럽'이 창립되어 부산지역의 젊은 영화연구가 배출의 산파역을 맡았다. 주로 대학영화서클 출신의 김지석, 오석근, 박수경 등 10여 명의 회원들이 매달 합평회를 열고, 경성대학교 연극영화과 학생들과 함께 단편영화 제작 및 발표회를 갖기도 했다. 이 가운데 오석근은 〈어느 자살자에 대한 보고서〉로 단편영화제 우수상을 수상하고, 1990년 〈네멋대로 해라〉로 영화감독으로 데뷔했으며, 김지석은 『영화언어』를 발간, 영화비평에 전념하다 1997년 현재 부산예술학교 연극영화과 교수로 재직하고 있다.

그리고 부산카톨릭센터가 1986년부터 현재에 이르기까지 '수요영화감상회'를 개최하고 있으며, 1982년 창립된 '부산팬시네클럽'이 일반 영화애호가를 중심으로 영화문화에 대한 이해와 영화교양을 넓힌다는 취지 아래, 『팬시네마』의 발행과 각종 스틸전시회 및 자료전을 꾸준히 열어 부산 영화문화의 다변화에 일조한다.

1986년 11월에는 예술원과 부산대학교가 공동으로 유현목 감독 초청강연회를 열어 "개인영화시대와 미래"라는 주제 발표를 가지고, 같은 시기에 영화진흥공사와 부산영화평론가협회가 공동으로 "지방영화문화의 활성화 방안"이라는 주제로 세미나[34]를 가졌다.

1989년 5월에는 부산의 젊은 영화학자들[35]이 모여 본격적인 학술활동과 영화문화운동을 기획하기 위한 취지로 최초의 학술단체인 '한국영화연구소'를 창립하였다. 그해 6월에는 경성대학교 연극영화과와 공동으로 중국·대만·홍콩 등을 잇는 3중국영화제를 개최하고 여름영화학교를 개설하는 등 활발한 활동에 들어갔다.

그러나 부산극장가의 불황은 70년대와 마찬가지로 여전했다. 이와 함께 극장의 수도 답보상태를 면치 못해 1976년 51개소이던 것이 12년이 지난 1987년에는 57개소로 불과 6개소 정도만 늘어난 것으로 집계됐다. 이 같은 현상은 80년대 경직된 사회 분위기에다 컬러 텔레비전 시대가 열렸기 때문에 생긴 것이다. 이에 따라 극장업계도 대형극장 위주의 경영 방침에서 벗어나 비교적 적은 자본으로 관객을 끌어들일 수 있는 소극장의 개설에 눈길을 돌리게 되었다. 동화, 태화, 푸른극장이 80년대 초 개관한 것을 시작으로 강남, 현대, 북성, 문화극장 등이 잇따라 개관, 1987년 무렵에는 소극장이 22개로 기존 극장 21개소를 앞지르는 현상을 보였다. 이들 소극장은 기존 대극장들과 마찰을 빚기도 해 소극장들의 극장연합회 가

---

34) 김사겸 「부산에서의 극영화제작」, 주윤탁 「영화관의 문화적 기능」, 이용관 「영화교육과 영화운동」, 이승구 「외국의 지방영화문화」 등의 발표와 영화평론가 허창, 부산극장협의회 전무 신용대 등이 질의 토론을 통해 부산에서의 극영화 제작의 가능성과 영화관의 문화적 기능 등에 대한 폭넓은 논의를 나눴다.

35) 경성대학교 교수 이용관(1997년 현재 중앙대학교 교수)과 서울에서 출강하였던 전양준, 이충직, 신강호 등과 부산 출신의 오석근, 김지석 등.

입이 거부되는 등 갈등을 빚기도 했다. 그러나 이러한 소극장들은 90년대 들어 대극장들이 현대적 시설로 재·증축되면서 다시 소멸된다.

그러던 중 1986년 12월 제6차 영화법이 개정되면서 미국수출협회의 영화시장 개방 압력에 의한 국내 영화시장의 개방이 이루어진다. 이어 1988년 1월에는 미국의 20세기폭스사와 UIP지사가 활동을 개시하게 되고, 그해 9월 UIP 직배영화 〈위험한 정사〉의 국내 상영을 신호탄으로 직배영화들이 홍수처럼 쏟아졌다. 이 같은 직배영화의 공세는 부산의 극장가도 휩쓸어 90년대에 접어들면서 부산 시내 대부분 개봉극장이 직배영화를 상영하기 시작했으며, 지역영화단체와 대학영화모임의 계몽운동과 시위도 무위로 그치고 말았다. 그리하여 〈위험한 정사〉, 〈레인 맨〉 등 할리우드 오락물, 홍콩 폭력물들이 대부분 부산 극장가를 휩쓸게 된다.

이상에서와 같이 1980년대 부산영화계는 극장가는 쇠퇴했지만, 소형·단편영화 제작이 매우 활성화되고, 더불어 제반 영화운동까지 부흥하는 모습을 보이고 있어 마치 부산영화의 새로운 도약을 예고하는 듯했다.

3. 동시대 부산영화의 현황(1990~1997)

1990년대 초기의 부산영화계는 크게 봐서 80년대 영화계의 흐름과 질적으로는 큰 차이가 나타나지 않는다. 몇몇 비디오 영화 외에는 여전히 극영화의 제작 분위기는 살아나지 않으며, 영화단체의 움직임도 80년대의 수준에서 크게 벗어나지는 않는다. 그러나 몇몇 의미 있는 심포지엄이나 영화제 등의 활동과 영화관계 연구서적의 출간이 이뤄지기도 하면서 점차 활기를 띠기 시작하여, 중반기로 접어들면서 부산영화는 혁명적인 변화를 보이기 시작한다. 특히 1996년에 제1회 부산국제영화제가 성공적으로 치러지면서 부산은 한국영화의 메카로 자리 잡게 되는 쾌거를 이루어낸다. 이 시기에 주목할 만한 움직임을 정리하여 보면 다음과 같다.

1) 90년대 전반기의 영화계

1990년대 부산의 영화제작 상황을 살펴보면 1990년 영화감독 김사겸 씨가 부산시의 위촉으로 16mm영화 〈부산관광〉을 제작했으며 부산영화사단 '한국프로덕션'이 1991년 극영화 〈밀실〉을 제작한다. 그리고 1992년 6월 부산경찰청이 전국에서 처음으로 교육용 영화 〈어린이 방범교실〉을 자체 제작, 순회 상영한 일도 기록해 둘 만하다.

부산영화계의 새로운 활로로 모색된 '독립영화 프러덕션' 제작 가능성을 타진하는 심포지엄[36]이 1990년 3월에 마련되고, 한때 김지석, 오석근, 강순태 씨 등 80년대 대학영화서클 출신인 젊은 영화학도들에 의해 독립 프로덕션의 결성 움직임을 보이기도 한다.

1992년 10월 부산대에서 열린 대만영화제와 경성대에서 열린 대학영화제 등 대학에서의 영화제가 잇따라 열려 대학의 영화문화 발전을 한몫 거들기도 했으며, 세계명작감상회가 영협 부산지부와 부산영화평론가협회 공동주최로 1992년 7월에 눌원소극장에서 마련된 바 있다. 한편 대학가에선 〈어머니, 당신의 아들〉이란 영화가

---

36) 여기에서 김사겸 감독은 '외화직배로 인해 한국영화의 제작여건이 악화된 시점에서 독립프로덕션의 제작 활동이 이 같은 어려움을 극복할 수 있는 한 방법이 될 것'이라고 지적하였으며, 주윤탁 경성대학교 교수도 '독립영화는 제도권영화에 대한 대항영화 형식으로 한국영화의 미래상 정립에 기여하고 있다'고 주장함으로써 부산영화의 대안을 제시하고 있다.

1991년 4월께 부산의 각 대학 총학생회 주최로 순회 상영되면서 이를 이적표현물로 규정, 저지하려는 경찰들과 물리적 충돌을 빚는 등 '영화 소재 및 표현상의 자유와 한계'를 둘러싸고 논란을 빚기도 했다.

이 밖에 젊은 영화학자들에 의한 영화연구 활동도 꾸준히 이루어지고 있다. 이용관과 김지석이 『할리우드 영화의 산업과 이데올로기』를 펴낸 것을 비롯하여 전양준, 오세근 등이 외국영화이론의 번역과 소개를 통해 우리 영화이론의 재정립을 위한 노력을 꾸준히 기울이고 있으며, 영화연구가 홍영철 씨가 『한국영화도서편람 (1925~1990)』(한국영상자료원, 1991)을 펴냈다. 그리고 1994년엔 부산예술학교에 연극영화과가 개설되면서 전문인력 확보에 청신호를 보탠다.

한편 부산의 극장가도 서울 등지와 마찬가지로 직배영화에 의해 장악된다. UIP의 〈사랑과 영혼〉이 공전의 히트를 기록한 것을 필두로 〈다이하드〉, 〈양들의 침묵〉, 〈원초적 본능〉 따위의 직배영화들이 개봉관을 점령하였다.

2) 예술영화 수용의 확대

한편 이러한 상업영화에 대항하는 예술영화 동호회의 움직임이 좀 더 구체적으로 전개된다. 그중 가장 두드러진 활동을 편 단체는 '씨네마떼끄 1/24'(대표 김성남)이다. 이 단체는 프랑스문화원 내의 '씨네클럽'이라는 연구모임이 중심이 되어 1993년 1월 극장을 개관하면서 활동을 시작하였다. 50여 명의 회원과 5명의 운영진으로 구성되어 매주 정기적인 예술영화 합평회와 페미니즘영화제, 일본영화제, '선댄스 선댄스 선댄스' 등의 굵직한 대외영화제들을 개최하는 한편, 수차례 걸쳐 영화학교를 개설하는 등 수준 있는 영화 감상과 비평, 그리고 연구 활동을 전개하였다. 그리고 빼놓을 수 없는 이 단체만의 특징으로 영화 비디오테이프, 영화관련 서적 및 자료 등을 수집하여 회원제로 보급·운영하는 영화자료실의 성격을 들 수 있다. 이들의 활동으로 부산의 고급 관객 확보와 영화인구의 저변을 확대했다는 점에서 그 성과는 높이 살 만하다.

그 이외에도 가톨릭센터, 부산문화센터, 프랑스문화원 등의 공공기관이 문화 공간 제공 차원에서 예술영화를 상영하였다.

가톨릭센터에서는 격주 수요일마다 수요영화감상회를 여는 한편, 강연과 토론으로 구성된 포럼을 매달 열었다. 그러나 처음에는 포럼에 대한 호응이 좋았지만 점점 약화되었다.

부산문화센터는 1996년 6월부터 영화 상영을 시작하였으며, 일반적으로 접하기 힘든 영화를 소개하는 데 중점을 두었다. 그리고 "영화읽기와 세상보기"라는 제목으로 매주 자유토론을 실시하고 주말에는 부산영화연합이나 각종 동호회원이 참가하여 시사회 등 여러 행사 위주로 활동하였다.

프랑스문화원은 꼭 예술영화만은 아니더라도 매일 프랑스 영화를 상영하였다. 전공자들이 주 관람객이고 일반인 참여율은 극히 저조하였지만, 때때로 테마 영화제를 기획하기도 하였다.

라이브 음악으로 출발한 복합문화공간 '반'은 1997년 9월 서면에 자리 잡았다. 프로그래머 노염화 씨는 '대중문화의 획일성에 반기를 들어 다원성을 추구하는 것이 '반'의 정신'이라며 '반'은 완성도와는 무관하게 지역의 소수문화의 활성화를 위한 공간이라고 말하였다.

그리고 대학의 영화공간으로는 경성대 콘서트홀이 있는데, 부산

단편영화제를 개최하였다.

3) 제1회 부산국제영화제(BIFF)의 개최

1996년 9월에 열린 제1회 부산국제영화제는 무엇보다도 부산영화사에 길이 빛날 업적을 새기고 있다. 한국영화계의 오랜 꿈이었던 국제영화제가 부산에서 열리게 된 것은 참으로 뜻 깊은 일이 아닐 수 없으며, 한국영화 100년사에 길이 남을 기념비를 세우게 되었다.

부산국제영화제 조직위원회(위원장 문정수 시장)와 집행위원회(위원장 김동호)[37]에 의해 주최 · 주관된 부산국제영화제는 다음과 같은 목표를 추구한다.

첫째, 비경쟁부분을 주축으로 운영함으로써 모든 장벽을 뛰어 넘어 국내외 다양한 분야의 수준 높은 작품을 선택 초청한다.

둘째, 아시아 지역, 특히 동북아시아 지역의 영화를 집중 조명함으로써 격동하는 아시아 지역 영화에 초점을 맞추고 있는 역량 있는 감독, 문제작을 찾아내어 공개하고 격려하는 데 힘쓴다.

셋째, 무엇보다도 우리나라에서 제작된 영화들을 체계 있게 정리하고 평가해서 이를 해외에 집중적으로 소개한다.

이와 같은 세 가지 주요 목표를 추구하기 위해 제1회 국제영화제는 당해 칸 영화제의 대상 수상작인 〈비밀과 거짓말〉(마이크 리, 프랑스)을 개막작으로 하여, 다음의 7개 부문을 선정, 30여 개국의 170여 편의 영화를 엄선하였다.

---

37) 그 산하에는 각각 자문위원단이 구성되어 있고, 영화제의 제반 실무를 전담하는 조직위원회 사무국(국장 오석근)과 프로그래머(한국영화담당 이용관, 미주/유럽영화담당 김선정, 전양준, 아시아영화담당 김지석), 어드바이저(토니 레인즈, 웡아인링, 임안자, 임현옥, 폴리), 감사(김사겸, 박신일) 등으로 조직되었다.

(1) 아시아 영화의 창 부문

최근 세계영화계에서 가장 역동적인 움직임을 보여주고 있는 아시아의 각국에서 만들어진 최신작과 우수작이 소개되는 부문으로 아시아의 10개국 18편의 작품이 소개되었다. 아시아 중견감독들의 영화세계를 일별해 볼 수 있는 좋은 기회가 된 이 부문에서 소개된 작품은 다음과 같다.

〈풍월(風月)〉(첸 카이거, 중국), 〈달의 춤〉(가린 누그로호, 인도네시아), 〈방화범〉(우-웨이 빈 하시사리, 말레이지아), 〈물속의 8월〉(이시이 소고, 일본), 〈동궁서궁(東宮西宮)〉(장유안, 중국), 〈축하합니다/애도합니다〉(세이즈 이즈미, 일본), 〈플로 콘템플라시온 이야기〉(조엘 라망간, 필리핀), 〈바다로 가는 먼길〉(자누 바루아, 인도), 〈여행〉(알리레자 라이시안, 이란), 〈남자 이야기〉(아두르 고팔라크리슈난, 인도), 〈향수〉(당낫민, 베트남), 〈홍시〉(왕통, 대만), 〈붉은 장미 흰 장미〉(스텐리 콴, 홍콩), 〈잠자는 남자〉(오구리 코헤이, 일본), 〈아들들〉(장유안, 중국), 〈호도문〉(슈 케이, 홍콩), 〈동경의 주먹〉(츠카모토 신야, 일본), 〈오늘밤 아무도 집에 돌아오지 않는다〉(실비아 창, 태국)

(2) 월드 시네마 부문

이 부문에서는 지난 1년간 제작된 '비아시아권' 영화로서 주요 국제영화제에서 수상했거나 이에 못지않은 수준의 화제작, 그리고 주목할 만한 감독들의 대표작들을 선보인다.

〈제8요일〉(쟈코 반 도마엘, 프랑스), 〈안토니아스 라인〉(마릴렌 고

리스, 네델란드), 〈브레이킹 더 웨이브〉(라스 폰 트리에, 덴마아크/
프랑스), 〈위선의 태양〉(니키타 미할코프, 러시아/프랑스), 〈크래
쉬〉(데이빗 크로넨버그, 미국), 〈데드맨〉(짐 자무쉬, 미국), 〈데니스
는 통화중〉(할 샐웬, 미국), 〈비밀의 꽃〉(페드로 알모도바르, 스페
인/프랑스), 〈헤비〉(제임스 맨골드, 미국), 〈증오〉(마띠유 카소비츠,
프랑스), 〈안개속의 풍경〉(테오 앙겔로풀로스, 그리이스), 〈코카서
스의 죄수〉(세르게이 보드로프, 카자흐스탄/러시아), 〈위선적 영웅〉
(쟈끄 오디아르프랑스), 〈여름이야기〉(에릭 로메르, 프랑스), 〈율리
시스의 시선〉(테오 앙겔로풀로스, 프랑스), 〈웰컴 투 돌하우스〉(토
드 솔론즈, 미국)

(3) 한국영화 파노라마 부문
지난 1년간 한국영화의 우수작 및 신작들을 소개하는 부문이다.

〈축제〉(임권택), 〈내일로 흐르는 강〉(박재호), 〈채널 69〉(이정국), 〈돼
지가 우물에 빠진 날〉(홍상수), 〈학생부군신위〉(박철수), 〈귀천도〉(이
경영), 〈은행나무침대〉(강제규), 〈개같은 날의 오후〉(이민용), 〈정글
스토리〉(김홍준), 〈그들만의 세상〉(임종재), 〈러브스토리〉(배창호),
〈꽃잎〉(장선우), 〈아름다운 청년 전태일〉(박광수), 〈지독한 사랑〉(이
명세), 〈무소의 뿔처럼 혼자서 가라〉(오병철)

(4) 뉴커런츠 부문
어려운 제작 여건 아래에서 새로운 아시아 영화의 미래를 창조해
나가는 신인 감독들의 작품이 소개되는 부문으로 아시아 8개국 13
편이 소개된다. 또한 이 부문에서는 신인감독들의 차기 작품 제작

지원을 위한 시상제도가 마련되며, '최우수 아시아 신인 작가상'과 '넷팩상'이 수여된다.

〈비천〉(왕샤우디, 태국), 〈아청〉(창초치, 태국), 〈조용한 마을〉(유상유 안, 중국), 〈알 수 없는 상황〉(야스민 말렉 나스르, 이란), 〈영혼의 어 두운 밤〉(프라사나 비타나게, 스리랑카), 〈무산의 비구름〉(장밍, 중 국), 〈면로〉(에릭 쿠, 싱가폴), 〈4월 19일〉(리투파노 고쉬, 인도), 〈오 카에리〉(마코토 시노자키, 일본), 〈세친구〉(임순례), 〈시간은 오래 지 속된다〉(김웅수), 〈하얀 풍선〉(자파르 파나히, 이란), 〈유리〉(양윤호)

(5) 와이드 앵글 부문

영화의 무한한 가능성을 보여주는 단편영화와 애니메이션, 기록 영화를 소개하는 부문으로, 총 23개의 프로그램이 소개되었다. 아울 러 단편영화 작가들의 차기 작품 제작 지원을 위해 '운파상'(최우수 한국단편영화상)과 '선재상'(해외단편영화상)이 각 1만 달러의 상금 과 함께 수여되며, 각 수상작은 폐막식 날에 상영된다.

〈홈리스〉(장기철) 〈바리조곤〉(후미키 와타나베, 일본), 〈카지노 캄보 디아〉(잉 K, 대만) 〈마이크로 코스모스〉(끌로드 뉘리드사니, 마리 뻬 르누, 프랑스) 〈낮은 목소리-아시아에서 여성으로 산다는 것 2〉(변영 주) 〈파일롯 스튜디오 걸작선〉(파일롯 스튜디오 제작, 러시아) : 〈소〉 (알렉산더 페트로프) 외 14편 〈건너야 할 강〉(김덕철, 모리 야스유키, 일본) 〈록 허드슨의 가정영화〉(마크 래퍼토트, 미국) 〈침묵의 함대〉 (료수케 다카하시, 일본)
해외 단편 경쟁부문 1: 〈2월 15일〉(팀 웨브, 영국), 〈바람〉(마르셀 이

반니, 헝가리), 〈먼 여행〉(무랄리 네어, 인도), 〈처녀와 병사〉(카타리나 릴크비스트, 핀란드), 〈버섯천국〉(딕 웡, 홍콩), 〈서른 다섯에 홀로〉(데미안 오도넬, 아일랜드), 〈대외경계〉(우디 벤냐리, 이스라엘)

해외 단편 경쟁부문 2: 〈기차의 도착〉(안드레이 쉘레즈냐코프, 러시아), 〈아침에 깨어나기〉(마르크-앙리 반베르그, 벨기에), 〈해피 앤딩〉(해리 수하랴디, 인도네시아), 〈존〉(타카시 이토, 일본), 〈조용한 항구〉(마리우스 말렉, 폴란드), 〈후인류〉(C. 재이 신, 대만)

한국 단편 경쟁부문 1: 〈오버 미〉(임창재), 〈자살파티〉(이서군), 〈내 안에 우는 바람〉(전수일), 〈주말〉(민용근)

한국 단편 경쟁부문 2: 〈K씨의 자극적인 하루〉(이가은), 〈공사중〉(정원구), 〈벨〉(이정철), 〈영창 이야기〉(곽경택), 〈생일기념일〉(변혁), 〈다우징〉(김윤태)

〈셀룰로이드 클로지트〉(롭 업스테인, 제트리 프리드만, 미국)

하늘의 날: 〈5.56mm〉(구성우), 〈연인〉(이성강), 〈두밀리, 새로운 학교가 열린다〉(홍형숙)

땅의 날: 〈한국영화 씻김〉(장선우), 〈지하철〉(문원립), 〈표류〉(유상곤), 〈오픈〉(정동희), 〈순환〉(전승일)

바다의 날: 〈꽃으로 만발해서는〉(이진아), 〈잃어버린 상자〉(나기용), 〈딕-발전소, 불감증, 시한폭탄〉(이관용), 〈말에게 물어보렴〉(전수일), 〈순정시대〉(이지상), 〈엔트로피 2〉(장우진)

인간의 날: 〈해고자〉(이지영), 〈어머니의 보라빛 수건〉(김태일) 〈공각기동대〉(오시이 마모루, 일본)

사회의 응시: 〈환상 속의 그대-한 일탈자의 범행일지〉(조유철), 〈비가 일기-대학로〉(장형재), 〈역에서 역으로〉(마아니 페트가르, 이란/오스트랄리아), 〈마닐라의 어린이〉(모노이 다디바스, 필리핀), 〈여행〉(쥬

안 폴라, 필리핀), 〈당신이 원하는 것은!?〉(찬 카힝, 홍콩), 〈섹스전사와 사무라이〉(닉 디아캄포, 필리핀)

인도 다큐멘터리: 〈창작의 마술〉(리타반 가탁), 〈여정의 노래〉(논단 큐드햐디)

일본 단편 영화선: 〈칼데라〉(케이토 우타가와, 아츠코 무로부시), 〈달리기〉(토모유키 푸루마야), 〈초애인〉(카이코 우타가와), 〈한밤중〉(텐가이 아마노)

대만 다큐멘터리: 〈1995년 대북현 미전-탐수이강 되살리기〉(후앙 민-추안), 〈나의 새로운 친구들〉(차이 밍-량)

대만 작품선: 〈매 흘수날〉(동 쳉-리앙), 〈타이페이 타이페이〉(C. 재이 신)

(6) 스페셜 프로그램 부문

개, 폐막 작품과 함께 온 가족이 함께 할 수 있는 대중적 작품 7편이 4,000석 규모의 특설 야외상영장(수영 요트경기장 내)에서 상영되었다.

〈에어드만 걸작선(월레스 & 그로밋)〉(닉 파크, 피터 로드, 리차드 고리스조프스키, 제프 뉴위트, 영국), 〈박봉곤 가출사건〉(김태균, 한국), 〈파고〉(조엘 코엔, 영국), 〈라스트 맨 스탠딩〉(월터 힐, 미국), 〈기억〉(가츠히로 오또모, 일본), 〈상해탄〉(서극, 홍콩), 〈상하이 트라이어드〉(장이머우, 중국)

(7) 한국영화 회고전 부문

60년대의 황금기와 70년대의 침체기를 보낸 한국영화가 80년대 좌절의 봄을 딛고 활기차고 새로운 흐름을 형성하기 시작한다. 이에 90년대의 황금기를 예고하는 지난 15년간의 대표적 17편을 모아 소개하고 있다.

〈만다라〉(임권택), 〈단지 그대가 여자라는 이유만으로〉(김유진), 〈그들도 우리처럼〉(박광수), 〈바보선언〉(이장호), 〈첫사랑〉(이명세), 〈장남〉(이두용), 〈한 줌의 시간 속에서〉(백일성), 〈할리우드 키드의 생애〉(정지영), 〈나그네는 길에서도 쉬지 않는다〉(이장호), 〈기쁜 우리 젊은 날〉(배창호), 〈우리들의 일그러진 영웅〉(박종원), 〈세상 밖으로〉(여균동), 〈경마장 가는 길〉(장선우), 〈서편제〉(임권택), 〈두 여자 이야기〉(이정국), 〈301, 302〉(박철수), 〈달마가 동쪽으로 간 까닭은?〉(배용균)

이상의 영화 프로그램 이외에도 부산에 소재한 '한국영화자료연구원'(원장 홍영철) 주관의 '한국영화 사료전시회', 박광수, 오구리 코헤이 등 40여 명의 감독과 함께한 '감독과 토론의 장', '세미나'[38]와 '스페셜 파티'[39] 등의 부대행사들이 성대하게 치러져 영화제의 의미를 한층 부각시켰다.

제1회 부산국제영화제에서 우리는 다음과 같은 성과를 확인할

---

38) 「한국독립영화 회고, 그 영향과 전망」(9. 15, 국도극장), 「저예산 영화」(9. 16, 부산호텔), 「코리안 뉴웨이브 출판기념회」(9. 17, 로얄호텔), 「디지털 영화」(9. 18, 파라다이스호텔), 「대기업의 영화산업 진출」(9. 20, 부산호텔)

39) 삼성파티(9. 14, 하얏트호텔, 삼성 주최), 은행나무침대 파티(9. 15, 부산호텔, 씨네2000 주최), 동아수출공사 파티(9. 16, 부산호텔), 임권택 파티(9. 17, 로얄호텔, 시네마서비스 주최), 풍월 파티(9. 18, 파라다이스호텔, 제일제당 주최), 박봉곤 가출사건 파티(9. 19, 파라다이스호텔, 영화세상 주최)

수 있었다.

첫째, 부산국제영화제의 탄생은 바로 아시아 및 세계 영화의 흐름을 우리 땅에서 확인한다는 것과 한국 영화의 세계화에 대한 기여를 목적으로 하여 이루어졌다. 그에 대한 결과는 한국 및 세계 언론으로부터 긍정적으로 도출되었다. 국외 영화인들의 평가는, '부산국제영화제는 규모 면에서는 상해국제영화제/동경국제영화제와 같이 부상했으며, 질적인 면에서는 토론토/홍콩국제영화제와 같은 진지함과 순수성을 보여주었다'는 것이다.

둘째, 한국영화의 현재를 세계 영화계에 가장 직접적으로 소개하는 장의 역할을 수행하고, 아시아 영화의 흐름을 비롯하여 세계 영화의 현재를 국외 영화제 참관이 아닌 지금 여기에서 확인하는 영화마당의 역할을 수행하였다.

셋째, 세계 영화의 전반적인 흐름을 목격하려는 관객들의 의지는 9일 동안 연 인원 18만여 명의 관람으로 그 성과를 보여주었고, 할리우드나 홍콩영화 일변도에서 벗어나 아시아권 영화를 비롯하여 단편영화, 다큐멘터리 등에도 관람객이 몰림으로써 관객의 저변 확대를 재확인할 수 있는 계기가 되었다.

그리고 각 부문별 시상 결과는 다음과 같다.

① 뉴커런츠[40](최우수 아시아 신인작가상)-〈무산의 비구름〉(장밍)

② 와이드 앵글(최우수 한국 및 해외 단편영화상)

　운파상[41]-〈내 안에 우는 바람〉(전수일)

---

40) 심사위원장: 임권택, 위원: 세르게이 보도로프, 피에르 리시앙, 에리카 그레골, 장 유안

41) 심사위원장: 막스 떼시아, 위원: 안성기, 슈 마에다

선재상[42]-⟨기차의 도착⟩(안드레이 젤렌자코프)

③ 넷팩상[43](아시아 영화비평가 상)-⟨세친구⟩(임순례)

그중 부산 제작 작품인 ⟨내 안에 우는 바람⟩은 그 후 '97 칸 영화제 '주목할 만한 시선' 부문에 공식 초청됨으로써 부산영화의 가능성을 실제로 증명하면서 화제를 낳기도 했다.

4) 제2회 부산국제영화제 개최

1997년 10월 10일(금)~10월 18일(토), 9일간에 걸쳐 개최된 제2회 부산국제영화제는 ①다양한 장르와 지역의 영화를 통해 세계 영화의 흐름을 한눈에 볼 수 있는 장을 마련, ②새로운 작가들이 지닌 새로운 시각과 아시아 문화의 미래를 논의하는 자리를 마련, 영화 토론의 열린 마당을 전개시킴으로써 영화인과 관객의 호흡을 통해 영상문화의 자리매김에 기여, ③아시아 영화를 조명하며 아시아 영화에 대한 새로운 비전을 제시하는 장을 마련, ④세계 영화계에서의 한국영화의 위상을 능동적으로 향상시키는 데 주력, ⑤한국영화의 개성을 형성하는 세움터로써 제작·배급 여건을 개선할 수 있는 도움터로 역할, ⑥'98 부산국제영화제부터 한국 및 아시아의 작가들을 지원하는 인디 영화 프리 프로덕션 지원을 위한 마켓이 개최될 수 있는 여건 조성 등을 목적으로 개최되었다.

즉 제2회 BIFF는 1회 때의 기본적인 취지를 발전적으로 계승하는 외에도 아시아의 독립영화에 대한 지원을 목표로 함으로써 경제적

---

42) 심사위원장: 강수연, 위원: 크리스 베리, 변영주

43) 이 상은 아시아영화의 진흥을 위한 네트워크(Network for Promotion of Asian Cinema)의 회원들이 선정하여 수여하는 상으로서, 대표 심사위원은 아루나 바수데프, 자넷 폴슨, 필립 쉐아 등이다.

압박과 한계를 무릅쓰며 영화적, 문화적 영역을 확대하려는 아시아 영화를 후원하고자 하는 새로운 계획을 수립하였다.

제2회 부산국제영화제는 수영만 요트 경기장에서 열린 개막식을 시작으로 아시아의 창, 뉴 커런츠, 와이드 앵글, 월드 시네마, 코리안 파노라마, 오픈 시네마(야외상영), 회고전 등 총 7개 부분으로 나눠 진행되었다.

그중 특히 제2회 BIFF가 가장 심혈을 기울인 부문인 회고전은 세 가지 역점 사업이 추진되었는데 즉, 7월 홍콩의 중국 반환에 맞춰 홍콩영화를 집중 조명하는 홍콩영화 특별전을 비롯하여, 아시아 각 국 영화 역사의 궤적을 살펴볼 아시아의 발생기 영화 회고전, 독특 한 스타일리스트로서 국내외에 비교적 덜 알려진 김기영 감독[44] 회 고전이 각각 준비되었다. 또 하나 정성을 기울인 기획은 '아시아 초 창기 영화 특별전'으로 인도, 일본, 중국, 한국, 인도네시아 등 아시 아 각 국의 초창기 영화 21편을 발굴해 상영했다. 이는 아시아 영화 의 과거사를 더듬어 봄으로써 아시아 영화의 새로운 미래를 비추어 본다는 점에서 의미 있는 프로그램이었다.

제2회 부산국제영화제를 부문별로 정리하면 다음과 같다

---

44) '도쿄회고전'서 큰 호응을 얻었던 김기영 감독은 60년대 유현목, 신상옥 감독 등 대가들과 한국영화 중흥기를 함께 했지만 기존의 도덕관념에서 크게 벗어나는 '컬 트작가'라는 오해로 인해 대중으로부터 외면받았으며, 1996년 시대를 앞질러 가는 바람에 불행한 예술가로 90년대를 맞이했다. 액션과 로맨스가 주류를 이루던 그 당시 김기영은 생소했던 사이코 스릴러라는 장르를 개척했지만 대중의 시선을 잡 지는 못했으나 독특한 색감과 화면처리, 성적 억압에 시달리는 인간들의 심리묘사 에 탁월한 재능을 발휘하며 우리 영화사에 유현목, 신상옥에 버금가는 영화작가로 기록되고 있다.

(1) 아시아 영화의 창 부문

〈푸른달〉(Ko-I-Cheng, 태국), 〈댕 버럴리와 일당들〉(Nonzee-Nimibutr, 태국), 〈가베〉(Mohsen Makhmalbaf, 이란), 〈하나비〉(Takeshi Kitano, 일본), 〈부에노스 아이레스〉(Wong Kar-Wai, 홍콩), 〈꿈의 미로〉(Sogo, 일본), 〈먼 여행〉(Le Hoang, 베트남), 〈거울〉(Jafar Panahi, 이란), 〈붉은 문〉(Buddhadeb Dasgupta, 인도), 〈하류〉(Tsai Ming-Liang, 태국), 〈매복〉(Huang Jianxin/Yang Yazhou, 중국), 〈수지쿠〉(Naomi Kawase, 일본), 〈체리 향기〉(Abbas Kiarostami, 이란), 〈12층〉(Eric-Khoo, 싱가폴), 〈나의 신경병〉(Wang Shaudi, 태국)

(2) 새로운 물결 부문

〈초승달 이후〉(Chang Wai-hung, 홍콩), 〈가면초인〉(Arthur Chyu, 태국), 〈픽션〉(Malay Bhattacharya, 인도), 〈펀 바 가라오케〉(Pen-ek Ratanaruang, 태국), 〈초록 물고기〉(이창동, 한국), 〈또 다른 하루〉(Satoki Kemmochi, 일본), 〈메이드 인 홍콩〉(Fruit Chan, 스위스), 〈모텔 선인장〉(박기용, 한국), 〈비밀의 화원〉(Shinobu Yaguchi, 일본), 〈종이비행기〉(Farhad Mehranfar, 이란), 〈내 안에 우는 바람〉(전수일, 한국)

(3) 한국영화 파노라마 부문

〈바리케이드〉(윤인호), 〈비트〉(김성수), 〈블랙잭〉(정지영), 〈접속〉(장윤현), 〈악어〉(김기덕), 〈깊은 슬픔〉(곽지균), 〈넘버·3〉(송능한), 〈산부인과〉(박철수), 〈나쁜 영화〉(장선우), 〈3인조〉(박찬욱)

(4) 월드 시네마 부문

〈침묵을 넘어서〉(Caroline LInk, 독일), 〈형제〉(Alexel Balabanov, 러

시아), 〈위기의 형제들〉(Udayan Prasad, 영국), 〈일하는 여성〉(Mike Leigh, 영국), 〈실종의 연대기〉(Elia Suleiman, 팔레스타인/프랑스), 〈콜드 피버〉(Fridrik Thor Fridriksson, 아이슬란드), 〈짙은 선홍색〉(Arturo Ripstein, 멕시코), 〈드레스〉(Alex Van Warmerdam, 네덜란드), 〈퓨너럴〉(Abel Ferrara, 미국), 〈예루살렘〉(Bille August, 덴마아크), 〈정크 메일〉(Pal Sletaune, 노르웨이), 〈캔사스 시티〉(Robert Altman, 미국), 〈나의 장미빛 인생〉(Alain Berliner, 프랑스/벨기에/영국), 〈어머니와 아들〉(Alexandr Sokurov, 독일/러시아), 〈그림 속의 세계〉(Martin Sulek, 슬로바키아), 〈퍼펙트 써클〉(Ademir Kenovic, 보스니아/프랑스), 〈약속〉(Luc & Jean-Pierre Dardenne, 벨기에), 〈어느 어머니의 아들〉(Terry George, 영국), 〈일요일〉(Jonathan Nossiter, 미국), 〈탱고레슨〉(Sally Potter, 영국), 〈웨스턴〉(Manuel Poirier, 프랑스)

(5) 와이드 앵글 부문

한국단편과 다큐멘터리 1: 〈생강〉, 〈낙타 뒤에서〉, 〈전염〉, 〈닥쳐〉, 〈우리 낯선 사람들〉

한국단편과 다큐멘터리 2: 〈광대들의 꿈〉, 〈과대망상〉, 〈장마〉, 〈스윙 다이어리〉, 〈착한 비디오〉

한국단편과 다큐멘터리 3: 〈외투〉(여균동), 〈모헨죠다로〉(고창수), 〈레드 헌트〉(조성봉)

해외단편 1: 〈서른 네 살의 브뤼노〉, 〈행복하세요〉, 〈올슨〉, 〈모자 쓴 남자〉

해외단편 2: 〈통나물을 곁들인 절인 생선〉, 〈워터 탱크〉, 〈포장지 디자인〉, 〈모노크롬 헤드〉, 〈음식의 향연〉, 〈슬리피 가이〉, 〈조조의 카페〉

아시아 다큐멘터리 1: 〈망향〉(Hsu Hsiao-Ming, 태국)

아시아 다큐멘터리 2: 〈나지아네 마을〉(Seiichi MOtahashi, 일본)

아시아 다큐멘터리 3: 〈나는 전쟁을 떠났다〉(Prom Mesar, 캄보디아), 〈그늘 속의 영상〉(Zakir Hossain Raju, 방글라데시), 〈튀김 덮밥 하드보일드〉(Tsuyoshi Shuhama, 일본)

아시아 다큐멘터리 4: 〈고독의 초상〉(Junko MIura, 일본), 〈나, 다른 사람과 똑같은 소녀〉(Cheeng Sawanny, 캄보디아)

아시아 다큐멘터리 5: 〈네온의 여신〉(Yu LIk Wai, 홍콩), 〈어린 가수〉(Nan Triveni Achnas, 인도네시아), 〈아지트〉(Arvind Sinha, 인도)

아시아 다큐멘터리 6: 〈바쿠오 남가 16호〉(Duan Jinchuan, 중국), 〈이스트 사이드 스토리〉(Dana Ranga, 독일), 〈낮은 목소리 2〉(변영주, 한국), 〈기억의 풍경〉(Jose Araujo, 브라질), 〈변방에서 중심으로-독립영화에 대한 특별한 시선〉(홍형숙, 한국), 〈티벳의 소금장수〉(Ulrike Koch, 스위스), 〈명성, 그 6일의 기록〉(김동원, 한국)

거장과의 만남 1: 〈허우 샤오시엔의 초상〉(Olivier Assayas, 태국)

거장과의 만남 2: 〈베리만의 목소리〉(Gunnar Bergdahl, 스웨덴), 〈빌어먹을 햄릿〉(황철민, 독일), 〈슬랩 해피〉(Mitsuhiro Mihara, 일본), 〈플란더즈의 개〉(Yoshio Kuroda, 일본)

상하이 애니메이션 스튜디오 걸작선: 〈녹영〉, 〈목동의 피리〉, 〈산수정〉, 〈원숭이의 달낚시〉, 〈허수아비〉, 〈어부지리〉, 〈열두마리 모기와 다섯 사람〉

(6) 오픈 시네마 부문

〈빈〉(Tim Bevan, 영국), 〈캅 랜드〉(James Mangold, 미국), 〈최후판결〉(Derek Chiu, 홍콩), 〈지.아이.제인〉(Ridly Scott, 미국), 〈머니 토크〉(Brett Ratner, 미국), 〈원 나잇 스탠드〉(Mike Figgis, 미국), 〈아편전쟁〉

(Xie Jin, 홍콩), 〈함께 춤 추실까요?〉(Masayuki Suo, 일본), 〈억수탕〉
(곽경택, 한국),

(7) 회고전 부문

김기영 감독 회고전: 〈육식동물〉, 〈하녀〉, 〈충녀〉, 〈이어도〉, 〈육체의 약
속〉, 〈살인나비를 쫓는 여자〉, 〈화녀82〉, 〈양산도〉
홍콩영화 특별회고전: 〈가을날의 동화〉, 〈영웅본색〉, 〈천녀유혼〉, 〈외팔
이 복서〉, 〈프로젝트 에이〉, 〈당산대형〉, 〈완령옥〉, 〈아비정전〉, 〈사수
유년〉, 〈객도추한〉, 〈오가기〉, 〈협녀〉, 〈시간은 흘러가고〉, 〈변함없는
나의 홍콩〉, 〈메이드 인 홍콩〉

(8) 초기 아시아 영화 특별전

중국: 〈노동자의 사랑〉(Zhang Shichuan), 〈봄누에〉(Cheng Bu Gao)
인도: 〈박타 프랄라드〉, 〈벽돌쌓기〉, 〈칼리아 마르단〉, 〈스리크리슈나
잔마〉, 〈아시아의 빛〉, 〈마르탄다바르마〉, 〈라자 하리샨드라〉
인도네시아: 〈하늘과 땅 사이〉, 〈세개의 이름을 가진 영화인〉
일본: 〈호걸 지라이야〉, 〈충신장〉, 〈일본남극탐험〉
한국: 〈한국, 고요한 아침의 나라〉, 〈한국의 주요 마을들〉, 〈순종황제
인산습의〉, 〈경성〉, 〈조선의 축산업〉, 〈처용무〉, 〈향령무〉

이상의 영화 프로그램 이외에도 부대행사로 'BIFF 광장 선포
식'[45], 유명 영화인들과 관객의 대화의 장이 마련된 간이무대, 한국

---

45) 개막식에 앞서 문정수 부산시장 등 많은 영화계 인사가 참석한 가운데 남포동 극
장가에서 BIFF 광장 선포식이 개최되었다. 이 선포식의 하이라이트는 실물 크기
손바닥 모양이 동판에 새겨져 영원히 스타의 거리에 남게 되는 핸드 프린팅이었는

독립 영화의 역사를 한 눈에 조망할 수 있었던 '독립영화 사료 전시회', 아시아 영화의 진흥을 위한 세미나[46] 등이 함께 이루어져 영화제의 의의를 더욱 부각시켰다.

그리고 제2회 BIFF의 시상 내역은 다음과 같다.

① 뉴커런츠 상: 〈모텔 선인장〉(박기용)

② 운파상: 〈명성, 그 6일간의 기록〉(김동원)

③ 선재상[47]: 〈티벳의 소금장수〉(울리케 코흐)

④ 넷팩상: 〈나쁜영화〉(장선우), 〈접속〉(장윤현)

⑤ 국제영화평론가협회상: 〈메이드 인 홍콩〉(프루트 챈)

9일 동안 33개국 165편의 영화가 출품된 제2회 부산국제영화제는 영화관계자들이 1회 때의 2배가 넘는 350여 명이 참가하였으며, 무려 18만여 명의 관객들이 몰려 그 열의를 확인할 수 있었다. 또한 프랑스『르몽드』(1997. 10. 22)가 "장차 아시아 영화의 독자적 중심지가 되고자 하는 부산의 야망을 확인할 수 있었다"거나, 일본의『아사히신문』이 "지난해 가을에 갓 태어난 영화제지만, 아시아 독립영화의 거점을 기치로 한 의욕적인 기획으로 외국 영화관계자들로부터 도쿄영화제를 능가하는 주목을 끌었다"고 평하고 있듯이, BIFF 광장에는 국제 영화제를 석권한 아시아 영화들이 대거 참가함으로

데 첫 번째 핸드 프린팅의 영광은 〈차이니즈 박스〉의 감독 웨인 왕과 주연배우 제레미 아이언스에게 주어졌다.

46) ① 홍콩영화 특별 세미나:「홍콩 영화를 바라보는 몇 가지 시선들」(10. 15. 14:00. 부산호텔) 발제자-정성일, 슈케이, 스티브 포. ②「초기 아시아 영화의 출발과 발전」: 아시아 각 국가 간의 활발한 영화 문화 교류를 증진시키기 위한 것으로 특히 아시아의 초기 영화 소개에 역점을 둠. 영화의 보존문제, 프린트의 복구문제, 체계적이지 못한 조사, 연구 등의 문제 와 더불어 초기 아시아 영화와 관련한 현존하는 여러 가지 문제들을 논의. 발제자-스텔리 콴, 이영일, P. K, 나이르, 사또 다다오.

47) 관객의 인기투표에 의해 선정된 최우수 외국독립영화상.

써 세계 영화인들로부터 집중을 받기 시작하였음을 입증했다.

부산국제영화제가 거두고 있는 성과는 대외적으로 세계의 영화관객들에게 한국 영화에 대한 인식을 심어준다는 점이고, 대내적으로는 국내 영상 산업의 발전에 대한 계기와 자극을 준다는 점이다. 특히 제2회 BIFF의 대표적 성과로는 영화감독에 대한 사전 제작 비용 지원 프로그램인 PPP의 도입을 들 수 있다. 그리고 〈모텔선인장〉이 '98 베를린 영화제 영포럼 부문, 로테르담 영화제, 샌프란시스코 영화제 등에 초청되었고, 〈명성, 그 6일간의 기록〉 〈변방에서 중심으로〉 〈낮은 목소리 2〉 등도 '98 베를린 영화제 영포럼 부문에 초청되었으며, 〈세 개의 이름을 가진 영화인〉은 인도 뭄바이 단편 및 다큐멘터리 영화제에 진출하게 되는 등, 다양한 해외영화제로부터 초청받게 된 것도 빼놓을 수 없는 성과였다.

한편 부산국제영화제를 통해 할리우드 오락영화로 기울어져 있다시피 했던 관객들의 영화 취향은 '졸리운 영화'로 치부되던 아시아 예술영화에 많은 관심을 돌리고 있음이 드러났다. 이는 제1회 때에는 '월드시네마' 부문이 일찌감치 강세를 보였던 데 비해, 제2회의 예매 현황을 보면 영화제 개막 전부터 관객들의 반응이 아시아영화에 쏟아지고 있어 부산국제영화제로 인한 관객들의 예술적 안목과 감상의 수준이 확대되고 있음을 입증하였다.

한편 제2회 부산국제영화제는 '차분한 분위기 속에 큰 실수 없이 진행됐다'는 평가와 더불어 해결해야 할 몇 가지 과제를 남기기도 하였다. 운영 면에서 1회 때의 시행착오를 경험 삼아 큰 실수 없이 무난히 치러냈지만, 초청 게스트의 방한 취소, 예매 시스템의 미비, 자막 영사 실수 등 일부 운영 미숙을 드러낸 것도 사실이다.

그러나 부산국제영화제가 전 세계 어느 영화제보다 뜨거운 관객들의 수용 열기에 의해 모두 성공적으로 치러짐으로써 부산은 한국 영화의 변방에서 아시아 영화의 메카로 자리 잡게 되었다.

5) '97 부산 단편 애니메이션 영화제 개최

부산국제영화제에는 규모 면에서 전혀 비교도 안 되지만 그 의미만큼은 결코 뒤지지 않는다고 할 수 있는 하나의 애니메이션 영화제가 애니메이션 창작실 '디지아트'(대표 김상화)의 주최로 1997년 8월 30일, 31일 이틀간 카톨릭센터 소극장에서 열려 주목을 끌었다. 당시에 부산국제영화제가 한국영화의 세계화를 궁극적인 목적으로 하였으나 실제로는 세계영화의 위세에 눌려 소기의 성과를 거두지 못했다는 지적을 받기도 하였던 점(특히 부산에서 제작된 작품은 거의 전무한 실정)을 비교해볼 때, 부산 단편 애니메이션 영화제는 상업주의에 물든 디즈니사나 선정적이고 폭력적인 일본 애니메이션의 마취에서 깨어나 대항을 위한 목적으로 부산의 젊은 미술가들이 독립적으로 애니메이션을 실험, 창작하여 영화제를 치르고 있다는 점에서 그 의미를 간과할 수 없다.

디지아트는 김상화, 이태구, 문상호, 허병찬 등의 서양화를 전공한 젊은 작가들이 1994년 말부터 모여, 새로운 창작방식을 통해 우리 문화의 창조적 계승을 지향한다는 목표 아래 예술성이 풍부한 실험 형식의 애니메이션 작품들을 제작하는 한편, 예비 작가들을 위한 애니메이션 강좌도 열어 교육활동을 펼쳤다.

그들이 부산예술학교 만화예술과 학생들의 작품과 함께 '97 부산 단편 애니메이션 영화제에 출품한 애니메이션은 다음과 같다.

〈꿈꾸는 날〉(2분 20초 감독: 김상화)-일본 '96 히로시마 국제 애니메이션 페스티벌 초청상영, '97 춘천만화축제 초청상영. 미국 '97 국제 애니메이션 페스티벌 출품

〈봄나들이〉(2분 24초, 감독: 문상호)-일본 '96 히로시마 국제 애니메이션 페스티벌 출품, 미국 '97 LA 국제 애니메이션 페스티벌 출품

〈사람들〉(3분 45초, 감독: 김상화)-캐나다 '96 오타와 국제 애니메이션 페스티벌 출품.

〈처용암〉(6분 20초, 감독: 김상화)-프랑스 '97 앙시 국제 애니메이션 페스티벌 출품, SICAF '97 출품

〈싸움〉(5분 12초, 감독: 이태구)-'97 애님엑스포 출품, SICAF '97 출품

〈휴식〉(3분 46초, 감독: 문상호)-'97 애님엑스포 출품

〈도시인〉(3분 56초, 감독: 허병찬)-'97 애님엑스포 본선 상영작, SICAF '97 출품

〈놀이터〉(4분 23초, 감독: 이태구)

*이상 『디지아트』 제작 작품

〈사이버 네이션〉(5분 20초, 감독: 최우영)-'96 대한민국 만화영상대전 출품, 프랑스 '97 앙시 국제 애니메이션 페스티벌 출품

〈풀씨의 꿈〉(4분 30초, 감독: 정윤진)-'96 대한민국 만화영상대전 출품, 프랑스 '97 앙시 국제 애니메이션 페스티벌 출품, SICAF '97 출품

〈머리카락 이야기〉(5분, 감독: 김현주)-'96 대한민국 만화영상대전 우수상, SICAF '97 출품

〈난 싫다〉(4분 40초, 감독: 이진숙)-'96 대한민국 만화영상대전 출품, SICAF '97 출품

〈어떤 아침〉(3분 20초, 감독: 손은정)-'96 대한민국 만화영상대전 출

품, 프랑스 '97 앙시 국제 애니메이션 페스티벌 출품, SICAF '97 출품
〈질투의 화신〉(5분 10초, 감독: 황신정)-'96 대한민국 만화영상대전
출품, 프랑스 '97 앙시 국제 애니메이션 페스티벌 출품)
〈색연필〉(6분 40초, 감독: 남정훈, 박영경, 김선정)-'97 애님엑스포
출품, SICAF '97 출품
〈군고구마〉(6분 10초)-'97 애님엑스포 출품
〈누렁이의 꿈〉(4분 30초, 감독: 김미정, 서미진, 민은비, 최윤정)-'97
애님엑스포 출품, SICAF '97 출품
*이상 부산예술학교 만화예술과 학생 작품

6) 부산 독립영화의 가능성-〈내 안에 부는 바람〉 3부작

부산국제영화제의 성공적 개최와 함께 동시대 부산 영화계의 가
장 경사스러운 일은 단연 전수일[48] 감독의 독립영화 〈내 안에 우는
바람〉 3부작의 완성을 꼽을 수 있다. 부산에서 자체적으로 독립영화
를 완성하였다는 점만으로도 우선 그 의의를 인정하여야 하겠지만,
그보다 특히 2부 〈내 안에 우는 바람〉은 1996년 제1회 부산국제영
화제 와이드앵글 부문에 초청되어 운파상을 수상하는 한편, 그로부
터 7개월 후 1997년 5월에 '97 칸 영화제 주목할 만한 시선 부문[49]

---

48) 1959년 속초 생. 경성대 연극영화과 졸업. 파리 영화학교(E.S.R.A.)에서 수학. 파리
7대학과 8대학원에서 영화 공부. 현재 경성대 연극영화과 교수로 재직하면서, 부산
의 젊은 영화인들과 독립영화사 '동녘'을 설립하여 독립영화를 제작하고 있음.
49) '주목할 만한 시선'은 공식경쟁 부문 다음으로 중요한 부문으로 독특하고 개성 있
는 작품세계를 보여주는 젊은 신예감독들의 작품이 선정되는 부문. 우리나라 작품
으로는 1987년 이두용 감독의 〈물레야 물레야〉, 1989년 배용균 감독의 〈달마가 동
쪽으로 간 까닭〉에 이은 세 번째 작품으로 한국영화의 작품성을 인정받은 동시에
세계 진출 가능성을 보여준다.

에 공식 초청작으로 선정되었다.[50] 그리고 3부작이 완성된 1997년
엔 제2회 부산국제영화제 새로운 물결 부문에 초청되어 부산국제영
화제에 2회 연속 선정되는 영광을 안기도 했다.

〈내 안에 우는 바람〉 3부작은 〈말에게 물어보렴〉(1995, 10분), 〈내
안에 우는 바람〉(1996, 40분), 〈길 위에서의 휴식〉(1997, 63분)으로
구성되어 있다. 이 영화는 각각 유년기, 청년기, 노년기의 세 가지 이
야기를 통해 시간에 대한 의식을 형상화한 3부작이다. 어린아이에
서 곧 죽음을 눈앞에 둔 노인까지 살아가는 동안 우리가 느끼는 시
간의 흐름이란 결국 내면에 유폐된 것으로서, '우리가 사는 삶은 결
코 잘 짜여진 영화의 극적 전개와 같지 않으며, 우리가 보고 느끼는
것은 시와 같은 형상의 조각들'로 인식하는 이 영화는, 이러한 형상
의 조각들이 우리의 의식과 무의식 속에서 재구성되는 흔적을 다루
고 있다.

〈말에게 물어보렴〉[51]은 어린아이의 시각에서 바라본 순수의 시각

---

50) "감동적이고, 시적이고, 아름답고, 우울하다." 1996년 제1회 부산국제영화제 단편
   부문 심사위원이자 칸 영화제 아시아지역 프로그래머로 왔었던 막스 테시에는 〈내
   안에 우는 바람〉을 보고 이렇게 말했다. 그리고 프랑스로 돌아가서는 프랑스 제일
   의 권위지에 다음과 같이 기고했다. "〈내 안에 우는 바람〉이라는 중편이 특히 눈에
   띄었다. 이 작품은 고향인 부산으로 돌아오지만 점차로 이방인이 되어가는 어떤
   소설가의 방황을 그리고 있다. 자전적이고 우울한 한 편의 시이기도 한 이 영화는
   전수일 감독에 의해 완벽한 흑백영화로 태어났다. 그 역시 프랑스에서 몇 년을 보
   낸 사람이다." 『르몽드』, 1996. 9. 26.

51) Color 10min 35mm/1.85, Cast/이층인, 박철. 갑작스런 천둥과 번개로 인해 전깃불
   이 꺼지고 집 안의 모든 시계가 정지된다. 다음 날 아침, 할머니는 꼬마를 깨워 마
   을 시계방에 가서 시간을 알아오라고 한다. 꼬마는 시계방 노인으로부터 아침 열
   시라는 것을 안 후, 집으로 돌아오다가 친구들을 만나 오랫동안 즐겁게 보낸다. 영
   화는 한 어린아이를 통해 정지된 시간에 대한 사고를 표현한다.

을 표현하였고, 〈내 안에 우는 바람〉[52]은 작가를 꿈꾸는 한 청년의 고독과 방황 속에 내재된 허무의 시간을 흑백의 영상에 담아냈으며, 〈길 위에서의 휴식〉[53]은 죽음을 앞둔 노인이 불안한 심리상태에서 느끼는 내면적인 시간과 외면적인 시간 사이의 공백과 충돌을 그려 냈다.

〈내 안에 우는 바람〉 3부작은 결코 화려하거나 충격적이지 않다. 차분한 영상을 바탕으로 삶의 허무에 대해 솔직하고 진지하게 이야기하고 있다. 타르코프스키를 연상케 하는 롱테이크 화면, 침묵과 독백으로 이어지는 절제된 대사, 담백하고 서정적인 아름다움이 돋보이는 영상, 이러한 것들은 〈내 안에 우는 바람〉을 눈과 귀를 자극하기보다는 가슴으로 느낄 수 있는 영화로 승화시켰다. 이는 부산영

---

52) B&W 40 min 35mm/1.85, Cast/ 조재현, 김명조. 자신이 꾸는 꿈들을 책으로 내려는 청년이 혼자 다락방에 살면서 비몽사몽간에 꾸는 꿈들을 소형녹음기에 녹음한 뒤 의식이 들면 노트에 옮겨 적는다. 그 꿈들은 주로 어린 시절의 기억과 낯선 곳에 있는 자신의 모습이다. 그에겐 그와 함께 떠나길 원하는 여자 친구가 있으며, 그녀는 그의 묵묵부답에 인내를 가지고 책의 완성을 기다린다. 청년은 여자와 함께 자신의 고향인 속초에 가서 초등학교를 방문하며 과거를 더듬는다. 그는 옛 친구와의 만남을 통해 고향 속초가 이제는 자신과 이질적인 공간이 되었음을 느낀다. 여행 후 청년은 노트에 자신의 꿈을 완성시킨다. 그러나 그는 책 출간이 부질없다는 생각을 하며 노트들을 불태우고 집을 나선다.

53) Color 63min 35mm/1.85, Cast/ 유순철. 출가한 자식들의 집에 살기를 거부하고 빈 방들을 세놓으며 아내와 살아가는 칠순 노인. 주로 집에서 권투중계를 보거나 자신의 손금을 보고 마당의 나뭇가지들을 끈으로 동여매며 하루하루를 보낸다. 가끔 마을 골목에 있는 복덕방에 나가 노인들의 장기 게임을 지켜보곤 한다. 마을 어귀에는 항상 풍풍을 타는 아이들로 소란하다. 이들 주위를 맴돌며 풍풍을 타고 싶어 하는 한 아이와 이 근처를 어슬렁거리는 중년 거지가 있다. 노인은 이 두 사람과 자주 마주친다. 노인은 복덕방의 노인들로부터 단체관광 권유를 받고 여행 떠날 준비를 한다. 그러나 어느 날 머지않아 자신에게 닥칠 죽음에 대해 막연한 불안감을 느낀다. 사진을 찍고 초상화를 그리게 하며 수의를 맞추는 등 죽음에 대한 준비를 하기 시작한다. 노인은 점점 치매 증세를 보이기 시작하고….

화계에 희망을 안겨주었으며, 동시에 부산의 독립영화 제작에 하나의 이정표와도 같은 역할을 할 것이다.

4. 부산영화의 역사적 의의와 전망

이상으로 정리하여 본 부산영화사를 통해 우리는 부산에서 이어져온 영화운동들이 결코 한국영화의 변방이 아님을 확인할 수 있었다.

일제시대에는 한국 최초로 영화제작사인 조선키네마주식회사가 설립되어 극영화가 제작되었으며 이를 통해 한국영화의 초창기를 개척했던 여러 감독과 배우가 배출되었다. 해방 이후 1948년에는 예술영화사가 설립되어 〈해연〉이 제작되었고, 한국전쟁 중에는 전시영화의 제작이 활발하게 전개되는 가운데, 1951년에는 부산영화사에 길이 남을 세미다큐멘터리 〈낙동강〉이 제작되었다. 1958년에는 부산영화평론가협회가 창립되고, 이어 부일영화상이 창설되었다. 그리하여 60년대 접어들면서 각종 영화운동 단체들이 생겨나 창작, 비평, 연구, 관객 등의 다방면에서 영화운동이 활발하게 전개되어 부산영화운동의 전성기를 맞게 되었다. 그리고 70년대와 80년대에는 소형영화와 단편영화가 활발하게 제작되면서 부산영화의 명맥을 이어왔으며, 1990년대는 이러한 부산영화운동의 총결집체인 부산국제영화제가 성공적으로 개최됨으로써, 부산영화계는 한국영화의 변방에서 중심으로 당당하게 진입하면서 새로운 도약의 전기를 마련하게 되었다.

이러한 역사적 사실에 비추어 볼 때, 부산영화의 미래는 과거에 비하여 매우 밝은 전망으로 비치고 있다.

부산시는 1997년 11월 5일 시청 회의실에서 문정수 부산시장과 부산 국제영화제 관계자, 학계 인사 등이 참석한 가운데 '영상산업 발전을 위한 간담회'를 갖고 부산국제영화제 개최 성과를 영상산업 발전으로 연계하기 위한 영상산업 발전 전략을 논의했다. 부산시는 1단계로 을숙도 실내 촬영장 건설, BIFF시네마테크 건설, 부산 프로모션 플랜(PPP: 부산영화배급발전계획) 실시 등의 전략시범사업을 2000년대 초까지 완료하고, 2단계로 극영화·애니메이션·방송제작 산업의 유치, 영화제작 지원 산업, 민간복합영화관 건립 등의 사업 계획과 함께 기장 지역에 영화촬영시설·영화테마공원·위락관광시설 등을 합친 영화복합단지인 아시아민속촌 및 영화촌 건립에 나서기로 하는 등 부산을 영상산업 도시로 육성시키기 위한 종합계획을 마련하였다.[54]

이렇게 부산영화인들의 숙원이었던 부산영화의 발전 계획이 구체적으로 합의되면서 부산영화계는 그동안 어쩔 수 없이 견지할 수밖에 없었던 영화 수용운동 중심의 태도에서 벗어나 적극적으로 영화를 제작할 수 있는 제반 여건을 갖추게 될 전망이다. 그러므로 이제 부산영화계에 본질적으로 제기되어야 할 과제는 부산영화의 정체성을 확립하고 그에 따른 영화 제작의 활성화 방안을 건전하게 제시하는 일이다.

이에 1996년 5월 14일에 경성대학교 공연예술연구소가 주최하였던 '부산 독립영화 시사회 및 진흥방안 세미나'의 내용은 시사하는 바가 크다고 할 수 있는데, 그 내용을 정리하는 것으로 이 글을 마무리하고자 한다.

부산은 다큐멘터리뿐만 아니라 모든 영화문화의 제반 여건이 열

---

54) 『국제신문』, 1997. 11. 5. 참조.

악하다. 따라서 영화문화의 활성화, 특히 영화제작의 활성화는 당연
히 서울과는 다른 전략이 필요할 수밖에 없고, 그 유일한 대안은 독
립영화의 육성이라는 결론에 다다르게 된다. 독립영화의 육성은 거
대 자본이 지배하는 극영화 산업의 보수적이고 폐쇄적인 제작 체계
에서 벗어나 자유롭고 진취적인 제작 환경을 조성할 수 있고 무엇보
다도 새로운 영화, 새로운 감독의 탄생을 기대할 수 있다. 다큐멘터
리 또한 그 성격상 독립영화가 되지 않으면 진보적 목소리는 내기
힘들다. 부산에서 독립영화 활성화를 논한다는 것은 곧 진보적 정신
을 전제로 하는 것이고, 따라서 다큐멘터리의 육성을 함께 논의할
수밖에 없는 것이다.[55]

그에 대한 실질적인 대안으로 주윤탁은 시테마타운의 건립, 창작
단편영화제의 확대 개편, 독립영화 또는 다큐멘터리의 주제 및 소재
개발 등을 제시하고 있다.[56]

이어 이효인은 부산 독립영화의 주제 및 소재에 대하여 다음과 같
이 구체적으로 제시하고 있다.[57] 부산독립영화만의 색깔이라는 것
은 1차적으로 서울에서 제작되는 영화들을 영화적으로 비평하는 것
으로 출발할 수 있다.(예: 흥행성공작, 문제작 등에 대한 비판적 패러디,
리메이크, 엉뚱하게 끌고 가는 것) 물론 이런 방식은 지나치게 협소하
며 소극적인 방식이다. 적극적인 방식으로는 이 사회가 암묵적으로
금기시하는 문제들을 다루거나 주제나 소재를 부산에서만 일어나
는 일이라든가 아시아 지역으로 넓히는 것을 생각할 수 있다.(예: 부

55) 김지석, 「부산다큐멘터리 운동의 필요성」, 『부산 독립영화 시사회 및 진흥방안 세
     미나』, 경성대학교 공연예술연구소, 1996, 32쪽.
56) 주윤탁, 「부산 영화문화의 역사와 전망」, 같은 책, 19쪽.
57) 이효인, 「부산 독립영화 운동의 현실적 모색」, 같은 책, 24-27쪽.

산의 마약문제, 부산사람들의 서울 지향 또는 열등감, 출세한 경상도 사
람과 출세 못한 경상도 사람, 국내에서 행해지는 화교들에 대한 비인간
적 대우, 전라도 사람과 경상도 사람에 대한 이야기, 일본 교포에 대한 이
야기, 한국인의 동남아 여행, 홍콩인의 입장에서 본 한국 사람들, 베트남
에 대한 한국의 위상, 부산 사람들의 대화법에 얽힌 이야기, 부산식으로
연기하고 말하기 등). 이와 더불어 특유의 예술영화, 다큐멘터리, 실
험영화 등 모든 것들도 일반성을 가지고 지속적으로 제작된다면 부
산영화만의 색깔이라고 부를 수 있을 것이다. 양식적인 측면에서는
서술하는 방식이나 찍는 방식 모두 부산의 지형, 기후조건, 촬영여
건 그리고 행동과 언어습관 등에서 비롯된 특수한 방식이 나올 수
도 있다.

그리고 부산 독립영화의 활성화를 위하여 첫째, 제작 교육을 중심
으로 또는 연계하여 제작의 활성화, 둘째, 독립영화 기금의 확보와
운영, 셋째, 16mm 장편 극영화 제작과 대기업, 방송국과의 연계를
적극 모색, 넷째, 기획, 조정, 평가하는 기구의 필요성 등을 제안하고
있다.[58]

이상의 진흥방안들이 슬기롭게 모색되고 또 실천이 된다면, 뉴욕

---

58) 이상과 같이 한국영화의 발상지이자, 부산국제영화제로써 국제화의 초석을 이룬
부산은 1999년에 한국 최초로 부산영상위원회를 설립한 것을 필두로 2012년 현재
에 이르기까지 눈부신 발전을 거듭하면서 한국영화산업의 중심으로 부상하였다.
특히 해운대구 센텀시티에는 부산영상후반작업시설(2009. 9), 영화의 전당(2011.
9), 부산문화콘텐츠 콤플렉스(2012. 4) 등이 차례로 건립된 데 이어, 2013년 하반
기 이전 예정인 영상물등급위원회가 입주할 영상산업센터가 준공을 앞두고 있고,
영화진흥위원회 신사옥이 2015년에 완공될 예정이어서 이 일대에 영화영상타운
이 형성되고 있다. 그리고 중구 용두산공원 일원에 2015년까지 부산영화체험박물
관이, 기장군 일대에 2020년까지 부산종합촬영소 등이 완공된다면 부산은 완전한
영화의 도시로 자리매김할 것이다.

이 할리우드의 대중영화에 대응하는 독립·예술영화의 상징으로 부상하였듯이, 부산 또한 머지않아 충무로의 대중영화에 대응하는 한국 독립·예술영화의 상징으로 부각될 수 있을 것이라 믿어 의심치 않는다.

부산의 문화콘텐츠와
스토리텔링

1. 부산의 문화적 역량

1996년에 제1회 부산국제영화제가 개최된 이래 만 10년간의 짧은 기간 동안 명실상부 국제적인 영화제로 성장시켰던 전대미문의 경험은 오랜 기간 문화적 불모지로 인식되었던 부산의 이미지를 180도로 돌려놓는 계기가 되었다. 그것은 부산시민들에게는 커다란 문화적 자긍심을 안겨주었을 뿐만 아니라, 그동안 각계각층에 잠재되어 있던 예술인들의 문화적 욕망을 분출시키는 계기가 되기도 하였다. 1996년에 창립된 부산문화관광축제조직위원회가 주최하는 부산바다축제(1996~) 및 국제록페스티벌(2000~) 등의 성공과 함께, 부산비엔날레(2002), 조선통신사행렬재현(2003~), 부산국제연극제(2004~), 부산국제합창제(2006~), 부산국제마술축제(2006~) 등으로 이어지는 국제 규모의 예술문화 축제는 이제 부산이 한국 최고의 예술문화 도시로 발돋움하고 있음을 입증하고 있다.

부산이 이처럼 문화도시로 탈바꿈을 하게 된 이유는 여러 가지가 있겠지만, 그중 첫째는 바다와 내륙을 연계하는 항구도시라는 입지적인 조건에서 찾을 수 있다. 태평양과 대륙을 연결하는 천혜의 자연 환경은 부산 시민들의 삶의 태도를 개방적이고 진취적이게 만들었으며, 세계로 향해 열린 마음과 수용하고 개척하는 삶의 열정이 동시대에 이르러 성숙한 문화의식으로 승화된 결과이다. 둘째는 부산지역이 보존 계승하여온 전통문화의 뿌리가 오늘날까지 면면히 이어져온 결과라 할 것이다. 특히 부산의 전통문화가 역사적 현실적 악조건 속에서도 불구하고 부산시민들의 의식 속에서 꿋꿋하게 계승됨으로써 오늘날의 문예부흥을 이루는 토대가 되었다는 사실은 절대 간과할 수 없는 요인이라 할 수 있다.

오늘날까지 이어지고 있는 부산의 대표적인 전통문화 유산에는 중요무형문화재인 동래야류(제18호), 수영야류(제43호), 대금산조(제45호), 좌수영어방놀이(제62호), 풍어제(제82호) 등과, 부산시 지정 무형문화재인 수영농청놀이(제2호), 동래학춤(제3호), 동래지신밟기(제4호), 충렬사제향(제5호), 부산아미농악(제6호), 다대포후리소리(제7호), 강태홍류가야금산조(제8호), 부산영산제(제9호), 동래북춤(제10호), 구덕망깨터다지기(제11호) 등이 즐비하다.

부산의 문화적 역량은 이처럼 전통문화에서 동시대의 문화에 이르기까지 독창적이면서도 폭넓게 그 수준을 경주하여왔다. 그러나 한편으로, 세상의 모든 일이 그러하듯, 긍정적인 현상의 이면에는 항상 비판적으로 성찰하고 극복하여야 할 문제점들이 있게 마련이다. 사실 부산의 전통예술문화 유산이 오늘날의 국제적인 예술문화 축제를 집행할 수 있게 하는 원동력이 되었다는 사실은 부인할 수 없다 하더라도, 그 둘 사이의 밀접한 연관 관계를 찾을 수 없는 것 또한 사실이다. 즉 전통예술문화가 동시대의 예술문화 창조에 직접적인 영향을 미치거나, 또는 창조적으로 계승되는 실제 사례를 찾기가 쉽지 않다는 것인데, 이는 전통의 문화유산이 동시대의 문화 창달을 위한 원형적 자본으로서 재투자되지 못하고 있음을 반증하는 현상이다.

또 다른 하나는 현재 괄목할 만한 성장을 보이고 있는 국제적인 예술문화제들이 자칫하면 부산을 문화의 소비 도시로 전락시킬 수도 있다는 사실이다. 물론 부산이 추진하고 있는 국제예술제들이 성공함으로써 부산의 도시 브랜드 가치가 올라가고, 덩달아 관광을 비롯한 여러 가지 경제적인 수입도 증가하는 결과를 기대할 수 있을 것이다. 실제로 부산국제영화제 기간 동안 다녀가는 국내외 갤러리들의 숙식 및 관광비는 물론이거니와, 부산시의 영상산업 지원 정책에 힘입어 부산 지역에서 이루어지는 현지 촬영과 스튜디오 및 촬영 장비 대여 등에 따르는 경제적인 파급 효과 등은 무시 못할 수치를 기록하고 있다.(2005년도 부산지역 영상물 촬영 유치를 통한 경제적인 파급 효과는 총 433억 6천 7백만 원이었다 한다.) 그럼에도 불구하고 부산은 아직까지 자체의 자본과 기술로써 생산할 수 있는 영화산업의 기반을 정착시키지 못하고 있는 실정이다. 즉 영화 제작 인력은 물론, 후반작업과 배급 등이 대부분 서울을 거점으로 이루어지고 있어 실제로 영화 제작에 따른 실수익은 서울의 제작사 및 배급사가 고스란히 가져간다는 점 또한 간과할 수 없는 사실이다. 그래도 영화는 소비에 비해 생산성이 높으며 미래의 가능성도 좀 더 낙관적으로 예상되지만, 음악, 미술, 연극 등 여타 장르들의 경우 생산 대 소비의 비율은 심각한 불균형을 보이고 있는 실정이다.

물론 순수 예술문화의 가치를 문화산업의 관점으로만 따지는 우를 범해서는 안 되겠지만, 그래도 우리가 보유하고 있는 문화예술의 역량과 자산이 새로운 콘텐츠로 개발될 수 있는 가능성이 있다면 최대한 발굴하여 새로운 가치를 생산해냄이 마땅하다 할 것이다. 따라서 이어지는 글을 통해 부산의 문화적 자산을 콘텐츠로 개발한 사례

를 살펴보고, 나아가 디지털 시대에 적합한 스토리텔링의 가능성을
모색해보고자 한다.

2. 부산문화의 스토리텔링 사례

바야흐로 문화산업의 시대를 맞이하여 스토리텔링이 주요한 개
념으로 부상하였는데, 그것은 문화콘텐츠의 제작에 밀접하게 관계
하기 때문이다. 삶의 현장을 비롯하여 지역의 역사적 사건과 유적,
그리고 유형무형의 문화유산 등에 스며 있는 이야깃거리들은 문학
적 상상력과 스토리텔링 기법을 통하여 현대의 매체에 적합한 양
식으로 가공됨으로써 얼마든지 문화상품으로서 생산되고 유통될
수 있는 가능성을 지니고 있다. 특히 오늘날 문화상품의 유통 경로
가 다변화됨에 따라 그런 가능성을 잠재하고 있는 이야깃거리들은
'OSMU(One-Source Multiple-Use)' 방식에 의해 다양한 콘텐츠들(영
화, 드라마, 애니메이션, 컴퓨터 게임 등)로 재생된다. 그러므로 제대로
만든 하나의 스토리텔링은 다양한 매체를 통해 다양한 계층으로 유
통되면서 수많은 수익을 창출해낸다. 이처럼 산업생산 못지않게 문
화생산의 중요성이 부각되는 문화산업의 시대에 적극적으로 동참
하기 위해 부산 지역이 독자적으로 형성하여온 이야깃거리들을
발굴하고, 그것을 문화콘텐츠로 가공할 수 있는 스토리텔링으로
개발하는 작업에 비상한 관심을 기울여야 할 것이다.

그렇다면 부산의 잠재적 문화자산이 구체적인 문화상품으로 생산
된 사례들은 어떤 것들이 있는지 그 현황을 우선 점검해볼 일이다.
부산 지역의 삶의 현장이 반영된 문화유산에 스토리텔링을 도입하
여 새로운 대중적 콘텐츠로 성공시킨 가장 대표적인 사례로는 〈굳
세어라 금순아〉를 들 수 있다. 익히 알다시피 〈굳세어라 금순아〉는

한국전쟁의 비극 앞에서 1 · 4 후퇴 때 흥남 부두에서 잃어버린 금순이를 찾아 헤매며 부르는 애절한 가사로 인해 1953년 발표되었을 당시 38선을 넘어온 수많은 피란민들의 삶의 애환과 이산의 아픔을 대변하고 또 달래주면서 공전의 인기를 끌었던 대중가요이다. 이 노래는 1953년 현인에 의해 불린 이래 시대를 초월하여 온 국민의 사랑을 받았으며, 나훈아, 은방울 자매, 김연자 등의 쟁쟁한 가수들이 리바이벌하여 불렀을 뿐만 아니라, 최근에는 한영애가 그 특유의 음색으로 리메이크하며 헌사(homage)를 바쳤던 국민 애창곡이다.

굳세어라 금순아

작사 강사랑, 작곡 박시춘

눈보라가 휘날리는 바람찬 흥남부두에
목을 놓아 불러봤다 찾아를 봤다
금순아 어데로 가고 길을 잃고 헤매었더냐
피눈물을 흘리면서 일사 이후 나 홀로 왔다

일가친척 없는 몸이 지금은 무엇을 하나
이내 몸은 국제시장 장사치기다
금순아 보고싶구나 고향 꿈도 그리워진데
영도다리 난간 위에 초생달만 외로이 떴다

현동주가 본명인 현인은 1919년 12월 14일 부산 영도 영선동에서 출생하였다. 당시 그의 부친 현명근은 영도에 있던 영국의 스탠더드 석유회사에 재직하였었고, 모친 오봉식은 일신여학교를 나온 신여성이었다. 2남 1녀 중 맏이로 태어난 그는 부친이 일본의 마이니치 신문 기자가 되어 도일해 있던 어린 시절을 부산에서 성장하였다. 구포소학교에 입학하여 2학년 때 초량에 있던 영주소학교로 전학하였으며, 5학년 때 부친이 경성지국으로 전근해 감에 따라 서울로 이사하였다. 이후 경성제2고보(현 경복고)를 거쳐 우에노음악학교(현 도쿄예술대)를 졸업하면서 가수의 길을 걷게 되었다.

그러한 연고로 인해 2002년 83세의 일기로 작고한 이듬해에 그를 기념하여 노래비와 동상을 영도다리의 입구에 건립하였다. 이 현인 노래비에는 위의 노래 가사 전문이 새겨져 있는데, 특히 그 앞에 앉아 있는 동상은 노래하는 것으로 유명하다. 현인 동상의 오른쪽 발을 살짝 밟으면 고인이 생전에 독창적인 떨림 창법으로 불렀던 노래 〈굳세어라 금순아〉가 흘러나온다. 한편 부산 서구 송도해수욕장에서는 2005년부터 매년 여름에 현인가요제를 개최하여 신인가수를 선발하는데, 십만여 인파가 호응을 이루면서 확고한 지역축제로 자리 잡았다. 그만큼 〈굳세어라 금순아〉는 대중들을 끌어들일 수 있는 콘텐츠의 원천으로서 여전히 그 생명력이 살아 있는 것이다.

전쟁의 고통을 안고 살아가던 대중들의 심금을 울리면서 대단한 반향을 불러일으킨 이 대중가요에 이야깃거리를 부여하여 새로운 대중 상품으로 탄생시킨 것은 악극단 '호화선'이었다. 한국전쟁 당시 전란의 고통에 신음하던 민중들을 악극과 쇼로 위로하던 호화선은 1930년대 중반 이후 동양극장을 주 무대로 대중극을 주도하였던 유명극단이다. 그러나 해방 이후 새 시대의 기운으로 인해 해체되었는데, 한국전쟁의 혼란기를 맞아 악극 〈굳세어라 금순아〉로 인해 다시 한 번 흥행 극단으로 부활하게 된 것이다. 당시 극단의 대표였던 김화랑(1912~1976)은 당대의 대표적인 악극작가였다. 1938년에 조선일보 신춘문예에 시나리오로 등단하여 영화감독까지 겸한 영화인이기도 한 그가 당시 현인의 노래에 착안하여 가사의 모티프를 악극으로 재창작함으로써 한국 악극사에 길이 남을 레퍼토리를 남겨놓았던 것이다. 이 악극이 상연되던 당시의 부산극장은 연일 만원사례를 이루었으며, 주제가가 나올 때면 객석은 눈물바다를 이루었다고 한다.

그리고 이 작품은 1950년대 후반 악극이 쇠퇴하면서 세월과 함께 잊혀졌는데, 1995년 극단 '가교'에 의해 다시 한 번 부활하게 된다. 극단 가교는 1960년대 이후 오랜 세월 단절되었던 악극 장르를 동시대에 부활시킨 극단이다. 1993년에 〈번지 없는 주막〉을 시발로 하여 1994년엔 〈홍도야 우지마라〉를, 1995년엔 〈굳세어라 금순아〉를 레퍼토리화하면서 악극을 정상 궤도에 올려놓았던 것이다. 이들 작품들은 흘러간 애창곡의 모티프에 극적 상상력을 작동시켜 올드팬들의 향수를 자극하는 내러티브로 재구성되었다는 공통점을 지니는데, 그것은 모두 극작가이자 연출가인 김상열의 노력에 의한 것이었다. 그는 여전히 대중들의 기억에 살아 있는 영도다리와 국제시장이라는 피란과 이산의 상징적 공간을 현대의 악극으로 다시 소환하였다. 내용인 즉, 1·4후퇴 때 홍남부두에서 서로 헤어지게 된 부부는 각자 부산까지 떠밀려오고, 그들은 서로의 생사도 모른 채 같은 부산바닥에서 피란시절을 살아가는데, 야속하게도 늙어서야 만나게 된다는 것이다. 그들 노부부의 회상 형식으로 전개되는 악극의 장면 장면들은 가난의 설움과 이산의 아픔을 견뎌야 했던 전쟁 체험 세대들을 극장으로 끌어들였으며, 그들의 가슴에 사무치는 통한의 세월을 반추하게 하는 끝에, 마침내 해후하는 순간의 감동을 연출하였다.

서울의 극단에 의해 제작된 이 작품은 2000년에 부산연극협회와 울산연극협회의 합동공연으로 부산과 울산 지역에서도 공연되었으며, 이때 연출을 맡았던 손기룡에 의해 그가 예술감독으로 있는 부산시립극단에서 2005년도에 다시 공연되는 등 여전히 관객들의 향수를 자극하는 문화 상품으로 공연되고 있다.

한편 이 스토리텔링 소스는 문화 상품으로서만이 아니라 관광 상품의 개발로도 얼마든지 활용될 수 있다. 〈굳세어라 금순아〉로 인해 일약 한국의 명소가 되었던 영도다리와 국제시장을 관광 콘텐츠로 가꾸는 일에 부산시는 그동안 너무나 소극적인 태도로 일관하였다. 광복동의 옛 시청 부지에 들어서게 될 제2롯데월드 건설을 위해 한때 영도다리를 파괴하려고 한 것을 시민들의 힘으로 겨우 지켜내었을 정도이니 안타깝다고 하지 않을 수가 없다. 만약 영도다리의 난간에 그리운 사람의 이름과 사연을 써서 붙이면 언젠가는 재회하게 된다는 이야깃거리를 부여한다면 올드 팬들뿐만 아니라 젊은 세대들에게도 얼마든지 매력을 지니는 관광 명소로 부상하게 될 것이다. 거기에 자갈치시장과 국제시장을 연계하는 관광 쇼핑 벨트도 얼마든지 개발 가능한 것이다. 이것이 잊혀져가는 콘텐츠를 새롭게 활성화할 수 있는 OSMU의 한 스토리텔링 모델이 될 수 있다.

또 다른 사례로는 자갈치시장의 역사와 상인들의 삶을 반영한 뮤지컬 〈자갈치〉가 있다. 〈자갈치〉는 부산 토박이로 활동하였던 극작가 이현대(1947~2004)의 대표작이다. 그는 자갈치 상인들의 억척스러운 삶을 극적으로 살려내기 위해 극단 후배들과 여관에서 합숙을 하여가며 자갈치시장의 난전 풍경과 수산어패류 공동시장과 공판장에서 이루어지는 경매의 현장 등을 세밀하게 관찰하고 취재하였다. 그 결과 완성된 희곡을 직접 연출하여 1992년 3월 제10회 부산연극제에서 대상을 수상하였으며, 이어 5월에 전국연극제에 출품하여 우수작품상과 희곡상을 수상하였다. 이러한 쾌거로 인해 〈자갈치〉는 부산의 지역성을 대표하는 레퍼토리로 인정받아 같은 해 10월 부산문화회관 대극장에서 '문화의 날'을 기념하는 특별공연이 이루어졌다. 그리고 이듬해 11월에는 '93 대전 EXPO 부산직할시의 날'을 기념하는 뮤지컬로 재탄생하였다. 이렇게 연극에서 뮤지컬로 콘텐츠화한 〈자갈치〉는 이후에도 부산의 특성을 살린 독자적인 문화 상품으로 거듭 개발되어졌다. 1998년에 부산시립극단 창단 기념 공연 작품으로 채택되어 드라마투르기에 이윤택, 작곡에 박철홍이 참여하여 본격적인 뮤지컬 양식으로 제작(김동규 연출)되었으며, 다시 필자에 의해 시대적 배경과 극적 내러티브가 보완되어 2002년 1월에 '부산방문의 해' 기념공연으로, 이어 6월에는 한일월드컵 기념 '다이내믹 코리아 페스티벌 2002' 공연(박성진 연출)으로 화려한 막들을 계속하여 올렸던 것이다.

이러한 과정을 거치면서 부산에도 비로소 뮤지컬이라는 문화콘텐츠의 새로운 기반을 구축하게 되었는데, 아쉬운 것은 관 주도의 행사로 그쳐버리고 그 이후 민간의 뮤지컬 전문 단체로 육성되지 못함으로써 그동안 어렵게 쌓아온 뮤지컬의 제작 기술과 인적 자원을 사장시키고 있다는 사실이다. 만약 매년 10월에 열리는 부산자갈치축제에 이 문화콘텐츠가 활용되기만 하여도 현재 소비지향적으로 운영되는 자갈치축제의 품격을 문화적 차원으로 한층 끌어올리게 될 것이며, 이에 힘입어 부산의 뮤지컬 공연 수준도 더욱 발전하게 되는 결과를 얻을 수가 있을 것인데, 그렇게 개발된 콘텐츠가 지역의 축제와 연계되지 못하는 현실이 아쉽기 그지없을 따름이다.

부산 태생의 역사적 인물로서 스토리텔링으로 가공된 문화콘텐츠의 사례에는 안용복과 장영실 등이 있다.

조선 숙종 때 수영성에서 어부로 살아가던 안용복이 울릉도와 독도에서 불법어로를 일삼던 왜인들을 상대로 두 차례나 일본으로 건너가 엄중히 문책하였던 안용복의 일화는 일찍이 향파 이주홍의 동화 〈바다의 사자 안용복〉과 솔뫼 최해군의 소설 〈동해의 독전사 안용복〉 등을 통해 작품화하였다. 이 이야깃거리는 부산의 극작가 김경화에 의해 극화된 것을 부산시가 2002년 월드컵을 기념하기 위해 창극 〈푸른 깃발〉(이혼주 각색)로 다시 제작하여 공연하였는데, 기념 행사용 이벤트로 그쳐버린 점이 또한 아쉬움을 남긴다.

세종 때의 과학자로 저명한 장영실은 본래 기생의 소생으로서 동래현 관노 출신이었으나, 비범한 과학적 재능을 인정받아 중신들의 반대에도 불구하고 세종대왕의 특명으로 중용되어 혼천의, 자격루, 측우기 등을 발명하는 등 큰 공적을 남겼다. 그러나 임금을 위해 특별 제작한 가마가 부러지는 바람에 곤장 100대에 처해졌으나, 세종의 특별 감형으로 80대의 형을 받는다. 그 이후 삭탈관직을 당하였는지 행적이 묘연하다. 이 이야깃거리는 위인전 형식의 동화, 애니메이션 등으로 널리 제작되었는데, 정작 부산의 문화콘텐츠로 활용된 사례는 찾기 어렵다. 다만 연제구에 위치한 장영실과학고등학교가 그 자랑스러운 이름을 계승하고 있으나, 그마저 입시에 불이익이 있다 하여 부산과학고로 개명을 요구하고 있는 현실이 참으로 안타까울 따름이다.

이외에도 임진왜란 때 부산성과 동래성을 지키다 순절한 정발 장군과 송상현 부사의 이야기는 시인이자 극작가인 염주용에 의해 〈동래성 함락의 날〉(1948)로 극화되었으며, 부산이 자랑하는 문화유산인 동래야류와 수영야류의 유명한 할미과장이 부분적으로 현대

연극에 차용되고 있으나 이들 이야깃거리들이 새롭게 콘텐츠화한 사례를 찾아보긴 힘들다.

그리고 부산의 고대사인 독로국(瀆盧國, 삼한시대 변한 12국 중의 하나), 금정구 널무덤(土壙墓)과 동래패총, 복천동 고분 등의 유적으로 보아 지금의 동래 지역으로 추정됨)의 설화를 창극화한 〈독로국 이야기〉(2002, 정일 작, 심창신 연출, 남산놀이마당)와, 역시 변한 12국의 일부가 연합하여 발전한 고대가야의 건국설화를 극화한 〈가락국기〉(2002, 심문섭 작, 연출, 극단 동녘) 등과 같은 사례도 있다. 특히 〈가락국기〉는 부산의 극작가인 김문홍의 각색과 음악가 김종대의 작곡에 의해 록뮤지컬로 제작되어 2005 APEC 정상회의 문화축전의 하나로 특별기획 공연되었다. 이는 〈자갈치〉에 이어 다시 한 번 부산의 뮤지컬 역량을 시험하는 무대가 되었으나, 이 역시 국제행사를 위한 일회성 공연으로 그쳐버림으로써 부산을 대표하는 문화 상품으로 성장할 기회를 잃고 말았다.

이상과 같이 모처럼 기획되고 어렵게 제작해낸 부산의 문화 콘텐츠들이 사후 지속적인 관리와 투자를 이끌어내지 못하고 단명시키고 마는 결과들에 대해 부산의 문화계는 이제라도 철저하게 반성해야만 한다. 〈명성황후〉가 한국을 대표하는 문화 브랜드로 자리 잡기까지 10년의 세월과 노력이 투자되었음을 부산의 문화계는 환기할 필요가 있는 것이다.

3. 부산문화의 디지털 스토리텔링 방안

이상으로 살펴본 부산문화의 스토리텔링 사례들은 전체적이고 연속적인 체계로 표현되는 아날로그 방식처럼 주로 관객과의 직접 소통으로 이루어지는 공연 콘텐츠에 집중되어 있거나, 아니면 그 가능태로서만 잠재하고 있음을 확인하였다.

그러나 오늘날 초고속 인터넷과 유비쿼터스로 집약되는 디지털 시대에 있어 문화콘텐츠의 디지털화는 너무나 중요한 과제가 되고 말았다. 이제 디지털 방식으로 생산되고 유통되는 콘텐츠들—컴퓨터 게임, 애니메이션, 디지털 영화, 에듀테인먼트, 웹 박물관, 웹 광고, UCC 등에 익숙해진 세대들을 사로잡지 않으면 부산의 문화산업은 미래를 기대할 수 없다. 디지털 세대들은 더 이상 전통적 형식의 이야기에는 접속하지 않는다. 그들은 디지털 시대가 요구하는 새로운 이야기 형식에만 적극적으로 반응하고 참여한다. 전통적 방식의 콘텐츠들이 일방적 수용을 강요한 것에 비해 디지털 방식은 쌍방향의 상호소통의 장을 마련해주기 때문이다.

그렇다면 그와 같은 디지털 세대의 요구에 부합하는 부산의 문화적 자원을 어떻게 발굴하고 가공해낼 것인가가 문제이다. 또는 그 이전에 과연 디지털 세대의 감각을 만족시키면서 동시에 부산의 문화적 정체성을 담보해낼 수 있는 이야기 자원을 개발할 수 있을까 하는 것이 관건이 될 것이다. 이 글의 궁극적인 목적은 그 가능성을 확인하는 것이다. 따라서 이 장에서는 부산의 역사, 신화, 전설 등으로부터 디지털적 상상력을 확장시킬 수 있는 스토리텔링의 모티프를 스프링보드 스토리(springboard story)[1]의 형태로 제시해보고자 한

---

1) 스프링보드 스토리(springboard story)는 스티븐 데닝이 활용한 용어이다. 청중들에게 참고가 되는 사례들을 제시함으로써 청중들이 거기에 스스로 의미를 부여하여 열의를 갖고 새로운 도약을 이루도록 만드는 스토리텔링 기법을 말한다. 여기서는 완성된 서사로 도약시키기 위해 채택된 원자재로서의 이야기를 의미하는 용어로 차용한다. 그런 점에서 스토리보드 스토리는 근거 있는 이야기로서 청중의 상상력을 자극할 수 있어야 하며, 배후에 설정된 구성의 의도가 분명해야 하며, 콘텐츠로의 활용을 전제하여야 하며, 미니멀리즘(세부사항을 제공하지 않는)의 방식으로 전개되어야 한다. 스티븐 데닝, 안진환 역, 『스토리텔링으로 성공하라』, 을유문화

다. 그리하여 부산의 지역성을 특화하면서도 보편적인 이야기의 흥미를 담보할 수 있는 하나의 사례를 모색해보고자 하는 것이다.

다음은 가상의 스토리텔링 〈용마절영龍馬絶影〉의 완성을 위해 제공되는 스프링보드 스토리의 요소들이다.

1) 팔선과해(八仙過海) 이야기

무구도인이 지은 것으로 전해지는 〈팔선과해〉 전설은 중국의 역사, 설화, 문화, 사상 등 중국에 대한 폭넓은 이해를 위해서는 필수적이다. 〈팔선과해〉는 13억 중국인들이 좋아하는 10대 명고전이며, 〈패왕별희〉와 쌍벽을 이루는 10대 경극 중 하나이다. 중국 중앙TV에서 드라마로도 제작되어 중국 시청자들을 열광케 한 팔선과해는 이처럼 오늘날에도 다양한 문화콘텐츠로 활용되고 있으며, 산동성 봉래시에는 유명한 팔선과해 관광구가 바다에 인공적으로 조성되어 수많은 관광객을 유치하고 있다. 인간선경(人間仙境)으로 불리는 이곳에는 여덟 신선이 봉래각에서 술을 마시고 취한 뒤에 각기 파도를 넘어 바다를 건너갔다는 불가사의한 전설이 전해지고 있다. 우리나라와 일본에서도 팔선도(八仙圖)가 많이 그려져 있으며, 팔선도를 모신 사당이 있다.

여덟 신선은 주술에 뛰어나 탈신(脫身)에 능했지만 육신을 잃어버려 쇠지팡이에 호리병을 찬 절름발이 거렁뱅이의 몸을 빌어 의탁한 철괴리(鐵拐李), 죽은 자의 영혼을 살린다는 신기한 부채를 들고 있는 종리권(鍾離權), 요임금 때부터 불로장생하여 당 현종이 불러 그 비법을 구하였다는 장과로(張果老), 400년 이상을 살면서 세상의 온

사, 2006, 75-102쪽 참조.

갖 악을 제거하였다는 여동빈(呂洞賓), 복숭아를 먹고 선녀가 되었다는 하선고(荷仙姑), 술에 취해 학을 타고 하늘로 비상하였다는 남채화(藍采和), 퉁소를 잘 불어 음악의 수호성자가 된 한유의 조카 한상자(韓湘子), 도는 하늘이요, 하늘은 바로 자기 자신이라고 한 조국구(曹國舅) 등이다.[2]

2) 서불과지(徐市過之) 이야기

국내 유일의 해안 폭포인 정방폭포에는 서불의 전설이 깃들어 있다. 전설에 의하면 2,200년 전 중국 진나라 시황제 때 방사(方士)인 서불이 시황제의 명을 받아 불로초를 캐기 위하여 동남동녀(童男童女) 500쌍을 거느리고 영주산(한라산)에 찾아왔다가 정방폭포의 암벽에 '서불이 이곳을 지나갔다'는 뜻으로 서불과지(徐市過之)라 새기고 돌아갔다는 이야기가 전해지고 있다. 서귀포라는 지명도 서불이 돌아갔다는 뜻에서 유래했다 한다. 서귀포시는 서불 전설 유적 재현을 위해 정방폭포 위쪽 부지에 1999년부터 서불전시관과 유적비를 짓고 소공원을 조성하였다.[3]

이와 유사한 전설은 남해에도 전해지는데, 남해 상주에 있는 금산 부소암의 평평한 바위 위에 새겨진 그림문자가 그것이다. 이 남해상주리석각은 일명 '서불과차(徐市過此)'라고 불리는데 지금까지 해독을 하지 못하여 내용은 알 수 없다. 전해오는 이야기로는 중국 진시황 때 삼신산(三神山)의 불로초를 구하기 위해 시종 서불이 이곳 금

---

2) 조영님, 「여덟 신선이 바다를 건넜다는 팔선과해」, 『오마이뉴스』, 2007. 03. 24; 무구도인, 김중걸 역, 『팔선과해』, 일송북, 2003. 등 참조.

3) 문화재청, http://www.ocp.go.kr:9000/n_dasencgi/full.cgi?v_kw_str=&v_db_query=A1%3a 참조.

산을 찾아와서 사냥을 즐기다 떠나면서 자신들의 발자취를 후세에 남기기 위해 새긴 것이라고 한다.[4]

서불 설화는 거제도 해금강에도 있다. 진시황이 불로초를 구하기 위하여 서불(徐市)로 하여금 동남동녀 3천 명을 거느리고 해금강에 왔다가 경치가 너무 아름다워 도취되어 돌아가지 못했다는 전설이 있는 곳, 서불과차(徐市過此)라는 글을 바위에 남겼으나 1959년 사라호 태풍 때 유실된 것으로 전해진다.[5]

남해에서 멀지 않은 구례에는 섬진강 지류인 서시천(徐市川)이 있는데, 이 또한 서불의 불(市) 자를 시(市) 자로 오인한 것이라 하여 그의 흔적이 남아 있다.[6] 이처럼 남해안 곳곳에 전해지는 설화에서 서불은 그곳을 지나간 것으로 전해지지만, 일본에서는 여러 지역에서 정착한 것으로 기록되어 그들의 조상신으로 모셔지고 있다.

동해 바다 건너에 있는 삼신산에서 불로초를 구하기 위해 떠난 서불은 제주도 영주산(한라산의 옛 이름)에 이르렀으나 불로초를 구하지 못하고 되돌아간다. 기원전 219년에 감행된 첫 불로초 탐사는 실패로 끝이 났다. 『사기』의 기록을 보면, 서불은 바다로 보내 신기한 물건, 즉 불로초를 찾도록 하였으나 서복은 돌아와 거짓 보고를 올린다. "신은 바다 가운데에서 큰 신선을 만났습니다. 신선은 그대가 진시황의 사신인가를 물었고, 그렇다고 답했습니다. 무엇을 찾느냐고 다시 물어 오래 살 수 있는 약을 원한다고 답했습니다. 신선은 진

---

4) 정인보는 이 글자가 서불이 새긴 것이 아니고 훈민정음 이전의 한국 고대문자로서 그 뜻은 '사냥하러 이곳으로 물을 건너와 기를 꽂다'라고 해석했다. 정인보,「한국 브리태니커 온라인」, http://preview.britannica.co.kr/bol/topic.asp?article_id=b11s3597a.

5) 『서울신문』, 2007. 3. 1. 참조.

6) 『한겨레신문』, 2004. 7. 19. 참조.

시황의 예물이 적다며 그 선약을 보여주기는 하지만 가지고 갈 수 없다고 하였습니다. (⋯)" 이에 진시황은 매우 기뻐하면서 동남동녀 3천 명을 보내기로 하고 오곡종자와 여러 기술자도 함께 보내었다. 그러나 서불은 평원광택(들판과 강물)을 얻게 되자 그곳에 머물러 왕이 되고 결국 돌아오지 않았다 한다. 서불과 동남동녀가 지금의 일본 사람의 조상이라는 설화가 일본의 곳곳에서 전해지고 있다. 실제로 서불이 자신들의 고향에 정착했다는 설화는 일본 전역에서 전해지고 있다. 큐슈의 남녘 끝 가고시마에서부터 혼슈의 북녘 끝 아오모리까지 모두 20여 개의 지역에 달하는데, 이는 서복이 일본에 끼친 영향이 자못 크다는 것을 말해 주는 것이다.[7] 서복은 서불의 또 다른 이름이다.

이 기록을 앞의 전설과 종합하여 보면 다음과 같다. 즉 제1차 제주도 원정에서 실패한 서불은 기지를 발휘해 진시황으로부터 더욱 규모가 큰 제2차 원정대를 지원받아 새로운 탐사에 나섰으며, 남해와 거제를 거치는 동안에도 결국 불로초를 구하지 못하자 서불은 죽음이 두려워 일본으로 건너갔다는 것이다. 그러나 지금까지 전해지는 서불의 불로초 원정 설화에는 가장 중요한 행적이 빠져 있는데, 그것이 바로 절영도 봉래산에 얽힌 불로초 전설이다.

3) 용마절영(龍馬絶影) 이야기

(1) 절영도(絶影島) 봉래산(蓬萊山)

서불이 찾고자 한 불로초가 있는 산은 결국 봉래산이었다. 봉래산

---

7) 〈진시황, 불로초를 찾아서〉 1부, TBC 대구방송, 「네트워크스페셜」, 2004. 11. 1. 참조.

은 부산의 영도에 있는 산 이름이다. 기록에 의하면 동래부사 정현
덕이 당시 영도에 들어와 태종대에 세차례나 왕래하면서 오즉일선
(吾則一仙)이라는 어귀를 남겼고, 부산첨사 장인식이 이 섬을 봉래
도라 상칭하여 별가를 지었다. 또한 절영도진(絶影島鎭)의 첨사(僉
使)로서 가장 오래 재직한 임익준(任翊準)이 영도의 지명을 한문으
로 고쳐 지을 때 이곳이야말로 예로부터 신선이 사는 곳이라 하여
산 이름을 봉래산(蓬萊山)이라 명명하였다.

봉래산이 있는 영도는 신석기시대의 동삼동패총, 영선동패총 등
이 있는 것으로 보아 고대로부터 역사와 문화가 이어져온 삶의 터전
이다. 영도의 원래 이름은 절영도였다. 절영도란 하루에 천 리를 달
리는 천리마가 빨리 달리면 그림자가 못 따라올 정도라 하여 그림자
(影)를 끊을(絶) 정도로 빠른 명마의 섬이라는 뜻으로 붙여진 이름
이다. 실제 예로부터 명마로 유명하여,『삼국사기열전』김유신조를
보면 신라 33대 선덕왕이 삼국통일을 이룬 김유신의 공을 되새겨
김유신의 적손(嫡孫) 김윤중에게 절영도 명마 한 필을 하사하였다는
기록이 있다.『고려사』와『동국여지승람』에서도 후백제의 왕인 견
훤이 절영도 명마 한 필을 고려 태조인 왕건에게 선물하였다가, 그
러면 후백제가 망할 것이라는 예언을 듣고 부랴부랴 다시 찾아온 일
을 기록하고 있다.[8]

(2) 영도의 지명

봉래산은 원래 신선이 살고 불로초와 불사의 영약이 있다는 중국
의 상상 속의 영산이다. 부산의 옛 이름인 동래(東萊)란 이름도 동해

---

8) http://yeongdo.busan.kr. 참조.

의 봉래산이 있는 곳이라는 설도 있다. 영도의 지명들은 대부분 신선과 관련된 것들이다. 1885년 절영도진 첨사 임익준이 행정지명을 지을 때 현재의 남항동(南港洞)은 신선이 사는 시내가 있다는 뜻의 영계(瀛溪)라 하였으며, 영선동(瀛仙洞)은 삼신산(三神山)의 하나로 동해에 있는 전설상의 섬 이름인 영주(瀛州)의 이름을 따서 영선(瀛仙)이라 지었다. 일제시대에는 이곳이 일본 쪽을 보기에 알맞은 곳이라 하여 어영정(御影町)이라 불렸으며 해방 후 다시 영선동이란 이름을 다시 찾게 되었다. 신선동(新仙洞) 새로운 신선이 사는 곳이라는 뜻으로 지었다 하며, 봉래동(蓬萊洞)은 봉래산의 주맥이 닿는 곳이라 하여 지은 이름이다. 일제 때에는 부산항을 마주한다 하여 항정(港町)이라 불리었으나 해방 후에 다시 봉래동이 되었다. 청학동(靑鶴洞)은 신선이 타는 학의 형상이라 하여 지은 이름이며, 동삼동(東三洞)의 중리는 신선의 거처라고 하여 영주(瀛州)라는 이름을 붙였다 한다. 그리고 현재의 영도등대 오른쪽으로 30m쯤 되는 곳에 바다를 향하여 위쪽이 좁다란 평면으로 되어 있는 두 개의 고소(高所, 臺) 중 왼쪽에 있는 것을 신선대 또는 신선바위라 하는데 여기에 이러한 명칭이 붙여진 것도 옛날 이 곳에서 신선들이 놀았다고 하는 전설에서 유래한다.[9]

(3) 봉래산에 얽힌 전설

영도의 봉래산에 얽힌 비화에는 장사바위 전설과 할미바위 전설이 있다. 영도 청학동 아리랑고개에서 산을 오르다 보면 정상에 못 미쳐서 장사바위가 있다. 옛날 키가 9척이요 힘이 천하장사인 거인

---

9) http://www.yeongdo.go.kr/introduction/03_03.asp. 참조.

이 영도의 깊은 산 속에서 살고 있었다. 이 거인은 매일 마을로 내려와 밥을 얻어먹었는데 한 끼에 쌀 한 말을 거뜬히 먹어치웠다. 어느날 거인이 마을에서 저녁밥을 얻어먹을 즈음에 형체는 없고 커다란 그림자뿐인 괴물이 나타나 마을 처녀를 잡아가는 소동이 벌어졌다. 이후 이런 일이 자주 발생하여 주민들이 공포에 떨었으나 거인도 어찌할 수가 없었다. 고심하던 거인은 마침내 앞바다에서 괴상한 그림자를 발견하고 격투를 벌인 끝에 그림자를 껴안고 죽고 말았다. 이 그림자는 바로 이무기였다. 주민들은 거인의 시체를 거둬 봉래산 밑 양지바른 곳에 묻었다. 그 후 거인의 무덤이 큰 바위로 변했는데 이 바위 모양이 마치 장사의 신발 같아 오늘날까지 이 바위를 장사바위라고 부른다.

그리고 봉래산의 정상(395m)에는 할미바위가 있다. 이 할미바위에는 아기를 점지하고 복을 내려주는 것으로 영험한 마고할미, 또는 삼신할미가 바위가 되었다는 전설이 있다. 특히 중요한 대목은 본래 이 바위가 있던 자리에는 불로초가 있었는데, 서불이 무리를 이끌고 와서 이를 취하려 하자 신선들이 이를 물리친 끝에, 불로초의 존재가 인간의 욕망을 부추긴다 하여 하늘나라로 옮겼으며, 대신 그 자리에는 후손들로써 영원히 대를 이어주도록 삼신할미가 바위로 화(化)하였다는 전설이 남아 있다.

(4) 일제의 왜곡 정책

봉래산에 얽힌 전설과 그 신비한 영험을 일제는 의도적으로 훼손시켜버렸다. 봉래산은 일명 고갈산으로 불리는데, 한자어의 고갈산(沽渴山, 枯渴山)은 각각 목이 마른산, 말라서 없어지는 산이라는 뜻이다. 이는 봉래산의 정기를 고사시키고자 하는 일제의 의도에 의해 왜곡된 결과이다. 또는 공갈산이라고도 불렸는데, 이 또한 봉래산에 얽힌 신화를 거짓으로 애써 부정하려는 의도로 유포된 것이다.

거기다가 할미바위의 성정이 심술궂고 변덕이 무상하여 영도의 원주민은 흥망성쇠가 무상하여 타처로 이주할 것이며, 외지에서 이곳 영도에 이주한 자는 흥성해도 20년을 넘기지 못한다고 하며, 대대손손 면면치 못할 것이라는 부정적인 풍수지리설을 퍼뜨렸다. 게다가 영도는 그림자 없는 섬이라서 그렇다는 둥, 청학동에서 동삼동 아치섬(현 해양대 부지) 쪽으로 뻗어가는 학의 오른쪽 날개의 맥이 끊겨서 그렇다는 둥, 갖가지 설들을 붙여 악의적으로 왜곡하였다.

가장 심각한 훼손은 할미바위를 본래의 모습을 추정할 수 없으리만치 파손시켜버린 것인데, 주위에 깨어져 널린 조각들로 미루어 그 위용을 짐작할 수 있을 뿐이다. 또한 봉래산은 본래 세 개의 삼신봉으로 이루어져 있는데, 그것을 평범하게 바꿔놓았다. 현재 가장 높은 봉우리를 조봉(祖峰)이라 하고, 그 다음 봉우리를 자봉(子峰), 그 아래의 것을 손봉(孫峰)으로 부르고 있는 것이 그것이다. 가까이서 보면 세 봉우리의 구별이 잘 안 되지만 멀리서 바라보면 굽어진 봉우리의 낮아진 모습이 확연하게 드러난다. 봉래산 삼신봉에 대한 일제의 민족문화 말살정책과 역사 왜곡은 이처럼 집요하고도 주도면밀하게 이루어졌다.

이상의 이야기 요소들을 바탕으로 이어지는 가상의 디지털 콘텐츠 〈용마절영〉 제작을 위한 구체적인 스토리텔링 방안을 논의하고자 한다.

디지털 스토리텔링의 실제
〈용마절영〉

1. 디지털 스토리텔링의 특성

오늘날 초고속 인터넷과 유비쿼터스로 집약되는 디지털 시대에 있어 문화콘텐츠의 디지털화는 너무나 중요한 과제가 되고 말았는데, 앞의 장에서도 언급하였듯이 디지털 세대들은 일방적 수용을 강요하는 전통적 형식의 이야기보다는 쌍방향 상호소통의 장을 마련해주는 디지털 방식의 이야기를 선호한다. 그렇다면 전통적 이야기의 방식과 디지털의 그것은 어떻게 다른가? 전통적 스토리텔링이 상상력을 통한 개연성 있는 허구를 추구하였다면 디지털 스토리텔링은 상상적 허구라는 점은 동일하지만 더 이상 개연성에 연연하지 않는다는 점에서 핵심적으로 차별화된다. 아리스토텔레스가 『시학』에서 미토스(mythos), 즉 플롯의 법칙으로 제일 중시하였던 개연성은 사건의 전체성, 연속성, 통일성, 단일성과 밀접하게 연관되어 있다.[1]

전통적 플롯이 지켜야 할 이러한 특성들의 핵심 개념은 시간이다. 즉 전통적 스토리텔링은 현실의 시간에서 납득할 만한 사건들이 인

---

1) 아리스토텔레스, 천병희 역, 『시학』, 문예출판사, 2000, 57-78쪽 참조.

과관계의 절대적 시간의 질서 속에서 배치되어야 한다. 반면 디지털 스토리텔링의 핵심 개념은 공간이다. 디지털 스토리텔링이 소통되는 사이버 스페이스(Cyber Space) 자체가 이미 가상의 '공간'이기 때문이다. 그곳에서의 시간은 상대적이며, 얼마든지 축소되거나 확대될 수 있다. 사건은 이어질 수도 건너뛸 수도 있으며, 뒤죽박죽 또는 종횡무진의 방식으로 전개되기도 한다.

S. 채트먼이 '언어적 서사물이 시간적으로 축약된 서사 내용을 표현하는 데 있어 영상적인 서사물보다 더 편리한 반면, 후자는 공간적인 관계들을 보여주는 데 더 많은 이점을 가지고 있다'[2]고 하였듯이, 영상 이미지로써 소통되는 디지털 스토리텔링 또한 주로 공간적인 관계들로써 구성된다. 채트먼에 의하면 서사(narrative)는 사건적 요소와 사물(존재물)적 요소로 나뉘는데, 사건적 요소는 시간을 중심으로 하는 사건들(행위, 돌발사)의 연쇄(또는 배치), 즉 플롯과 대응한다면, 사물적 요소는 공간을 중심으로 하고 장소와 장치(set) 소도구(objet) 등을 배경으로 삼는 인물(ethos, character)과 대응한다. 아리스토텔레스와 형식주의자 그리고 구조주의자들은 인물을 플롯의 하위에 두는 반면, 채트먼은 헨리 제임스처럼 이야기는 사건적 요소와 사물적 요소가 함께 존재할 때만 가능하게 된다며 플롯과 인물의 균형을 주장한다.[3]

하지만 디지털 스토리텔링 방식에서 서사는 명백하게 인물이 플롯의 우위에 있다. 우리나라에서 디지털 스토리텔링론을 선도하고 있는 이인화 역시 공간의 우위를 주장하며, 그중에서도 인물의 중요

---

2) S. 채트먼, 한용환 역, 『이야기와 담론-영화와 소설의 서사구조』, 고려원, 1990, 32쪽.
3) S. 채트먼, 같은 책, 154-155쪽.

264 영상문화의 흐름과 서사미학

성을 다음과 같이 정리하고 있다. "허구적 공간은 캐릭터, 장소, 아이템, 배경 이야기라는 4대 구성 요소로 이루어지는데 이 가운데 가장 중요한 요소는 캐릭터이다. 캐릭터는 모든 에피소드의 주체이며 테마의 구현자이기 때문이다."[4]

한편 디지털 게임 서사의 영역을 독보적으로 개척해가는 이정엽은 마이클 마티아스의 이론을 인용[5]하면서 디지털 게임에서 부각되는 사용자를 작가와 관객 사이의 모호한 공간에 위치하는 존재로 본다.[6] 즉 마이클 마티아스는 아리스토텔레스의 『시학』에 언급된 극의 구성 요소를 플롯, 캐릭터, 사상, 언어, 패턴, 행동으로 나누고는, 여섯 요소 중에서 플롯에 가까워질수록 형식적인 요소가 강해지며, 행동에 가까워질수록 질료적인 요소가 강해진다고 하였다. 그리고 이때 컴퓨터 게임의 사용자가 자신의 에이전시[7]를 잘 구현하기 위해서는 형식적인 요소와 질료적인 요소가 균형을 이루어야 가능하다고 이야기한다.

왜냐하면 게임에 적극적으로 참여하는 플레이어(player)의 입장을 취할 때에는 서사의 형식적인 요소들을 창의적이고 주체적으로 구

---

4) 이인화, 「디지털 스토리텔링 창작론」, 『디지털 스토리텔링』(이인화 외), 황금가지, 2003, 23쪽.

5) Michael Mateas, "A Preliminary Poetics for Interactive Drama and Games", *First Person*, (The MIT Press, 2004), p.142,

6) 이정엽, 「디지털 게임의 서사학 시론」, 『한국문학이론과 비평』 제36집, 한국문학이론과비평학회, 2007, 60-61쪽 참조.

7) 일반적으로 '에이전시(Agency)'란 '대리' 혹은 '매개' 등으로 번역할 수 있지만, 디지털 서사학에서는 서사의 참여자가 서사 내부의 세계에서 자신이 의도한 행동을 취할 수 있고, 또 그 자신이 내린 결정과 선택의 결과를 직접 눈으로 확인할 수 있게 해주는 능력을 의미한다. Janet Murray, *Hamlet on the Holodeck : The Future of Narrative in Cyberspace*, The MIT Press, 1988, p.135. 이정엽, 앞의 글, 58쪽에서 재인용.

성해내는 작가(playwriter)와 같은 위치에 놓이지만, 동영상을 보거나 작가가 만들어놓은 서사적 흐름을 수동적으로 지켜봐야 하는 입장을 취할 때에는 질료적인 요소들을 통해 인물과 플롯의 의미를 유추해가는 관객에 가까운 위치에 놓이게 되기 때문이다. 이는 일반적으로 극을 구성하는 작가의 경우 우선적으로 플롯(action, plot)을 정하고, 그에 맞는 인물의 성격(character)과 사상(thought)을 순서대로 설정한 뒤, 그 인물의 욕망에 맞는 언어(language, diction)와 행동양식(pattern)과 행동(enactment, spectacle)을 차례대로 구상하는 반면에, 관객은 거꾸로 배우의 행위를 보면서 행동의 패턴을 유추하고 언어를 바탕으로 인물의 사상과 성격, 나아가 작가가 말하고자 하는 플롯의 의미를 깨닫게 되는 것과 같은 이치이다.

이와 같은 마티아스의 논리는 앞에서 언급하였던 채트먼의 이론과는 일견 다른 것으로 보이지만 사실 같은 의미를 논하는 것이라 할 수 있다. 이 둘을 같은 논지에서 본다면, 채트먼의 분석은 다소 엄밀하게 수정될 필요가 있다. 사실 디지털 서사를 포함하여 모든 서사의 중심은 인물이다. 그 인물의 성격(character)과 사상(thought)은 플롯을 구성하는 요소로서 (채트먼식으로 말하자면) 시간을 중심으로 하는 사건적 요소(마티아스식으로는 형식적 요소)에 속하고, 그 인물이 구사하는 언어와 행동양식(pattern)과 행동(enactment)은 공간을 중심으로 하는 사물적 요소(질료적 요소)에 속하는 것이다. 이와 같이 채트먼과 마티아스를 같은 논리 선상에 놓고 볼 때, 일반 서사와 디지털 서사는 모두 공통적으로 시간적 요소(사건적 요소, 형식적 요소)와 공간적 요소(사물적 요소, 질료적 요소)의 균형이 이루어져야 함을 확인할 수 있다.

앞에서 시간적 요소보다는 공간적 요소의 우위를 주장하였던 이인화의 논지는 스토리텔링의 차원보다는 디지털 콘텐츠 제작에 따른 실무적 영역, 그중에서도 특히 디지털 게임 콘텐츠의 제작 (Production) 단계에서 차지하는 중요도를 밝힌 것이다. 그러나 콘텐츠의 가능성을 물색하는 기획 개발(Development) 및 제작 준비(Pre-Production) 단계—특히 역사나 설화에서 착안되는 콘텐츠의 경우—에서는 공간적(사물적) 요소 이전에 시간적(사건적) 요소가 우선적으로 제기되기 마련이다. 시간적 요소가 콘텐츠의 취지와 목적에 부합하는지를 먼저 따진 후, 실제 제작 단계에 들어서게 되면 공간적 요소들을 생성해내는 것이 주요 과제가 된다. 이때 시간적 요소는 아주 부수적인 배경 이야기로 전락되기 일쑤이며, 반면에 캐릭터와 장소, 아이템 등의 공간적 요소들이 핵심 요소로 부각되는 것이다. 물론 이때의 캐릭터도 엄밀히 말해 성격을 지칭하는 것이라기보다는 행동양식이나 행동의 측면에서 구사된 용어로 이해함이 옳을 것이다. 또한 공간적 요소를 우위로 삼는 디지털 스토리텔링은 기본적으로 상호작용성(Interactivity)을 염두에 두고 제작되는 콘텐츠들에 해당된다.

주지하다시피 디지털 스토리텔링이 기존의 서사 방식과 다른 점[8]은 비선형성(네트워크성), 복잡성(복합성), 상호작용성 등이다. 이중에서도 가장 확연하게 구별되는 점은 상호작용성인데, 이러한 상호작용성이 강조되는 디지털 콘텐츠에는 디지털 게임, 웹 에듀테인먼트, 웹 뮤지엄, 인터랙티브 드라마 등이 있다. 그러나 디지털 방식의 기술과 매체를 통해 이루어지는 콘텐츠들 중에서도 영화와 애니메이션과 같은 장르들은 상호작용성이 극히 제한되고 배제된다. 이처

---

8) 김주환, 「디지털 시대의 미술」, 『월간미술』 2001. 5, 84-85쪽 참조.

럼 상호작용성이 개입되지 않는 영화나 애니메이션 등도 디지털 스
토리텔링의 영역에 포함시키는 것은 조작 가능성[9] 때문이다.

　본문에서 다룰 스토리텔링의 요소들은 디지털 콘텐츠의 영역을
상호작용성을 강조하는 장르에만 국한시키지 않고 폭넓은 장르에
서 일어날 수 있는 조작 가능성을 염두에 두고 제시되는 것이다. 즉
OSMU의 방식을 위하여 이상에서 논의한 디지털 스토리텔링의 요
소들이 균형감 있게 콘텐츠 제작에 반영될 수 있도록 제시하는 것이
이 글의 목적이다.

　다양한 콘텐츠로 활용(multi-use)되기 위해 토대로 삼는 원천 이야
기(one source)는 진시황의 명을 받은 서불(徐市)의 삼신산 불로초 원
정대라는 역사적 사실이며, 거기에 영도 봉래산에 얽힌 다양한 설화
를 연결시켜 중심을 중국의 진시황으로부터 부산의 봉래산으로 옮
겨 새롭게 재구성하고자 한다. 그 단초는 이미 앞장에서 스프링보드
스토리로 제안한 바 있다. 본문에서는 독자들의 이해를 돕기 위해
그 스프링보드 스토리를 이루는 배경 서사들을 간략하게 소개한 뒤
에, 그로부터 생성해내야 할 사물적 요소들과 사건적 요소들의 가능
성을 살펴볼 것이다.

---

9) 〈스타워즈〉와 〈매트릭스〉, 〈토이스토리〉 같은 사례들은 내용에 대한 '조작 가능성'
　이라는 측면에서 디지털 스토리텔링의 또 다른 특징을 뚜렷이 보여주고 있다. 이
　인화, 앞의 글, 15쪽.

2. 불로초 원정대와 봉래산 설화의 스토리텔링 요소

1) 주도적 아이디어 – 중국의 불로초 원정 서사

> 진시황의 명을 받은 방사 서불은 동쪽 바다 위에 신선들이 산다는 삼신산(봉래산, 방장산, 영주산)에서 서식하는 장생불사의 선약인 불로초를 얻기 위해 두 차례에 걸쳐 원정하였으나 결국 실패하고, 일본으로 건너가 여러 지역을 개척한 조상신이 된다.

본 과제가 활용하는 주도적 아이디어(Controlling Idea)는 중국, 한국, 일본 삼국에 걸쳐 두루 통용되는 진시황의 불로초 원정대에 얽힌 역사[10]와 설화에서 출발한다. 불로초 원정대에 관한 고사는 너무나 유명하여 동북아시아 삼국은 물론이요 세계적으로도 널리 알려진 거대한 서사이다. 그러나 등잔 밑이 어둡다고 그에 관한 고사가 문학이나 영상 콘텐츠로 제대로 복원된 적은 드문 실정이다. 불로초 원정대 같은 고사는 액션 어드벤처의 장르로 활용될 수 있는 장대한 스케일을 지닌 소재임에도 할리우드나 중국 전영(電影)이 아직 이 소재를 영화로 제작하지 않은 것이 신기하게 여겨질 정도이다.

이처럼 너무나 유명한 역사적 소재임에도 불구하고 아직 콘텐츠

---

10) 중국 최초의 기전체 역사서 평가받는 사기에는 진시황의 명을 받아 불로초를 찾아 떠나는 서복에 대한 기록이 담겨 있다.「제나라 방사 서복 등이 글을 올렸다."바다 가운데 봉래, 방장, 영주 세 신산이 있습니다. 그곳에는 신선이 살고 있는데, 제가 동남동녀를 데리고 가서 오래 살 수 있는 선약을 구해 오려고 합니다." 시황제는 이를 허락하고 동남동녀 수천과 함께 서복을 바다로 건너보냈다. 사마천, 김원중 역, 『사기본기』 중 「진시황본기」, 민음사, 2010. 참조.

〈사진1〉 중국의 성산두 조각상. 불로초 탐사를 꿈꾸는 진시황과 서불

로 개발되지 못한 이유는 불로초 탐사의 과정이 일반적으로 잘 알려지지 않았을 뿐만 아니라, 그에 따른 문학적 상상력이 작동할 만한 특별한 계기가 없었기 때문이다. 불로초 원정대의 탐사 과정은 역사와 신화가 혼재된 상태로 전승되어왔다. 특히 현대과학의 관점에서 볼 때, 불로초의 존재 자체가 비과학적인 도교와 진시황의 허황된 욕망의 산물로 인식되는 경향은 이 소재를 원천적으로 허무맹랑한 역사적 해프닝으로 치부해버리는 결과를 낳게 된 것이다. 그리고 결정적인 요인은 두 차례에 걸친 서불의 불로초 탐사가 실패로 끝났다는 사실에 있다.

그렇다고 해서 이 고사에 대중적 가치를 부여하고자 하는 노력이 전혀 없었던 것은 아니다. 이미 1990년도에 홍콩에서는 이 고사의 모티프를 활용하여 영화 〈진용秦俑〉(정소동 감독)을 제작한 바 있다. 이 영화는 장이머우, 공리가 주연을 맡고, 쉬커(徐克)가 특수효과를 맡은 대작으로 널리 알려졌다. 또한 2007년 11월에는 조선일보

〈사진2〉 중국의 낭야대 조각상. 진시황이 서불에게 불로초 탐사를 명함

사가 한국 소설에 스토리텔링의 재미를 되살리기 위해 새로 제정한 대한민국 뉴 웨이브 문학상(고료 1억 원)에 장편 역사추리소설인 『진시황 프로젝트』가 선정되어 출판된 바 있다.[11] 이 두 작품은 모두 고대와 현대를 넘나드는 팩션(faction) 기법을 활용한 작품으로서 진시황의 불로초 원정대 고사의 활용 가능성을 보여주는 대표적인 사례가 될 것이다. 그러나 이 작품들은 불로초의 영험으로 시대를 뛰어넘어 생명을 잇는 남녀 간의 사랑, 또는 한일 간의 역사적 갈등에 초점이 맞춰져 있을 뿐, 불로초 원정대의 험난한 여정 그 자체에 맞춰진 것은 아니다.

그러므로 진시황의 명을 받은 서불의 불로초 원정대 이야기는 여전히 본격적인 문화 콘텐츠로 개발될 가능성을 고스란히 간직하고 있다. 우선 그 첫째 가능성으로 기원전 200년경에 중국, 한국, 일본에 걸쳐 이루어졌던 선약 탐사의 진기한 여정을 복원할 수 있다. 이를 통해 역사 다큐멘터리를 제작하고, 실재와 가상공간에 박물관을 제작하는 등의 교육 및 관광 콘텐츠로 개발할 수 있을 것이다. 두 번째 가능성은 다큐멘터리의 방식이 아닌 서사의 방식으로 가공하는 것이다. 가공된 서사를 바탕으로 영화, 애니메이션, 게임 등의 콘텐

---

11) 유광수, 『진시황 프로젝트』, 김영사, 2008.

츠를 개발할 수 있다. 그런데 이를 위해서는 불로초 탐사 과정에만 초점이 맞추어져서는 안 되며, 이에 필적할 만한 대립적 아이디어가 있어야 한다.

2) 대립적 아이디어-한국의 불로초 수호 서사

삼신들은 서불의 원정대가 불로초를 찾아 영주산(한라산), 방장산(지리산)을 거쳐 봉래산(부산)으로 쳐들어오자 원주민과 힘을 합쳐 결사항전을 벌인다. 최후의 순간에 삼신들은 불로초가 존재하는 한 인간의 욕망이 끝이 없음을 인식하고는 불로초를 껴안은 채 바위로 변해버린다. 후대 사람들이 이를 할미바위라고 부르는데, 이는 새 생명을 점지하고 복을 내려주는 것으로 영험한 삼신할미가 바위가 되었다는 전설에 따른 것이다.

본 과제의 특징은 기존의 작품들이 진시황의 불로초 고사를 그 모티프만 차용하면서 현대적인 서사로 연결시킨 점과는 달리, 고사가 지니는 신화적 상상력을 그대로 살리면서 현실감 있게 복원해내는 데 있다. 그것을 가능하게 하기 위한 장치로 불로초 원정대의 최종 탐사 지점을 기존의 거제도 해금강 일대가 아닌 인근 부산의 지역으로 확대 추정하였다. 특히 부산의 남항과 북항을 연계하는 영도의 봉래산과 그 주변 지역에서 보이는 신선과 관련한 명칭과 신물 등은 이 일대가 애초부터 신화적 상상력으로 형성되었음을 입증하고 있으며, 그와 관련된 설화들은 서불의 불로초 원정 서사와 접맥하여 하나의 스토리텔링으로 재구성할 수 있는 가능성을 다분히 지니고 있다. 본 과제를 위해 대립적 아이디어(Counter Idea)로 활용할 수 있는 서사의 요소는 구체적으로 다음과 같다.

(1) 서불이 찾고자 한 불로초가 있는 삼신산은 결국 봉래산이었다

봉래산은 부산의 영도에 있는 산 이름이다. 부산의 옛 이름인 동래(東萊)란 이름도 동해의 봉래산이 있는 곳이라는 설이 있듯이, 영선동, 신선동, 봉래동, 청학동, 신선바위 등과 같은 영도의 지명들은 대부분 신선과 관련된 것들이다. 또한 봉래산과 마주하여 영도대교 건너편에는 용두산(龍頭山)[12]이 있고, 부산대교 건너편에는 영주동(瀛州洞)이, 오륙도 건너편에는 용당(龍塘)과 신선대(神仙臺)[13]가 있다.

이와 같이 봉래산 일대의 지명들은 대부분 신선과 관련이 있어 족히 신화의 땅으로 부각시킬 수 있는 개연성을 내포하고 있다. 만약 그것을 전략적으로 부각시켜낸다면 봉래산과 그 일대는 새로운 관광 콘텐츠로 각광받게 될 것이다. 그러기 위해서는 봉래산과 관련한 신화적 요소들을 새로운 콘셉트로 엮을 수 있는 중심 신화를 구축하는 것이 필수 과제가 된다. 이를 위해 필요한 것이 스토리텔링 작업이며, 그 주요한 과정이 앞에서 밝힌 주도적 아이디어에 필적할 수 있는 대립적 아이디어의 개발 작업이다.

---

12) 산의 형태가 바다에서 육지로 올라오는 용의 머리에 해당된다 하여 유래된 이름이다. 한편 중앙동 옛 시청 청사 자리(현재 제2롯데월드 시공 중)는 용의 꼬리에 해당된다 하여 용미산이라고 불렸다 한다.

13) 부산광역시기념물 제29호. 산봉우리에 있는 무제등이란 큰 바위에 신선의 발자국과 신선이 탄 백마의 발자취가 있다는 데서 신선대란 이름이 유래되었다 한다. 화산암질로 된 해안이 파도의 침식을 받아 발달된 해식절벽과 해식동굴로 절경을 이룬다. 신선대 주변의 산세는 못을 둘러싼 용의 모습과 같다고 하여 이 일대를 용당이라 부르게 되었다. 일설에는 신선대를 잘라서 도랑을 만들 때 사토에서 혈흔이 나왔다고 전해진다. 또 가야진이라는 사람이 용이 되어 하늘로 올라갔다고도 하고, 신라 말기 최치원이 신선이 되어 이곳에서 유람한 곳이라고도 한다. 옛날에는 이곳 가까이 가면 신선들이 노는 풍악소리가 들려왔다고 한다.

(2) 봉래산에 얽힌 토착 신화들

봉래산에 얽힌 토착 신화들은 대립적 아이디어에 해당되는 '삼신의 불로초 수호 서사'를 구성하기 위해 동원할 수 있는 스토리텔링의 요소들이 된다.

〈사진3〉 경남고등학교 교정에 있는 용마상(부산 대신동 소재)

첫째는 용마 설화이다.

영도의 원래 이름은 절영도인데, 하루에 천 리를 달리는 천리마가 빨리 달리면 그림자가 못 따라올 정도라 하여 그림자(影)를 끊을(絶) 정도로 빠른 명마의 섬이라는 뜻으로 붙여진 이름이다. 그 천리마에 대한 설화의 흔적은 현재 전통을 자랑하는 경남 중·고등학교의 교가에서 찾아볼 수 있다. 그 교가의 가사 중에는 '영도에 날고 뛰는 용마보다도'라는 구절이 있는데, 경남 중·고등학교는 이 전설 속의 용마를 학교의 상징으로 삼아 진취적 기상과 높은 이상의 실현을 교육의 목표로 추구하고 있다. 이 용마는 삼신과 거인 장사의 신물(神物)로서 콘텐츠의 주요 상징으로 활용될 것이다.

〈사진4〉 영도 봉래산의 장사바위

둘째는 장사바위 설화이다.

영도 봉래산 깊은 곳에 살던 9척 거인이 마을 처녀를 잡아가는 그림자 괴물과 격투를 벌인 끝에 그림자를 껴안고 죽어 산 속에 묻어 주었는데, 그 후 거인의 무덤이 마치 장사의 신발 같은 큰 바위로 변해 오늘날까지 이 바위를 장사바위라고 부른다.[14] 이 거인 장사는 서불과 도술을 겨루다가 최후를 맞이하는 캐릭터로 활용될 것이다.

셋째는 할미바위 설화이다.

봉래산의 정상(395m)인 조봉에는 할미바위가 있다. 이 할미바위에는 아기를 점지하고 복을 내려주는 것으로 영험한 마고할미, 또

---

14) 부산광역시사편찬위원회, 『부산지명총람』제2권, 부산광역시, 1996, 57쪽 '장사 바우' 참조.

〈사진5〉 영도 봉래산의 할미바위와 봉래산 정상(조봉)에서 바라본 부산 북항. 왼쪽 저 멀리 해운대 장산이, 오른쪽으로 신선대와 오륙도가 시야에 들어온다. 맑은 날엔 쓰시마섬(對馬島)이 보인다.

는 삼신할미가 바위가 되었다는 전설이 있다.[15] 지금도 마을 주민들은 이곳 할미바위를 지날 때에는 정중히 합장을 하고 가족의 안녕과 만복을 기원하며, 특히 후손 점지를 염원하는 이들의 치성을 드리기 위한 발길이 끊이지 않는다 한다. 인근엔 할미바위의 주신을 모신 할매당산(조내기당산)이 있다.[16] 이 바위는 콘텐츠의 결말부에서 봉래신선이 인간의 욕망으로부터 불로초를 격리시키기 위해 품에 안고 돌이 되는 내러티브로 활용될 것이다.

---

15) 이와 유사한 설화는 지리산에서도 발견된다. 지리산에는 삼신산(三神山), 삼태동(三台洞)이라는 산명 혹은 지명이 있으며, 노고단(老姑壇)이란 이름은 마고할미의 영험을 기원하던 마고단(麻姑壇)이 음이 변하여 남은 것이라 한다.
16) 부산광역시사편찬위원회, 앞의 책, 76쪽 참조.

3) 보조적 아이디어—일본의 불로초 왜곡 서사

일제는 영도 봉래산의 정기와 신화, 특히 불로초와 관련한 할미바위의 설화와 영험을 훼손하기 위하여 부정적인 할미바위의 괴담을 날조하여 퍼트리고, 심지어는 할미바위의 머리 부분을 깨트려버리기까지 하는 만행을 서슴없이 자행하였다.

봉래산에서 불로초를 구하는 데에 실패한 서불은 후환이 두려워 본국으로 돌아가지 못하고 일본으로 건너간다. 큐수의 사가현 남서쪽 해안에 위치한 모로토미 마을은 서불이 항해를 마치고 정착한 상륙지로 알려져 있다. 이곳 무바이 해변에는 갈대들이 한쪽으로 치우쳐 있는데, 이는 서불이 해안을 오를 때 한손으로 갈대를 헤치며 나아간 것에서 유래했다는 전설이 있다. 이외에도 이 마을엔 서불이 심었다는 2천 년이 넘는 향나무와, 서불이 손을 씻기 위해 팠다는 데라이츠 우물, 서불의 신을 모시는 긴류신사 등 여러 유적이 있다. 특히 야요이 문화의 발상지로 유명한 사가현의 유시노가리 유적에서는 지금까지 무려 2천여 개의 많은 옹관이 출토되었는데, 이 안에서는 머리가 함몰된 유골, 화살이 꽂힌 유골, 심지어 목이 잘려나간 유골들이 출토되었다. 이를 두고 일본의 사관들은 당시 치열한 전쟁이 있었다고 짐작하는데, 이것이 봉래산 전투에서 패한 서불 군사들의 유골이 아니라고는 단정할 수 없는 사실이다.

여하튼 서불은 일본 남단의 여러 지역에서 조상신으로 숭배되고 있다. 그러니 불로초 원정의 실패담은 일본으로서는 매우 달갑지 않은 것이 분명하다. 이러한 맥락에서 일본은 일제강점기에 민족문화 말살정책의 일환으로 봉래산에 얽힌 전설과 그 신비한 영험을 의도적으로 훼손시켜버린다. 봉래산을 고갈산(沽渴山, 枯渴山) 또는 공갈

〈사진6〉 서불의 묘비. 일본반도 남쪽 끄트머리에 위치한 아가야마현 신구시 소재

산으로 왜곡시키고, 거기다가 생명을 점지하는 할미바위의 영험을 성정이 심술궂고 변덕이 무상한 캐릭터로 훼손하였다. 또한 할미바위를 본래의 모습을 추정할 수 없으리만치 파손시켜버린 것도 모자라 그 영험한 맥을 끊는 쇠말뚝(길이 29.5cm, 직경 4cm)을 박아놓았던 것이다.[17]

　이상과 같이 불로초 원정대를 이끈 서불을 자신들의 조상신으로 모시는 경우나 영도 봉래산과 관련한 일본의 왜곡정책은 보조적 아이디어로 활용할 수 있는 요소가 된다.

---

17) 2009년 6월 11일 영도구청에서 '희망근로프로젝트' 사업의 하나로 봉래산 표지석 표체작업을 위해 '삼신 할미바위 기원제'를 올리는 과정에서 문제의 쇠막뚝을 발견하여 제거하였다. 『부산일보』, 2009. 6. 12.

3. 가상 시나리오 〈용마절영〉의 서사구조

이상에서 밝힌 스토리텔링의 요소들에 문학적 상상력을 가미하여 〈용마절영〉의 제목으로 하나의 가상 스토리 라인을 제시하면 다음과 같다.

1) 사물적 요소들: 인물, 배경, 아이템

① 시간: 기원전 219년

② 공간: 부산 작은 포구의 마을에서 바로 건너다보이는 신비스런 섬 절영도

나루터에서 막 출발한 조각배가 10분도 채 걸리지 않는 거리의 절영도를 향해 천천히 나아가고 있다. 섬 중심에 우뚝 솟아 있는 세 개의 봉우리를 가진 봉래산. 그 허리쯤에 걸려 유유히 머물고 있는 구름들. 산 아래로 옹기종기 모여 있는 마을 몇이 눈에 띄고 이제 막 밥을 짓고 있는지 연기가 피어오른다. 해가 지면서 황금빛 노을이 비치는 절영도 봉래산은 더욱 신비스러워 보인다. 산 주위로 학이 날고 바다 저 멀리 파도가 꿈틀대는가 싶더니 파도를 가르는 해룡의 긴 등지느러미가 보인다. 용이 파도를 가르자 이에 화답이라도 하듯 절영도 건너편 육지에 솟아있는 용두산 정상에서 커다란 붕새가 하늘을 날아 저 멀리 해 지는 쪽으로 날아간다. 이 이야기는 붕도, 용도 모두 살아있던 신화시대의 절영도 이야기이다.

③ 인물: 삼신, 장사, 마을사람들, 서불, 황무, 병사들

삼신: 절영도에는 방장, 영주, 봉래의 삼신이 산다. 그들은 각기 다른 재주를 가지고 있으며 그들의 놀라운 도술 때문에 사람들은 그들을 신선이라 부른다. 이 신선들은 각기 다른 기술을 가지고 있는데 그들은 각각 의술, 무술, 발명, 동물조련, 병법, 정치, 문학, 예술의 분야에서 놀라운 재주를 가지고 있는 사람들이다. 가령 봉래는 의술의 신선으로 침 하나로 사람의 병을 싹 고치고, 방장은 발명의 신선으로 하늘을 나는 기계를 만들어 날아다니며, 영주는 동물을 조련하는 신선으로 동물들을 수족처럼 부리니 사람들이 볼 때는 이들의 하는 것들이야말로 '기적'이며 '마법'인 것이다. 이들은 절영도 봉래산 정상 어귀에 살면서 그 아래 마을에 제자들을 키우고 있다. 자신들의 기술로 육지 사람들에게 도움도 주면서 말이다. 덕분에 이들이 살고 있는 봉래산은 신비롭고 영험한 산으로 이름나 있는 것이다.

장사: 이 사람은 엄청난 거구의 거인이다. 이 거인은 신선들의 심부름과 잡일들을 맡아 하고 신선들의 거처를 지키는 충실한 하인이다. 신선들은 그를 '장사'라고 부른다. 힘이 장사라서 붙여준 이름이다. 그는 힘과 덩치가 굉장히 비범하지만 그 지능은 좀 많이 떨어져서 어린아이 수준이다. 그런 그였기에 어릴 적 부모는 그를 버렸다. 그 후 마을에서 어린 아이들의 돌팔매질이나 맞으며 마을 주민으로 동화되지 못한 채 살던 그를 신선들이 데려다가 함께 살게 된 것이다. 장사는 그런 신선들에게 목숨을 걸 만큼 충직하게 일하고 있다. 용마는 장사의 친구로서 마지막까지 운명을 같이한다.

서불: 중국 진나라의 방사. 진시황의 명령을 받고 불로초를 구하러 군사를 이끌고 동쪽으로 향한다. 1차 원정에서 제주도 한라산으로 갔지만 결국 불로초는 찾지 못하고 제주도만 쑥대밭으로 만들고 돌아왔다. 그는 원래 잔인한 사람이 아니다. 그러나 불로초를 구하지 못하면 진시황에게 자신이 처형되고 말 거라는 것은 너무나 잘 알고 있다. 게다가 데리고 온 병사들 역시 빈손으로 돌아갔을 때의 위기감을 느끼고 있기 때문에 통제가 잘 되지 않을 때가 종종 있다.

황무: 서불의 오른팔격인 황무는 야심이 너무 강한 사내여서 서불의 말을 잘 듣지 않고 제멋대로 행동할 때가 있다. 부하들도 방사 출신인 서불보다 무관 출신인 황무의 말을 더욱 잘 따르기 때문에 곧잘 서불에 맞서 독자적으로 행동한다. 그는 이번 2차 원정에서는 반드시 불로초를 찾아야 한다는 압박감에 시달리고 있다.

창길: 그는 제주도에 사는 평범한 청년이었다. 그런데 서불의 제주도 1차 원정 때 끔찍한 지옥을 맛본다. 서불과 그의 군대는 한라산을 들쑤셨지만 불로초와 같은 것은 결국 찾지 못하자 제주도 주민들을 들볶았던 것이다. 그 와중에 창길의 집이 불타고 그가 사랑하던 약혼녀와 가족들은 서불의 군대에게 죽임을 당했다. 그는 복수심에 불타 죽음을 무릅쓰고 제주도를 탈출한다. 그렇게 그는 기절한 채 절영도 앞바다까지 밀려와서 구조된다. 팔선들과 마을 사람들에게 서불의 침입을 알린 그는 이제 저항에 미온적인 신선들과 마을 어른들을 뒤로한 채, 젊은이들을 모은다. 그의 머릿속에는 저항군을 조직해 장차 올 서불의 군대에게 복수할 마음뿐이다.

선옥: 삼신과 함께 사는 벙어리 처녀. 어느 날 바다에 떠내려오는 창길을 발견하고 그를 구해낸다. 창길을 발견한 그녀는 단번에 창길을 바다가 보내준 낭군님으로 생각한다. 그러나 수줍음이 많은 그녀는 역시 마을 사람들에게 알린 후 숨어서 창길을 바라볼 뿐이다. 때문에 창길은 선옥이 자신을 구해준 줄 모른다.

동백: 마을 촌장의 딸. 그녀는 바닷가에서 구조되어 자기 집으로 온 창길을 치료해준다. 그녀는 본성적으로 상대방이 자신을 좋아할 수밖에 없도록 만드는 매력이 있다. 그런데 창길만은 자신에게 감사하면서도 자신에게 반하지 않자 더더욱 창길의 마음을 얻고 싶다.

④ **불로초**: 절영도의 가장 큰 자랑은 일반인들에게는 비밀이지만, 봉래산 정상에 솟아 있는 작은 식물 하나이다. 이 식물을 어떤 사람들은 불로초라고 부르기도 하는데 사실상 이것을 먹으면 절대 죽지 않는 것은 아니다. 이것을 먹어도 노화는 진행되며, 칼에 베이면 죽게 되지만 대신 이것을 먹은 사람은 엄청난 면역력을 가지게 되어 평생 질병에 걸리지 않게 된다. 노화가 진행되어 더 이상 움직일 수 없게 되면 스스로 목숨을 끊거나 다른 사람이 죽이지 않는 이상 병으로 죽는 일은 없는 것이다. 그래서 어쩌면 이 식물에게 불로초라는 말은 가장 어울리는 건지도 모른다. 다만 불로초를 복용할 때 심각한 부작용은 있다. 불로초는 특효에 비례하여 굉장한 독성을 가지고 있다. 그러므로 신선과 같이 열심히 몸과 마음을 수련한 사람도 이것을 복용하기 위해서는 한 달간 준비를 해야 한다. 그러지 않을 시에 이 약초를 먹은 사람은 온 몸에 석화가 진행되어 결국 돌이 되

어버리고 만다. 그러므로 일반인은 이것을 먹기 매우 힘들고 신선들도 이미 한 번 복용한 상태에서 다시 한 번 복용할 수 없다. 현재 절영도에 사는 삼신들은 이미 이것을 복용한 상태이므로 그들이 이것을 먹는다면 몸에 석화가 진행되어 돌이 되어버리고 말 것이다. 때문에 신선들은 더욱 열심히 이 불로초를 지키고 있다. 그들이 산 위쪽에 집을 짓고 사는 이유는 바로 이 때문이다. 그러나 절영도와 봉래산을 영험하게 만들어주는 이 자랑거리가 이제 최악의 우환거리로 전락할 위기에 놓였다.

2) 사건적 요소들

① **발단**: 절영도 바닷가에 한 남자가 기절한 채 떠밀려 와 구조된다. 그는 창길이라는 남자였는데 제주도 사람이라고 한다. 그는 진시황이 보낸 서불의 군대에 제주도가 폐허가 되었으며 그들은 지금 중국으로 돌아갔으나 두 번째 원정으로 여기를 오겠다는 말을 들었다고 한다. 삼신과 마을 원로들은 대책 회의에 들어간다.

② **상승**: 대책회의에서는 저항파와 회유파로 나뉜다. 그러나 결론은 다수의 회유파 쪽으로 기울고 소수의 저항파는 불안해하면서도 규칙 때문에 대세에 따를 수밖에 없다. 그러나 창길은 신선들과 마을 어른들의 이런 결정에 탄식하며 젊은이들을 규합하여 게릴라를 조직한다. 마을은 전운의 불안감이 감돌기 시작한다.

드디어 절영도 앞바다에 거대하고 검은 함대가 나타났다. 그들은 대포를 쏘며 순순히 협조할 것을 권한다. 이미 삼신과 마을 사람들은 불필요한 피를 흘리지 않는 쪽으로 의견을 모았기 때문에 그들을 순순히 맞아들인다. 그러나 산 위와 나루터에서는 아직 창길의 게릴라들이 숨어 있다.

일단 절영도에 들어온 서불 일행은 아주 정중한 듯하면서도 은근히 강압적으로 불로초를 내놓으라고 압박한다. 신선들은 그것을 줄 수는 없다고 하지만 절영도에 들어온 1천여 명의 군사들은 이미 점령군이다. 그들은 신선들을 모두 감옥에 가두어버리고 압박을 가한다.

그러는 동안 창길의 게릴라 부대는 활동을 개시한다. 곳곳에서 게릴라전을 펼치는 창길과 젊은이들. 그러나 사실 그 큰 군대를 다 무너뜨리기엔 역부족이다. 창길이 게릴라전을 펼치자 서불의 군대는 보복으로 마을 사람들을 죽이기 시작한다. 피가 피를 부르는 상황이 펼쳐진다.

③ **정점**: 결국 창길의 게릴라 부대는 산 위로 쫓긴다. 봉래산 아래에서 새까맣게 둘러싼 서불의 군대들이 포위망을 좁혀 온다. 이런 상황에서 마을 아래에 있던 소수의 게릴라와 마을 사람들은 감옥에 갇힌 삼신들을 구출한다. 삼신들이 용두산에 새끼를 낳으러 거슬러 올라온 용마를 이끌고 싸우기 시작하자 서불의 군대는 무너지기 시작한다. 그러나 이미 서불과 황무, 그리고 정예부대들은 불로초가 있는 산 정상으로 오른다.

창길의 무리를 쫓아 거의 정상까지 다다른 서불의 정예부대는 신선들의 하인인 거인 장사와 맞닥뜨리게 된다. 그는 황무와 대결한다. 그리고는 모든 힘을 소진하고는 황무와 함께 바다에 빠져 죽는다. 서불과 창길의 일행이 정상에서 맞닥뜨리고 있을 때 산 아래에서 봉래신선이 올라온다. 의선(醫仙)인 그녀는 불로초가 인간 세계에 넘어가면 재앙이 일어남을 경고한다. 그러나 서불은 막무가내로 공격을 감행하여 창길을 무너뜨리고, 봉래는 불로초를 가로막고 대치한다. 서불과 결투 끝에 칼에 찔린 봉래는 그 자리에서 불로초를 먹어버리고, 곧 돌이 되고 만다.

④ **하강**: 불로초를 놓치고 대부분의 군사를 잃은 서불은 망연자실해진다. 이쪽의 피해도 만만치가 않다. 나머지 두 신선들도 목숨을 잃었다. 용마도 전쟁 중에 죽고 말았다. 마을은 불타고 있다. 창길은 서불을 죽이려 한다. 힘을 잃은 서불은 어차피 돌아가도 죽을 몸이니 차라리 자신을 죽이라고 말한다. 망설이던 창길은 서불을 죽이지 못한다. 서불은 남은 사람들을 수습해서 타고 온 배를 타고 바다를 건너 일본으로 간다.

⑤ **결말**: 불로초는 사라져버렸다. 그리고 많은 것들이 사라지고 변해버렸다. 대신 생겨난 것들이 몇 가지 있다. 황무와 함께 죽은 장사의 무덤이 신발 모양의 장사바위가 되어 봉래산 정상으로 가는 길에 생겨났다. 그리고 봉래산 정상에는 불로초가 있던 자리에 바위가 생겨났다. 사람들은 그것을 할미바위라고 부른다. 그러나 그 할미바위 아래에는 아직 무언가가 있다. 그것은 불로초의 뿌리이다. 의선이 불로초를 꺾어서 먹고 그 남은 뿌리를 깔고 앉은 채 돌이 된 것이다.

마지막 장면: 바위 아래 불로초의 뿌리는 아직 봉래산 정상에 든든히 박혀 있어서 산 전체에 영양분과 정기를 전해주고 있다. 그 불로초의 뿌리에서 나오는 정기는 절영도 전체의 풀을 자라게 하여 그

풀을 뜯어먹은 말들이 명마가 된다. 한 무리의 말 떼가 그림자가 끊어지도록 바람을 가르며 힘차게 달려간다.

4. 콘텐츠 제작에 따른 기대효과

본 과제의 완성을 통하여 이룰 수 있는 주요 기대효과들은 다음과 같다.

1) 부산 영도 지역에 전승되어오는 민간 설화와 신화를 진시황의 불로초 원정대 역사와 접맥시킨 스토리텔링을 개발하고 그것을 바탕으로 시나리오를 완성시킴으로써 지역성을 담보하면서도 보편적인 대중성을 확보할 수 있는 문화콘텐츠 자료 발굴의 가능성을 확인하는 한편, 나아가 그렇게 개발된 시나리오를 우수한 멀티 콘텐츠로 제작하는 것을 궁극적인 목적으로 한다.

2) 주요 향유 층은 불로초 고사와 관련된 중국, 한국, 일본의 일반 대중을 대상으로 하지만, 전 세계적으로 수출할 수 있는 보편성을 가지고 있다.

3) 영도 봉래산 정상에 소재하는 할미바위와 장군바위 등에 얽힌 설화를 스토리텔링으로 복원함으로써 이 지역을 유명 관광 콘텐츠로 개발하는 부수적인 성과를 거둘 수가 있다.

첫째, 할미바위는 자손을 점지해준다는 신비한 영험을 지닌 신물로서 그 가치가 알려지면 수많은 관광객을 유지할 수 있을 것이다. 또한 할미바위가 있는 정상에 서면 다대포에서 해운대에 이르는 부산의 전역을 볼 수 있으며, 그 외에도 오륙도와 날씨가 맑은 날에는 그 너머로 대마도도 조망할 수 있어 관광 명소로 개발할 수도 있다.

둘째, 태종대 자살바위를 장사바위의 스토리텔링과 연계하여, 장사와 황무가 격투 끝에 서로 껴안고 떨어져 죽은 바위로 사연을 새롭게 부여할 수 있다.

셋째, 이는 현재 진행 중인 자갈치시장과 국제시장의 관광자원화 사업, 용두산 공원과 부산타워의 리모델링 계획, 제2롯데월드 건설, 북항 재개발 사업 등과 연계한다면 엄청난 시너지 효과를 얻게 될 것이다. 접근성을 용이하게 하기 위해 새로 짓게 될 용두산 부산타워에서 봉래산 정상까지 케이블카로 연결하는 것도 한 방법이 될 것이다.

이상과 같이 전개된 역사와 신화에 관련된 이야기 요소에 디지털적 상상력을 부여하여 하나의 자원(One-Source)으로 개발해낸다면, 그것은 다시 상호소통의 방식으로 이루어지는 디지털 게임의 원천 스토리로 활용될 수 있을 뿐만 아니라 디지털 게임과 애니메이션, 관광테마파크 등의 콘텐츠 제작에 다양하게 활용(Multiple-Use)할 수가 있을 것이다. 나아가 현재 설계 단계에 있는 북항개발사업과 연계하여 영도 오륙도 앞바다에 테마파크를 조성하고, 용두산공원과 부산타워를 리모델링하고, 제2롯데월드와 국제시장, 자갈치시장, 영도다리 등을 연계한 관광벨트를 건설하여 이와 관련된 문화콘텐츠들을 연계한다면 부산의 남항과 북항은 엄청난 활기를 얻게 될 것이다.

참고문헌

1. 자료

신문

『경향신문』 2005. 10. 9.

『국제신문』 1997. 11. 5.

『국제신문』 2007. 4. 13.

『동아일보』 1927. 1. 28.

『동아일보』 1983. 1. 19.

『르몽드』 1996. 9. 26.

『민주중보』 1946. 3. 17.

『민주중보』 1946. 12. 1.

『민주중보』 1948. 1. 13.

『민주중보』 1949. 7. 5.

『부산일보』 1967. 12. 5.

『부산일보』 1969. 8. 2.

『부산일보』 1981. 12. 14.

『부산일보』 2009. 6. 12.

『서울신문』 2007. 3. 1.

『세계일보』 2004. 6. 4.

『오마이뉴스』 2007. 3. 24.

『조선일보』 2004. 6. 9.

『조이뉴스24』 2004. 11. 8.

『한겨레신문』 2004. 7. 19.

『한국일보』 2005. 9. 21.

방송

TBC 대구방송, 「진시황, 불로초를 찾아서」 1부, 『네트워크스페셜』, 2004.
  11. 1.

웹사이트

http://www.ocp.go.kr:9000.

http://preview.britannica.co.kr/bol/topic.asp?article_id=b11s3597a

http://www.yeongdo.go.kr/introduction/03_03.asp.

http://yeongdo.busan.kr.

http://tour.yeongdo.go.kr.

http://www2.donga.com/docs/magazine/weekly_donga/news274/
  wd274aa010.html

http://www.cinefocus.co.kr/newcinemafocus/bonus/original/ham200001.
  htm.

http://100.naver.com/100.nhn?docid=132395.

http://www.cinefocus.co.kr/newcinemafocus/bonus/original/ham200001.
  htm.

2. 논문

강동수, 「부산영화70년사」, 『국제신문』, 1992. 9. 3~12. 24.

권두환, 「승화의 의식으로 다룬 조국의 현실」, 『문학사상』, 1987. 3.

김성욱, 「난 마취됐어, 아프지 않아-장준환 감독의 「지구를 지켜라」」,
  『KINO』, 키노넷, 2003. 5.

김용규, 「지젝의 대타자와 실재계의 윤리」, 『비평과 이론』 제9권 1호, 한
  국비평이론학회, 2004.

김용직, 「서사시, 그리고 서정 단형시 문제」, 『한국문학』, 1981. 8.

김우종, 「어두운 역사의 서사시」, 『문학사상』, 1975. 3.

김재홍, 「한국 근대서사시와 역사적 대응력」, 『문예중앙』, 1985년 가을호.

김종길, 「한국에서의 장시의 가능성」, 『문화비평』, 1969년 여름호.

김주환, 「디지털 시대의 미술」, 『월간미술』, 2001. 5.

김준오, 「전달의 미학과 장시의 연회화」, 『문예중앙』, 1986년 여름호.

김지석, 「부산다큐멘터리 운동의 필요성」, 『부산 독립영화 시사회 및 진흥
　　방안 세미나』, 경성대학교 공연예술연구소, 1996.

김지훈, 「판타지와 대항-기억으로서의 브리콜라주-영화「지구를 지켜라」
　　의 양가적 상상력」, 『문학과 사회』, 2003년 가을호.

김현자, 「정신적 그리움을 표상한 불의 시학」, 『문학사상』, 1987. 3.

김홍기, 「한국 현대서사시 연구」, 『어문연구』, 한양대 국학연구원, 1980.

남정희, 「김동환의 장시 연구」, 성균관대학교 석사학위논문, 1985.

마광수, 「누가 〈서편제〉를 잘 만든 영화라 하는가」, 『사라를 위한 변명』,
　　열음사, 1993.

문병욱, 「김동환의 「국경의 밤」」, 『한국현대시작품론』, 문장, 1982.

민병욱, 「한국시의 서사갈래 연구」, 『현대시학』, 1983. 10~1984. 6

방민호, 「소설 『남도 사람』과 영화 〈서편제〉의 상관성에 관한 소고」, 『문
　　학과 논리』 5, 태학사, 1995.

서국영, 「연극」편, 『경상남도지』, 1963.

오세영, 「「국경의 밤」과 서사시의 문제」, 『국어국문학』 75, 국어국문학회,
　　1977.

오양호, 「김동환론」, 『시문학』, 104, 1980. 3.

이구영, 「조선영화계의 과거-현재-장래」, 『조선일보』, 1925. 11. 24~12.
　　15.

이동하, 「김동환의 서사시에 나타난 지식인과 민중」, 『세계의 문학』, 1985
　　년 가을호.

이상섭, 「〈애송시〉 이전과 이후」, 『언어와 상상』, 문학과지성사, 1980

이영일, 「한국영화, 그 시대적 고찰(2)」, 『영화』, 1978년 7~8월호.

이원경, 「일본의 가부끼와 사당패의 비교연구」, 『한국연극』, 1991. 3.

이윤희, 「김동환 시에 나타난 쟝르의 복합성」, 이화여자대학교대학원 석

사학위논문, 1988.

이인화, 「디지털 스토리텔링 창작론」, 『디지털 스토리텔링』(이인화 외), 황금가치, 2003.

이정엽, 「디지털 게임의 서사학 시론」, 『한국문학이론과 비평』 제36집, 한 국문학이론과 비평학회, 2007.

이형식, 「말하기와 보여주기」, 『한국연극』, 1992. 9.

이효인, 「부산 독립영화 운동의 현실적 모색」, 『부산 독립영화 시사회 및 진흥방안 세미나』, 경성대학교 공연예술연구소, 1996.

임옥희, 「환상: 그 전복의 시학」, 『페미니즘과 정신분석』(여성문화이론연 구소 정신분석세미 나팀 엮음), 여이연, 2003.

정봉석, 「부산의 문화와 디지털 스토리텔링의 가능성」, 『한국문학이론과 비평』 36, 한국문학이론과비평학회, 2007.

정의홍, 「김동환의 시」, 『현대시학』, 1973. 9.

정태용, 「파인의 자연적 풍토」, 『현대문학』, 1957. 11.

정효구, 「김동환 문학에의 입체적인 시각」, 『문학사상』, 1987. 3.

조남현, 「파인 김동환론」, 『국어국문학』 75, 국어국문학회, 1977.

조만현, 「김동환의 서사시에 대한 연구」, 『인문과학논총』 11, 건국대학교 인문과학연구소, 1978.

주요한, 「김동환의 시세계」, 『현대문학』, 1963. 1.

주윤탁, 「영화」편, 『부산시사』 4, 부산시사편찬위원회, 1991.

주윤탁, 「부산 영화문화의 역사와 전망」, 『부산 독립영화 시사회 및 진흥 방안 세미나』, 경성대학교 공연예술연구소, 1996.

차한수, 「비극적 중층구조와 서사적 충격」, 『문학사상』, 1987. 3.

홍기삼, 「한국 현대시의 실제와 가능성」, 『문학사상』, 1975. 3.

Austin Warren, 「문학의 여러 쟝르」, 『문학의 이론』(르네 웰렉/오스틴 위 렌, 김병철 역), 을유문화사, 1990.

G. Genette, 「텍스트서설」, 『쟝르의 이론』(김현 편), 문학과지성사, 1987.

Jaqcues Derrida, 「기호학과 그라마톨로지」, 『자크 데리다: 입장들』(박성찬 편역), 솔, 1992.

Martin Esslin, 김문환 역, 「연극마당The field of Drama」, 『한국연극』, 1991. 1~1992. 4.

Michael Mateas, "A Preliminary Poetics for Interactive Drama and Games", *First Person*, The MIT Press, 2004.

Northrop Frye, 전준활 역, 「문학의 원형」, 『남부문학』 3, 태화인쇄사, 1977.

Roland Barthes, "The death of the author", *Image · Music · Text*, trans. S. Heath, Hill & Wang, New York, 1977.

T. Todorov, 「문학 쟝르」, 『쟝르의 이론』(김현 편), 문학과지성사, 1987.

Wayne C. Booth, "Telling and Showing", *Perspectives in Contemporary Criticism*(S. N. Grebstein), 1968.

3. 단행본

고설봉 증언, 장원재 정리, 『증언 연극사』, 진양사, 1990.

구회영, 『영화에 대해 알고 싶은 두세 가지 것들』, 한울, 1991.

권택영, 『영화와 소설 속의 욕망이론』, 민음사, 1995.

권택영, 『잉여 쾌락의 시대-지젝이 본 후기산업사회』, 문예출판사, 2003.

김경용, 『기호학이란 무엇인가』, 민음사, 1994.

김상환, 홍준기 엮음, 『라깡의 재탄생』, 창작과비평사, 2002.

김성곤 편, 『탈구조주의의 이해』, 민음사, 1988.

김용직, 『한국근대시사』, 새문사, 1982.

김준오, 『한국현대쟝르비평론』, 문학과지성사, 1990.

김준오, 『시론』, 삼지사, 1991.

김학이 외, 『현대의 기억 속에서 민족을 상상하다』, 세종출판사, 2006.

나병철, 『근대서사와 탈식민주의』, 문예출판사, 2001.

무구도인, 김중걸 역, 『괄선과해』, 일송북, 2003.

민병록 외, 『영화의 이해』, 집문당, 2000.

민병욱,『한국서사시의 비평적 성찰』, 지평, 1987.

박찬욱,『박찬욱의 오마주』, 마음산책, 2005.

백철,『신문학사조사』, 민중서관, 1953.

부산광역시사편찬위원회 편,『부산지명총람』 2, 1996.

사마천, 김원중 역,『사기본기』, 민음사, 2010.

안종화,『한국영화측면비사』, 춘추각, 1962.

염무웅,『한국문학의 현단계』, 창작과비평사, 1982.

유광수,『진시황 프로젝트』, 김영사, 2008.

유현목,『한국영화발달사』, 한국출판사, 1980.

이상섭,『아리스토텔레스의『시학』연구』, 문학과지성사, 2002.

이상원,『브레히트 연구』, 두레, 1984.

이청준,『서편제』, 열림원, 1993.

이효인,『한국영화역사강의 1』, 이론과실천, 1992.

임권택,『서편제 영화이야기』, 하늘, 1993.

전범성,『한국영화총서』, 한국영화진흥조합, 1972.

조동일,『한국문학의 갈래이론』, 집문당, 1992.

조연현,『한국현대문학사』, 성문각, 1980.

천이두,『한의 구조 연구』, 문지사, 1993.

최화수,『부산 문화 이면사』, 한나라, 1991.

홍성민,『문화와 아비투스』, 나남, 2000.

홍영철,『한국영화도서편람(1925~1990)』, 한국영상자료원, 1991.

A. A. Mendilow, *Time and Novel* New York, 1965.

A. N. Whitehead, *Symbolism*, Macmillan Company, 1927.

Aeschylos & Sophocles, 조우현 역,『그리스비극 1』, 현암사, 2000.

Anne Ubersfeld, 신현숙 옮김,『연극기호학』, 문학과지성사, 1988.

Aristoteles, 천병희 역,『시학』, 문예출판사, 2000.

B. Kiralyfalvi, 김태경 역,『루카치 미학연구』, 이론과실천, 1987.

Bruce Fink, 김서영 옮김,『에크리 읽기』, 도서출판 b, 2007.

Bruce Fink, 맹정현 옮김,『라캉과 정신의학』, 민음사, 2006.

Elizabeth Wright 엮음, 박찬부 외 옮김, 『페미니즘과 정신분석학 사전』, 한
    신문화사, 1997.

Fredric Jameson, *The Political Unconscious*, Methuen, 1981.

G. W. F. Hegel, 최동호 역, 『헤겔시학』, 열음사, 1987.

G. W. F. Hegel, 임석진 역, 『정신현상학』, 한길사, 2005.

Gerald Prince, 최상규 역, 『서사학』, 문학과지성사, 1988.

Gilles Deleuze/Félix Gattari, 김재인 옮김, 『천 개의 고원』, 새물결, 2003.

Hans Meyerhoff, 김준오 역, 『문학과 시간 현상학』, 삼영사, 1987.

Jaqcues Derrida, *Positions*, trans. Alan Bass, Univ. of Chicago Press, 1981.

Jacques Derrida, 김보현 편역, 『해체』, 문예출판사, 1996.

Janet Murray, *Hamlet on the Holodeck : The Future of Narrative in
    Cyberspace*, The MIT Press, 1988.

Jonathan H. Turner, 정태환 외 역, 『현대사회학이론』, 나남, 2001.

Joseph Childers/Gery Hentzi 엮음, 황종연 옮김, 『현대 문학 · 문화 비평 용
    어사전』, 문학동네, 2003.

Karl Marx, 김수행 역, 『자본론』, 비봉사, 2001.

Leon Golden, 최상규 역, 『아리스토텔레스의 시학』, 예림기획, 1997.

M. H. Abrams, 최상규 역, 『문학용어사전』, 보성출판사, 1998.

Malcolm Bowie, 이종인 역, 『라캉』, 시공사, 1999.

Michel Paul Foucault, 이정우 역, 『담론의 질서』, 새길, 1993.

Northrop Frye, 임철규 역, 『비평의 해부』, 한길사, 1989.

Paul Hernadi, 김준오 역, 『쟝르론』, 문장, 1983.

Paul Merchant, *The Epic*, Mithuen & Co Ltd. 1971

Peter V. Zima, 서영상/김창주 역, 『소설과 이데올로기』, 문예출판사,
    1994.

Platon, 조우현 역, 『국가』, 삼성출판사, 1987.

Raman Selden, 현대문학이론연구회 역, 『현대문학이론』, 문학과지성사,
    1987.

Roland Barthes, *The Pleasure of the Text*, trans. R. Miller, Hill & Wang, New

York, 1975.

S. Chatman, 한용환 역, 『이야기와 담론-영화와 소설의 서사구조』, 고려원, 1990.

Sigmunt Freud, 김정일 옮김, 『프로이트 전집』, 열린책들, 1996.

Stephen Denning, 안진환 역, 『스토리텔링으로 성공하라』, 을유문화사, 2006,

Steven Jay Schneider, 정지인 역, 『죽기 전에 봐야 할 영화 1001편』, 마로니에북스, 2005.

Tsuchiya Garon 글, Minegishi Nobuaki 그림, 『Old Boy』 전 8권 , 아선미디어, 2003.

V. Chklovski 외, 『러시아 형식주의 문학이론』, 청하, 1980.

Volker Klotz, 송윤엽 역, 『현대희곡론』, 탑출판사, 1981.

Werner Karl Heisenberg, 김용준 역, 『부분과 전체』, 지식산업사, 1995.

Wolfgang Iser, 차봉희 편저, 『독자반응비평』, 고려원, 1993.

W. P. Ker, *Epic and Romance*, Dover Publication, N. Y., 1957.

2. 국외 인명

3. 국내 작품

4. 국외 작품

저자 소개

정봉석(鄭鳳錫)   부산에서 태어나 동아대학교 국어국문학과를 졸업하고 동 대학원에서 석·박사 학위를 취득했다. 현재 동아대학교 문예창작학과 교수로 재직 중이다. 1993년 석당문화상 학술부문, 2001년 부산일보 신춘문예 영화평론부문, 2006년 이주홍문학상 연구부문 등을 수상하였다. 저서로는『일제강점기 선전극 연구』,『열린 연극의 담론과 비평』,『이주홍 극문학 전집』(엮음) 등이 있다.